U0051180

唐史並不如煙

肆 開元盛世

曲昌春◎著

目錄

第一章 姑侄恩怨……005
第二章 兵戈相見……021
第三章 來來往往……047
第四章 救時宰相……063
第五章 宋璟為相……085
第六章 三人行……107
第七章 張説時代……123
第八章 第一家庭……155
第九章 看守內閣……181
第十章 百日宰相……201

第十一章　矛盾四伏……215
第十二章　九齡時代……237
第十三章　天注定……265
第十四章　太阿倒持……283
第十五章　兩隻老虎……293
第十六章　貴妃醉酒……305
第十七章　口蜜腹劍……325
第十八章　機關算盡……349

姑侄恩怨

第一章

六味地黃丸

中國歷史上曾經有過這樣一位神奇的人物，他當過皇帝，他的父親當過皇帝，他的兒子當過皇帝，他的弟弟當過皇帝，他的侄子當過皇帝，最要命的是他的母親也當過皇帝，於是乎善於聯想的人們就送他一個稱號：六味地黃丸（六位帝皇）。

這個神奇人物是誰呢？唐中宗李顯。

按照這個邏輯推理，睿宗李旦同樣如此。

李顯、李旦哥倆就成為中國歷史上「唯二」的兩粒「六味地黃丸」。這對苦命的哥倆，人生的過程不盡相同，人生的苦澀卻一脈相連。

中宗李顯先受制於母親，後受制於自己的皇后，人生過得實在憋屈。

睿宗李旦呢？

他也好不到哪去，他先受制於母親，後受制於妹妹，最後還受制於兒子，人生過得更憋屈。

有時看不見的憋屈比看得見的憋屈還要憋屈，睿宗李旦真的有那麼憋屈嗎？

關於李旦的第一段憋屈，在《武后當國》中已經提及，我們先將鏡頭轉到西元七一〇年六月二十七日之後。

長安皇宮之中。

中年男人問下屬官員：「這事跟太平公主商量過了嗎？」

官員回答說：「商量過了。」

中年男人又問：「跟三郎商量過了嗎？」

官員再答：「商量過了。」

中年男人不再言語，提筆簽了龍飛鳳舞的「同意」二字。

看到這裡大家應該看出來了，中年男人便是李旦，他的皇帝生涯幾乎就是重複這樣的場景。在他的皇帝生涯中，第一當家的是太平公主，第二當家的是兒子李隆基，而他只不過是一個簽署同意的機器。

皇帝當到這個份上，唯有長歎息。

誰是主角

明明自己是皇帝，卻要聽命於自己的妹妹和兒子，這是為什麼呢？

這得從唐隆政變說起。眾所周知，李旦之所以能再次登上皇位是因為大唐王朝發生了唐隆政變，政變中原本手握權柄的韋皇后被誅殺，而被韋皇后推上皇位的李重茂又被拉下了馬，在這之後李旦被推上了皇位。

是誰把李旦推上了皇位？

《舊唐書》和《新唐書》將主要功勞歸到了李隆基身上。據《舊唐書》和《新唐書》記載，是李隆基最早萌生政變念頭，經過一系列串聯之後最終政變成功。因此李旦登上皇位，最大的功勞歸李隆基，這就叫「兒子栽樹，老子乘涼」。

這一幕是不是有點眼熟？是不是跟李淵、李世民父子有些相似？都是兒子運籌帷幄，老子坐享其成，最終老子沾了兒子的光。

真是老子沾了兒子的光嗎？真相並非如此。

歷史的真相是，開創唐朝李淵居功至偉；而李旦再次登基，居功至偉的是他的妹妹太平公主。李隆基和曾祖父李世民一樣，他們授意篡改了國史。在李世民的筆下，李世民成了開創唐朝的第一功臣；在李隆基的筆下，李隆基成了擁立父皇的第一功臣。

他們都是功臣不假，但並非第一功臣，而為了政治需要把自己樹立為第一功臣，然後把原來的第一功臣拉下馬，一抬手扔到歷史的故紙堆裡。

吹開歷史故紙堆上的灰塵，讓我們看一看到底誰是唐隆政變的主角。

西元七一〇年的李隆基，二十五歲，職位衛尉少卿，身分為相王的第三子。

西元七一〇年的太平公主，四十多歲，身分為唐朝權勢最大的公主。

在這一年，發生了唐隆政變。在中國歷史上發動政變不是一件容易的事，要想政變成功必須具備兩個條件：第一有權，第二有錢。

兩個條件太平公主都具備，而李隆基兩手空空。

論職位，李隆基只是衛尉少卿，掌管軍事器械的從四品官員，相當於現在的副司局級；論財富，他的父親李旦先是受武則天排擠，後是受李顯排擠，因此李隆基的財富水準肯定非常一般。

何以見得？可以從一頓生日壽麵說起。

某一年李隆基生日，他來到了岳父王仁皎家。眼看女婿上門，又趕上生日，王仁皎便準備給李隆基做一頓壽麵。然而那時的王仁皎是羅鍋上山——錢緊，不僅家裡沒有麵，而且連錢也沒了。萬般無奈的王仁皎脫下了自己的紫色半袖衣服到外面把衣服賣了，然後買麵回來給李隆基做了一頓壽麵。

試想如果李隆基手裡有錢，何至於讓老丈人家到了山窮水盡連做頓壽麵都得賣衣服的地步。讓這麼一個兩手空空的青年去發動一場改朝換代的政變，這不是創業，而是自殺。

然而為何這個兩手空空的青年最後會政變成功？

這是因為他得到了一個人的支持，這個人就是他的姑姑太平公主。

太平公主的日子原本過得風生水起，無論在武則天時代還是李顯時代，她都是炙手可熱的顯貴公主。然而在李顯死後，太平公主的日子便沒有了陽光，李顯的皇后韋氏攬走所有大權，並在各個重要部門都安插進韋氏子弟，太平公主的心情跌落到谷底。

顯而易見，只要韋后執政，太平公主就得靠邊站，想恢復往日的輝煌門都沒有。就在這時李隆基找上了門，姑侄二人在政變的問題上一拍即合。

隨後太平公主派兒子薛崇簡和李隆基一起策劃政變，四處串聯。如此一來，政變就不僅僅是李隆基一廂情願的想法，也是太平公主的志在必得。

此時的李隆基不再是孤家寡人，他的背後站著根基深厚的太平公主。李隆基或許只能起震動的作用，而背後站著太平公主的李隆基卻能讓大唐王朝天翻地覆，最後的政變恰恰驗證了這一點。

如果把唐隆政變比作一場戰役，李隆基是衝鋒在前的敢死隊長，太平公主則是坐鎮後方的總司令。一場戰役能夠取得最後勝利，最大的功勞應該歸在總司令的頭上，還是敢死隊隊長的頭上呢？

失算

西元七一〇年六月二十四日，小皇帝李重茂還傻呼呼地坐在自己的皇位上，他知道皇城中昨夜已經刀光劍影，但他並不知道接下來將發生什麼。

這時他的姑姑太平公主走了上來，拎著他的脖子把他拽下了皇位，一邊拽一邊說：「這不是你小孩子應該坐的地方！」

唐朝的第七任皇帝就這樣被廢黜，隨後出場的是第八任。

太平公主對李旦使了個眼色，老哥，該你上場了。

從始至終李旦都是被動的，他一直被推著前行，在他背後推他的有妹妹太平公主和兒子李隆基，李旦知道取得皇位功勞最大的還是妹妹太平公主。

因此在他的皇帝生涯中養成兩句口頭禪：

「跟太平公主商量過了嗎？」

「跟三郎商量過了嗎？」

人總是容易被勝利沖昏頭腦，太平公主也沒有跳脫這個俗套。她醉心於自己將哥哥推上皇位，從此又可以在哥哥的庇護下呼風喚雨，就跟李顯在位時一樣。她已經習慣了這種模式，於是便對這種模式產生了慣性。

正是因為這可怕的慣性，太平公主失去了準確的判斷，她居然沒有對太子之位進行干預。這是太平公主一生中最大的失算，也是最致命的失算。太平公主明知李隆基是李旦五個兒子中最有能力的，但她卻沒有意識到危險正一步步向她逼近。

太平公主麻痺了，被現有的權勢麻醉了。

從李旦登基開始，太平公主的權勢便到達了頂峰，她對朝廷的控制到了登峰造極的地步，她提出的每一件事李旦都照辦；宰相以下官員，她的任命就意味著最終任命。從此她的家中成了自由市場，人來人往、人聲鼎沸，這裡是一條官場中人的「終南捷徑」，只要搭上太平公主的這條線，思想有多遠你就能走多遠。

頂峰的感覺太美好了，有這種感覺的不僅是太平公主，還有太平公主的三個兒子，他們跟著母親在朝中呼風喚雨，他們的產業遍布京城內外，他們的生活排場也與皇宮比肩。皇宮裡有的他們有，皇宮裡沒有的他們也有，歷代權臣曾經達到的層次，太平公主一家也達到了。

太平公主並沒有意識到自己的失算，她還沉醉於自己的權力海洋。

自從她將哥哥李旦扶上皇位後，投靠她的人越來越多，最引人注目的有四人，四人先後都當上了宰相，四人分別是竇懷貞、蕭至忠、岑羲、崔湜。

說起竇懷貞，這是個老熟人。他原本是李顯和韋后面前的紅人，二婚還娶了韋后的乳娘，人稱「皇后阿爹」。「皇后阿爹」不僅腦筋轉彎快，轉身速度也特別快。韋后伏誅當天，他馬上殺妻解套，一轉身便投入太平公主的門下。

蕭至忠出身世代官宦人家，一度為官官聲不錯，看到太平公主炙手可熱便投入太平公主的門下，別人攔都攔不住。

岑羲也是名門之後，他的祖父岑文本是貞觀年間的名臣，他本人為官也很清廉，只是一不小心站錯了隊。

崔湜也是一個老熟人，當年敬暉等五王派他到武三思身邊當臥底，沒想到他居然投靠了武三思並向五王反戈一擊。原本武三思倒臺後他應該受到清算，只是他迅速地投向太平公主，進而憑藉英俊外表成為太平公主的情夫之一。

單看崔湜這個名字，大家還很陌生，但只要提及杜甫的一首詩，大家就會恍然大悟，杜甫的詩是這樣寫的：岐王宅裡尋常見，崔九堂前幾度聞。

崔九即李隆基的寵臣崔滌，家中排行老九，「崔九」由此而來，而崔九的親哥哥便是崔湜。

崔湜和崔滌都是唐朝著名詩人，《全唐詩》中有他哥倆的作品，只是哥倆一個站在太平公主一邊，一個站在李隆基一邊，因為這次站隊便有了日後截然不同的人生結局。

流言蜚語

> 沒有永遠的朋友，也沒有永遠的敵人，只有永遠的利益！
>
> ——十九世紀英國首相　亨利·坦普爾

時間可以改變一切，太平公主和李隆基的姑侄關係終於隨著時間有所改變。李旦登基後的幾個月裡，太平公主在尋找巔峰的感覺，李隆基在尋找當太子的感覺，他們最終糾結到了一起，然後死死糾纏到一起。

有人會問，姑侄二人各走一邊不就行了嗎？

在權力這個問題上，從來沒有各走一邊，有的只是針鋒相對。大到一個國家，小到一個單位，只要有兩個人同時想抓權，那麼必然會發生碰撞，任何形式的楚河漢界都是徒勞。楚河漢界既不能讓項羽和劉邦把天下分清楚，同樣也不能讓太平公主和李隆基分得清清楚楚。

蛋糕就那麼大，姑侄二人都想切，碰撞在所難免。

在太平公主與李隆基的碰撞中，他們都不是孤軍奮戰，在他們的身後都有同盟軍。太平公主身後站著竇懷貞、崔湜等人；李隆基身後站著日後開元年間的一批重臣，有姚崇、宋璟、張說等。

雙方的博弈在不經意中開始，這時太平公主才意識到自己的失算，自己居然眼睜睜看著李隆基登上太子之位，又眼睜睜看著他成為自己的政敵。

這一切原本可以不發生的。如果當初立儲時自己擦亮雙眼，選一個能力平庸的侄子當太子，而不是眼前這個難纏的李隆基，那該有多好啊。世上什麼藥都有賣的，可惜就是沒有後悔藥。後悔已經來不及了，只能想辦法補救。還是趁他立足未穩把他扳倒吧，省得夜長夢多。

太平公主本以為扳倒李隆基很容易，既然她能將李隆基的父親推上皇位，難道還扳不倒李隆基嗎？

在她的授意下，不利於李隆基的流言在朝中迅速傳播，流言的主題是「太子非嫡長子，不應該當太子」。

在立嫡立長的古代，「嫡長子」身分便是天然優勢，這個優勢讓諸多皇子一生望塵莫及。就連英明神武的太宗李世民也無可奈何，只能鋌而走險發動「玄武門」之變，將嫡長子李建成消滅才得以登上皇位。

流言迅速散播，滿朝上下議論紛紛，李隆基頓時感到無邊的壓力。「非嫡長子」是他無法改變的軟肋，別人要拿這個做文章，他除了無可奈何，還是無可奈何。

如果父皇李旦就此順水推舟，哥哥當仁不讓，那自己的儲君之位便危矣。還好生性軟弱的李旦力挺了他一把，關鍵時刻表明了自己的態度：「隆基於國有功，立為太子並無不妥，你們就不要再說了。」

李旦的態度是曖昧的。智商正常的他不可能看不出妹妹和兒子的爭鬥，而他的位置只能做一個保持中立的和事佬。妹妹與兒子，李旦心中的天平很難稱出孰輕孰重。

然而李旦的曖昧並沒有緩和太平公主和李隆基的矛盾，他們的矛盾正在慢慢升級。

宋璟出招

前面說到太平公主指使屬下製造流言，以期達到扳倒李隆基的目的，她本以為這是一個簡單任務，想不到任憑流言漫天飛舞，李隆基的太子之位依然穩如泰山。

看來僅憑背後操縱不行了，是時候跳上前臺了。太平公主索性撕掉偽裝，她不信以自己的能力扳不倒毛頭小夥李隆基。但後來的事實證明她高估了自己，低估了李隆基。

西元七一一年初，太平公主親自出馬，她要用自己的影響力將李隆基拽下儲君之位，就像當年拽下小皇帝李重茂一樣。

一天，太平公主來到光範門，她要在這裡舉行一場宴會。宴會的規模很小，但與會客人的身分都很高，大多數是大唐王朝的宰相，其中只有一個「小蘿蔔頭」——吏部尚書宋璟，此時宋璟還不是宰相，機緣巧合參加了這場高層聚會。

對於這場宴會，多數人事先並沒有準備，他們只當是一場尋常聚會，沒想到這場聚會竟然有非同尋常的議題。宴會之上，太平公主看似漫不經心地扔出一個話題：現在的太子不合適，應該更換。

一言既出，滿座皆驚，眾人面面相覷，太平公主這是唱的哪一齣呢？

現場死一般地安靜，誰都不敢先接話，他們意識到太平公主與太子的矛盾已經白熱化，現在到了站隊的時候。如果站到太平公主一方就得說「公主所言極是」，如果站到李隆基一邊就得說「公主所言差矣」，與會官員站在了左右為難的十字路口。

沉默，還是沉默。

這時一個人「騰」地站了起來，眾人頓時將目光集中到這個人身上。

「太子有功於天下，是真正的宗廟社稷之主，公主為什麼突然提出更換太子呢？」

說話的是吏部尚書宋璟，這一年四十八歲。

按理說四十八歲應該是一個政治老油條了，然而宋璟卻不是老油條，他是一個視原則為生命的人，他甚至可以為了捍衛原則押上自己的生命。他是一個守法守成的人，把禮法看得比天還重。

既然已經立李隆基為太子。那就不能再輕言廢立，即使廢立也該由皇帝主張，而不應該由太平公主指手畫腳。

在宋璟的骨子裡一直對婦人干政耿耿於懷，然而造化弄人，偏偏讓他經歷了三個「婦人干政」的時代。先是武則天時代，後是韋后時代，現在又進入太平公主時代，與李家有關的三個女人「你方唱罷我登臺」讓宋璟不勝其煩。長此以往要置祖宗家法於何地，置江山社稷於何地呢？

就這樣，太平公主的宴會不歡而散，更換太子的話題也沒能進行下去，太平公主憋了一肚子氣，宋璟也憋了一肚子氣，雙方都想為自己的鬱悶之氣找一個出口。

很快宋璟出招了，在出招之前他找了兵部尚書姚崇當幫手。姚崇比宋璟的資格更老，西元七一一年他六十一歲。古代沒有六十歲退休的硬性規定，因此便給了姚崇、宋璟「老而彌堅」的機會。

宋姚二人一番商量之後，便一起去找二十六歲的李隆基，他們要一起對付咄咄逼人的太平公主。

按照《資治通鑒》的說法，姚崇和宋璟在出招對付太平公主之前並沒有通知李隆基，而是兩人自作主張，李隆基事前毫不知情。這不過是掩耳盜鈴。

誰主張，誰受益，作為姚崇和宋璟的老大，對付太平公主這麼大的事情，李隆基焉能不知情。只不過他們事先達成默契，讓李隆基假裝不知道，這樣一來對李隆基有利無害。如果事情成功，李隆基坐收漁翁之利，如果事情失敗，李隆基可以假裝毫不知情。

這就是領導的藝術。

一番密謀後，姚崇和宋璟來到皇帝李旦面前，此行他們不是空手而來，在他們的行囊裡帶著一顆重磅炸彈，他們要用這顆炸彈把太平公主炸出長安，進而炸出大唐王朝的權力中心。

姚崇、宋璟對李旦說：「宋王李成器是陛下的嫡長子，豳王李守禮是高宗的長孫，太平公主總在他們中間挑撥離間，這將使東宮不安。陛下應該將宋王及豳王都派出長安到地方當刺史，同時把岐王、薛王的左、右羽林軍改編為太子左、右率侍衛軍以加強太子的力量。至於太平公主和駙馬武攸暨，應該都安置到東都洛陽。」

姚崇、宋璟這顆重磅炸彈威力確實夠強大，如果按照他們的建議執行，對李隆基而言將是天大的利多。

太平公主之所以叫嚷著更換太子，是因為在李隆基之前有兩個比他更有資格當太子的人，一個是他的大哥宋王李成器，一個是他的堂哥豳王李守禮（**與吐蕃和親的金城公主正是李守禮的女兒**）。從李旦論起，李成器是嫡長子，從高宗李治論起，李守禮是現存於世的長孫，兩人都比李隆基更有資格當太子。

姚崇、宋璟主張將二人送出長安是為了隔斷他們與太平公主的聯繫，這樣即便太平公主上竄下跳也無法動搖李隆基的儲位。至於將岐王和薛王的羽林軍改編更是有利於李隆基，這樣李隆基就可以把兵權收到自己的手中，防止別人利用這兩支隊伍作亂。最後姚崇、宋璟還準備將太平公主和駙馬武攸暨趕到洛陽，這是讓他們徹底遠離長安的權力中心。

聽完姚崇、宋璟的建議，李旦皺了一下眉頭：「我只有這一個妹妹，難道也要外放到遙遠的東都洛陽嗎？至於其他親王，倒可以按照你們的意思辦。」

姚崇、宋璟的出招成功了一半，幾天後中書侍郎張說的一番話促成了另一半。

張說利用了李旦內心的忐忑。

這天，李旦憂心忡忡地對手下說：「道行高深的法師告誡我說，五天之內可能會有亂兵入宮，你們可得替我提前做好防範。」

說時遲，那時快，中書侍郎張說應聲答道：「這肯定是小人離間陛下和太子的荒唐之言，只要陛下下令讓太子監國，荒唐之言必定無疾而終。」

李旦聞言，若有所思。這時一旁的姚崇趁勢加了一把火：「張說所說的正是安定江山社稷之計，陛下最好採納。」

一唱一和，一捧一逗，忠於李隆基的張說和姚崇在這時左右了皇帝李旦的思路，本來政治素養就不足的李旦索性同意了姚崇、宋璟的主張。

西元七一一年二月一日李旦下詔：宋王李成器出任同州刺史，豳王李守禮為豳州刺史，左羽林大將軍岐王李隆範為太子左衛率，右羽林大將軍薛王李隆業為太子右衛率；太平公主與駙馬武攸暨前往蒲州（山西永濟市）安置。

一天後，李旦再次下詔，命太子李隆基監國，六品以下的官員任命及有期徒刑以下的刑罰均由太子說了算。到這時，姚崇、宋璟的重磅炸彈產生了效果。

真的產生了效果嗎？效果是有，可惜是反效果。

太平公主的反擊

就在李隆基和姚崇等人暗自慶幸勝利時，太平公主的反撲開始了。

李隆基和姚崇把太平公主想得太簡單了，太平公主從武則天時代就進入大唐王朝權力核心，她不僅牢牢紮根於大唐王朝的權力核心，更重要的是她在皇帝李旦面前有說一不二的話語權。

有其父必有其子，有其母必有其女。李旦繼承了父親的軟弱和優柔寡斷，太平公主則繼承了母親的智慧和剛烈。

在看到李旦的連續兩道詔書後，太平公主的憤怒達到了極點，她親自跑到李隆基的面前把李隆基罵了個狗血淋頭，接著又到李旦面前抱怨不已。李旦、李隆基父子頓時沒有底氣，他們比外人更清楚皇位如何而來。如果沒有太平公主，他們父子還不知道在長安的哪個角落打醬油，如果沒有太平公主，他們何來重見天日的一天。

李旦、李隆基似乎在這一刻徹底恢復了清醒，他們意識到太平公主的勢力並非一紙詔書就能解除。他們不僅欠太平公主的人情，更關鍵的是太平公主在朝廷的勢力已經盤根錯節，想要撼動這棵大樹並沒有那麼容易。

重磅炸彈就此炸了，沒有炸掉太平公主，反而把李隆基炸得遍體鱗傷。李隆基火速展開自救，他要盡全力將傷害降低到最低點。按照事先的約定，他狠了狠心將姚崇、宋璟推下了水。

李隆基火速上了一道奏疏：姚崇、宋璟離間我和姑姑以及兩個哥哥之間的感情，請陛下將他們處以極刑。

「背黑鍋我來，送死你去。」《大話西遊》裡的唐僧只是說說而已，而李隆基說到做到。奏疏到了李旦那裡，李旦又一次做了和事佬，他沒有對姚崇、宋璟處以極刑，而是把他倆貶出長安，姚崇被貶為申州刺史，宋璟被貶為楚州刺史，那兩個地方山高太子遠，看你們怎麼離間。

隨著姚崇、宋璟被貶，他們當初的努力化為烏有，幾天後李旦撤銷了宋王李成器、豳王李守禮的任命，他們不必再到地方出任刺史，而是留在長安繼續當親王。又過了一段時間，左右萬騎衛士營和左右衛羽林軍一起進行了改組，並稱為「北門四軍」，姚崇當初將左右衛羽林軍改組為太子衛

兵戈相見

第二章

左右為難

人這一輩子究竟靠什麼說話？

有人說是舌頭，要我說是實力。有實力你就可以高歌，聲音的大小不是靠舌頭，而是由實力決定。

在與太平公主的鬥爭進入白熱化後，李隆基一度以為自己已經具備了實力，有姚崇、宋璟、張說這些左膀右臂，他還需要忌憚姑姑的實力嗎？殘酷的現實證明，李隆基確實具備了實力，但是與太平公主相比還差得遠，李隆基，你才剛上路耶！

姚崇、宋璟被貶兩個月後，李隆基又遇到了一個難題：父親李旦要把皇位傳給他。

這一下把李隆基嚇壞了。

中國古代的皇帝是終身制的，生命不息、戰鬥不止，不到生命最後一刻堅決不把皇位撒手。一旦皇帝在有生之年提出要把皇位讓給太子，太子就需要警惕了，到底父皇是真心實意，還是給自己挖了一個大坑呢？

李隆基使勁擦了一下雙眼，他想看清父親李旦的真實意圖。

李旦如是說道：「朕向來淡泊名利，不以皇位為貴，以前先是當皇嗣，後是當皇太弟，我都堅決辭讓了，如今我傳位給太子，眾位愛卿以為如何呢？」

此話一出，一片沉寂。

這時又到了站隊表態的時候，但凡接話就一定要表明態度，而無論哪種態度都注定要得罪人，要麼得罪李隆基，要麼得罪太平公主。

沉寂過後，有人先說話了。

「陛下不可，萬萬不可啊！」

不用問，這人是太平公主一邊的。仔細一看卻是太子右庶子李景伯，這是唱的哪齣啊？按道理太子右庶子一般都是太子的人，面對此等好事必定順水推舟，怎麼還高唱起反調了？難道李隆基養了一隻白眼狼？

李景伯不是白眼狼，他恰恰是李隆基的堅定支持者，高唱反調正是李隆基的授意，因為他們知道目前接過皇位時機還不成熟，倘若勉強接任，皇位能坐多久要打一個問號。

吃一塹長一智的李隆基果斷拒絕了父皇扔過來的餡餅，他知道此時的餡餅背後甚至有可能是陷阱。不接，就是不接。

「白眼狼」李景伯高唱反調之後，太平公主的人也站了出來，這個人是殿中侍御史和逢堯。和逢堯說：「陛下年富力強，正被四海所景仰，怎麼能就這樣讓位呢？」

李隆基一派反對，太平公主一派也反對，正反兩方都反對，遊戲沒法玩了。

不久李旦再次下詔：國家大事全由太子裁決，軍隊中的死刑以及五品官以上的任命先跟太子商議，然後再行上報。

這紙詔書對李隆基而言是利多嗎？未必。

李隆基一時間猜不透這紙詔書的真實意圖，他不知道這究竟是父皇的意思，還是姑姑的意思，左右為難，沒有答案。

是真實交權，還是試探？或許又是試探吧。

既然父皇在試探，那麼自己也試探一下吧。李隆基給李旦上了一道奏疏：懇請將太子之位讓給大哥李成器。

雙方都在試探對方的底線。很快李旦做出回應：不准。

李隆基輕輕出了一口氣，看來事情並沒有到不可挽回的餘地，一切事在人為。

過了幾天，李隆基做出了一個出人意料的舉動：上書懇請父皇恩准姑姑太平公主返回京城。

這又是一著什麼棋呢？

以退為進！

李隆基知道，自己的勢力還不足以跟姑姑太平公主決戰，既然還不能決戰，那不妨先示弱，先把拳頭收回來，緩和一下關係再說。

就此收拳？難道不打了？

恰恰相反，收拳不是為了不打，而是為了將來重重的出拳！

翻雲覆雨

姑侄二人僵持半天，以李隆基服軟告一段落。

由此太平公主鋒頭更盛了，連太子跟她鬥法都輸了，滿朝文武還有誰能跟她掰一掰手腕？

那些曾經反對過太平公主的人很快地遭到了清算。最先遭到清算的是御史大夫薛謙光和殿中侍御史慕容珣，兩人遭到清算是因為他們彈劾過一個人，胡僧慧範。

所謂胡僧就是非漢族的僧人。胡僧慧範並非一般和尚，而是一個有靠山的和尚，他的靠山就是太平公主。

慧範如何搭上太平公主這條線呢？靠的是通姦。

別想歪了，和慧範通姦的不是太平公主，而是太平公主的乳母，正是通過太平公主的乳母，慧範投到了太平公主門下，進而成為狐假虎威的和尚。

靠著背後的靠山，再加上和尚身分，慧範在民間大肆侵吞百姓財產，官民敢怒不敢言。

原本薛謙光和慕容珣也是敢怒不敢言，不過很快他們被假象迷惑了，他們看到太平公主從長安遷往蒲州，這就意味著太平公主失勢了吧？大概是吧。

打狗看主人，既然主人走了，那就放開打吧。

薛謙光和慕容珣以為這一次他們賭對了，沒想到恰恰相反，他們賭錯了，太平公主非但沒失勢，還被太子請回了長安。這下薛謙光和慕容珣倒大楣了。

經過太平公主的運作，皇帝李旦指責薛謙光和慕容珣身為御史卻想投機取巧，明明應該直言上諫卻畏懼權貴，專等太平公主離京後彈劾，不僅投機心理嚴重，而且涉嫌離間皇帝和太平公主的骨肉親情。

話說到這個份上，薛謙光和慕容珣的御史生涯也就到頭了，薛謙光被貶為岐州州長，慕容珣被貶為密州司馬。

由此可見彈劾也是一門技術活。

與薛謙光、慕容珣不同，「公主管家」竇懷貞則得到了實實在在的升遷，不久他便從御史大夫升任侍中，成為實實在在的宰相團成員。

看來，在做對事的同時還要跟對人。

大洗牌

寫唐朝歷史最苦惱的就是唐朝的「群相制」，「群相制」有點像現代的內閣，宰相不只一個而是一群。

最要命的是，一群宰相的任期還不是固定的，現代社會的內閣一般都有任期，各國不太一樣，只要任內不發生天大醜聞，一般內閣成員都能幹上個四、五年。唐朝卻並非如此，宰相的人數不固定，任期也不固定，任期長的有幾十年的，比如長孫無忌，任期短的有幾十天的，比如竇懷貞這個「公主管家」，從上任到下臺前後不到一個月。

不過唐朝宰相制度也有一個好處，那就是能上能下，擔任宰相的次數沒有嚴格限制，只要皇上需要，隨時有可能將閒置多年的前宰相再扶上馬。也正是唐朝宰相的「能上能下」給了太平公主洗牌的機會，西元七一一年十月三日，洗牌開始。

皇帝李旦登上承天門，召集宰相們宣讀詔書：政教多闕，水旱為災，府庫益竭，僚吏日滋；雖朕之薄德，亦輔佐非才。

一句話，現在國家的形勢不好，一方面是因為皇帝的恩德不夠（**自謙之詞**），另一方面是因為你們這些宰相不是真正的宰相之才。

詔書宣讀過後，全體宰相就地免職，另有安排。

隨即公布新任宰相名單：侍中劉幽求、左散騎常侍魏知古、中書侍郎崔湜、中書侍郎陸象先（成語「庸人自擾」出自此人之口）。

這份宰相名單是出自太平公主之手，無疑這是一份平衡各方勢力的名單。

劉幽求大家都不陌生，唐隆政變的主力、李隆基的死黨，讓他當宰相是給李隆基一個面子；魏知古是中間派，他誰的人都不是；崔湜，鐵桿的太平公主派，太平公主對他寄予厚望，因為崔湜不僅年輕、英俊、有才，而且跟太平公主的關係非同一般，基本上相當於半個駙馬。陸象先呢？陪崔湜讀書的。

原來在聽說太平公主要提拔自己當宰相時，崔湜提出了自己的想法：陸象先名望很高，眾人都認為他具備宰相之才，如果跟他一起提名我就接受，否則我寧願不當這個宰相。

說白了，崔湜底氣不足，想拿陸象先給自己擋風。

不管怎樣，新宰相班子配齊了，各派勢力暫時得到均衡。

然而這樣的均衡又能持續多久呢？

偷雞不成

青史留名的太平公主究竟是聰明女人還是笨女人？

說她是聰明女人吧，她在與李隆基的博弈中連續出現昏招。

說她是笨女人吧，她一度把李隆基逼得疲於招架，狼狽不堪。

聰明女人和笨女人只隔著一層窗戶紙，凡事能做到恰到好處的就是聰明女人，過猶不及的則是笨女人。

太平公主本質上是聰明女人，只是她聰明反被聰明誤。

西元七一二年七月，天空出現彗星，在現代看來這只不過是一次普通的天文現象，而在古代一切被神話了。中國古代講究「天人感應」，他們把自然界的一些現象歸結為上天示警，因此一旦天象有異，很多皇帝就會壓縮飲食以示虔誠，表明自己已經收到了上天的警訊，正在努力做一個好皇帝。

天象有異有大有小，具體到彗星影響就大了，幾乎每個王朝都不待見彗星，因此彗星在古代有「掃把星」的說法，既是說彗星的形狀像一個掃把，另一方面也說明古人認為彗星不吉利。

現在大大的掃把星在大唐王朝上空出現，很多人看到了，太平公主也看到了。

太平公主靈機一動，想做做彗星的文章。

經太平公主授意，懂天文的法術師來到李旦的面前對他說：彗星出現代表著世間將廢舊立新，況且帝座和心前星發生變化，這意味著太子要當皇帝了。

換作一般皇帝，此時的反應會是條件反射般跳起來大罵一聲：小兔崽子，他敢！

李旦不是一般皇帝，他是歷盡磨難先後兩次登基的皇帝，他只是淡淡地說：「傳德避災，吾志決矣。」**（把皇位傳給有才德的太子，而我又能避過災禍，我已經下定決心了。）**

太平公主坐蠟**（陷入為難境地）**了。

按照她的計畫，李旦聽完法術師警告後會大發雷霆，然後一怒之下將李隆基廢黜，這才是一個皇帝應有的反應，而不是現在這樣無動於衷。

太平公主太不了解自己的哥哥了，自己的這位哥哥半生都在屈辱中度過，早已寵辱不驚，對他而言皇帝也好、親王也罷，一生平平淡淡才是最真實的，兄弟八人，得善終的又有幾人？他早已看透了發生在皇位之上的是是非非，他已經厭倦了。

他在年輕氣盛時想過做一個好皇帝，可惜他的母親不給他機會；在他年近五十時，本已準備好當一輩子平安王爺，可是他的妹妹又把他推上皇位。

知我者謂我心憂，不知我者謂我何求。爭來爭去，爭到手的又是什麼呢？

淡定的李旦就此下定退位的決心，這一下讓太平公主坐立不安了。一旦李旦退位，李隆基繼位，自己這個姑姑還有好果子吃嗎？

不行，必須阻止李旦退位。

太平公主不僅親自出馬，而且還發動自己身邊的人輪番上陣，目的只有一個：阻止李旦退位。

面對眾人的勸說，李旦平靜地說：「中宗在位時群奸用事，天象屢屢示警，我勸他早立太子以化解天變，沒想到還惹得他不高興，我也惶恐不已，好幾天都吃不下飯。現在同樣的情況發生在我身上，難道我只會說別人而自己卻做不到嗎？」

話說到這個份上，太平公主只能轉身去找一堵牆，此刻她除了撓牆還能做什麼呢？

就在這時，戲劇性的一幕發生了。

得知父親要讓位消息的李隆基進宮跪倒在李旦面前，滿懷忐忑地問道：「兒臣只是立有微薄之功就超越大哥成為太子，這已經讓兒臣惶恐不安，唯恐不能勝任，現在陛下又要讓位於兒臣，這是為什麼呢？」

李旦回應說：「社稷之所以安定，我之所以能得天下都是你的功勞。現在帝星有變，傳位可以避禍趨福，你不用再懷疑了。」

這段話後半部分可能是真的，前半部分可能是假的。前面已經分析過，李旦重新登基最大的功臣是太平公主，而不是李隆基。不過無論哪部分是真，哪部分是假，李旦要讓位卻是真的，這是讓李隆基忐忑不安的事實，也是讓太平公主追悔莫及的事實。

一切的一切只因為太平公主對自己的哥哥太不了解了。

作為被妹妹推上皇位的皇帝，李旦對太平公主百依百順，但與此同時他陷入到兩難之中，一邊是熱衷於權力的妹妹，一邊是日益成長的兒子，他這個中間人既沒有能力調和他們的矛盾，卻又不能假裝視而不見。他只好選擇眼不見心不煩。

西元七一二年七月二十五日，李旦下詔將皇位傳給太子李隆基。

面對詔書，太平公主哭笑不得，本來是想拿彗星說事把李隆基拉下太子之位，沒想到反而提前把他送上皇位。

到了這個時候，太平公主仍然沒有徹底放棄，她又提出一個建議：儘管讓位，但不要放棄所有權力，還是應該過問一下國家大事。

李旦想了一下，同意了。

接到詔書的李隆基惴惴不安地走了進來，此時此刻他的心裡也沒有底。

這時李旦開口對李隆基說：「你是不是覺得國家事務重大，還需要我過問一下？那好吧，昔日舜禪讓給禹，還要親自出外巡守，我雖然退位，但還會過問國家大事的。」

順著舜和禹的話題延伸一下，古往今來很多人都以為堯舜禹禪讓是千古美德，其實這一切都是皇帝的新裝，赤裸裸的謊言。所謂禪讓只不過是權力爭奪的偽裝。

李旦所說的舜親自出外巡守其實是一次流放，真實情況是舜被禹流放到千里之外的蠻荒之地蒼梧（湖南寧遠縣），蒼梧距離當時的國都（山西永濟）距離一千二百公里。

所謂巡守不是巡守，而是有多遠滾多遠。

舜最終死在蒼梧，他的瀟湘二妃將淚水灑在竹子上便產生了後世的「瀟湘竹」，瀟湘二妃哭過痛過之後皆赴水而死。劉心武先生從《紅樓夢》中的「瀟湘館」入手，大膽推測林黛玉的人生結局並非病死，而是如同瀟湘二妃一樣——赴水而死。

回過頭繼續說李旦、李隆基的這次禪讓，這次禪讓的詔書於七月二十五日下達。數天後，二十八歲的李隆基登基稱帝，這便是歷史上的唐玄宗。

西元七一二年八月三日，堪稱李隆基和太平公主鬥爭的分水嶺。在這之前太平公主佔據上風，在這之後太平公主雖然依舊佔據上風，但敗局早已在西元七一二年八月三日這一天注定。

因為在這一天，李隆基披上了一件合法外衣——龍袍。正是這件合法外衣，最終要了太平公主的命。

磨刀霍霍

李隆基登基之後，朝廷的格局跟以往似乎沒有太多不同，只不過現在他和李旦變成了皇帝和太上皇的關係。

太上皇李旦自稱「朕」，發布的命令叫「誥」，皇帝李隆基自稱「予」，發布的命令叫「制」。太上皇李旦每隔五天在太極殿接見群臣，皇帝李隆基則每天在武德殿接見群臣處理國家大事，三品以上官員任免、重大刑罰判定以及重大國事決策由太上皇決定，其餘由皇帝決定。

看上去似乎跟以往一樣。其實並不一樣，因為李隆基有了名分。

以前李隆基是太子，如果私下做動作就屬於非法，現在他是皇帝，你什麼時候見過皇帝非法的呢？有名分，沒名分，天差地別。

「彗星事件」如一頁書一樣翻了過去，朝中又進入暫時的平靜之中，不過在平靜的海面下正隱藏著不平靜，李隆基和他的死黨正醞釀著一場天崩地裂的行動。

此時在李隆基的身邊活躍著一個人，這個人叫王琚，正是王琚的出現把李隆基引上了與姑姑太平公主徹底決裂之路。

王琚是懷州河內（河南省沁陽市）人，六年前曾經與王同皎一起密謀誅殺武三思。不料謀殺計畫被著名詩人宋之問得知並告發，結果王同皎死於非命，參與此事的王琚從此只能流落天涯四處逃命。王琚後來流落到揚州，進入一位富商府中，靠給富商寫寫算算維持生計。久而久之，富商察覺此人並非奴僕出身，而且很有才氣，於是便把女兒嫁給了王琚。

揚州的生活一直持續到韋后倒臺、李旦登基，這時王琚才道出實情，自己原本是要走仕途的，結果捲入謀殺武三思事件才流落天涯，現在新君登基，他還想到京城尋找機會。通情達理的富商隨即給了王琚盤纏，王琚便回到長安尋找機會，幾經努力搭上了李隆基這條線，通過李隆基謀到了諸暨主簿的職位。如果是一般人對於這個職位也就滿足了，然而王琚是一個有野心的人，他想要的不僅僅是一個諸暨主簿。

按照常規，到地方赴任之前，官員需要向推薦自己的人叩謝，王琚如約而至，大搖大擺走進東宮。王琚走路的姿勢有點特別，他一邊晃著膀子，一邊抬著鼻孔看天，旁邊的宦官小聲提醒他說：「注意點，殿下就在裡面呢。」

等的就是這句話！

王琚大聲回應道：「什麼殿下？當今天下人只知道太平公主。」

哪壺不開偏提哪壺，不是王琚眼神差，而是他別有用心，這句話就是他的敲門磚。果不其然，李隆基馬上接見了王琚，兩人一番對話，李隆基的心結逐漸解開。

原本李隆基糾結於太平公主與父親的骨肉親情，經王琚一番點撥，李隆基的心結打開了。

王琚說：「天子之孝與凡人不同，當以安祖廟社稷為重。漢朝時，蓋長公主是皇帝劉弗陵的姐姐，從小把劉弗陵抱大，感情不可謂不深，可是有罪時照樣誅殺。天子為江山社稷，不能拘泥於小節。」

王琚這番話是致命的，他幫李隆基捅破了親情的窗戶紙，在太平公主還停留在政治鬥爭層面時，李隆基已經做了最壞的打算，他比太平公主多想一步，最終就贏在這一步。

這次進言以後，王琚被留在李隆基身邊，然後不斷擢升，先是當正七品的太子司直，後是當正五品的太子中舍人，李隆基登基之後，升任從三品的中書侍郎。從諸暨主薄到中書侍郎，王琚的仕途如同坐上直升機，然而即便如此他還是不滿意，他想要的還有很多。

與王琚一樣，李隆基陣營中的其他人想要的也很多，他們對現狀還是不夠滿意。在這些人看來老大李隆基雖然已經是皇帝，但卻是一個權力打了折扣的皇帝，離真正的皇帝還有一步之遙。

為了這一步，李隆基陣營在蠢蠢欲動。蠢蠢欲動的人中有一個人格外扎眼，這個人就是李隆基的鐵桿死黨劉幽求。

以劉幽求的資歷，他是有資格享受勝利果實的人，李隆基登基之後，他出任尚書右僕射，同時是宰相之一。這個位置對於一般人而言可望不可即，對於劉幽求而言是還有進步空間，他還想當尚書左僕射同時兼中書令。

想法不可謂不好，只是被人捷足先登。就在劉幽求夢想進步的同時，尚書左僕射和中書令的位置迅速被人佔據，出任尚書左僕射的是竇懷貞，出任中書令的是崔湜。

劉幽求鬱悶了。鬱悶的劉幽求開始胡思亂想，這一想又想到了政變。

看來不剷除太平公主這些人，自己便永無出頭之日，那麼就再來一次政變吧，反正已經搞過一次唐隆政變，再來一次又如何？此後劉幽求開始跟右羽林將軍張暐密謀，準備動用羽林軍再搞一次政變。

兩人密謀後，由張暐向李隆基報告：「竇懷貞、崔湜、岑羲皆因公主推薦進位宰相，日夜圖謀不軌。我們如果不早動手，一旦他們起事，太上皇怎能安寧。請速誅之。臣已與劉幽求定計，只等陛下的命令。」

早已過了親情關的李隆基當即表示同意，政變進入倒計時。這時意外發生了。右羽林將軍張暐是個大嘴巴，這個大嘴巴把密謀兵變的計畫告訴了侍御史鄧光賓，經過鄧光賓的傳播，一傳十，十傳百，政變已不是秘密了。

李隆基驚了，這都是一幫什麼人啊？抱怨已經來不及了，得想辦法補救。

李隆基火速給太上皇李旦上了一道奏疏：父皇，有人想政變！

劉幽求、張暐、鄧光賓迅即被打入大獄，等待他們的是茫茫未知的審判。

經過研究，劉幽求被控「離間骨肉」罪該處死，如果沒有人撈他，他的結局便是一刀兩段。幸好李隆基現在是皇帝，說話有分量，他把劉幽求三人一起撈了出來，不過死罪可免，活罪難逃。

劉幽求流放封州，張暐流放峰州，鄧光賓流放繡州，三處流放地都是嶺南地區，傳統的蠻荒之地。張暐流放的峰州在今天的越南永安縣，劉幽求流放的封州在今天的廣東封開縣，鄧光賓的繡州在今天廣西的桂平縣。

事情到此就算完了嗎？不，遠遠不算完。

在劉幽求流放的路上，有人已經安排好殺手，只等他到封州後動手。

要對劉幽求動手的是中書令崔湜，嚴格說來他是恩將仇報。在李重福謀反時，崔湜曾經牽連在內，因為他接受過李重福饋贈的腰帶，兩人的關係說不清楚，如果沒人出面說情，崔湜的一生就到頭了。關鍵時刻還是劉幽求和張說替崔湜說了情，這才把崔湜撈了出來。

先遭殃的是張說，他被崔湜夥同太平公主免去宰相職務，改為尚書左丞並發往東都洛陽安置。

現在遭殃的是劉幽求，崔湜做得更徹底，他想要劉幽求的命。

崔湜下令給廣州都督周利貞，密令他在劉幽求到封州報到後弄到廣州斬草除根。周利貞可不是一般的狠人，當年敬暉等五王就是死在他手下，現在他把刀擦亮了，只等劉幽求來。周利貞開始了漫長的等待，結果左等右等都沒來，一打聽才知道劉幽求在桂林住下了。

誰這麼大膽，居然敢私自收留朝廷的流放犯？桂州都督王晙。

王晙提前得知崔湜和周利貞的陰謀，因此在劉幽求路過桂林時就把劉幽求留了下來，天天好酒好肉伺候著，就是不放他去封州。

周利貞急了，不斷用朝廷公文催促，崔湜也急了，屢屢向王晙施壓，敦促王晙把劉幽求送到封州。

劉幽求的心裡沒底了，他不願意連累王晙，便對王晙說：「您對抗當權的宰相來保護我這個流放犯，恐怕終究不能保全，只會白白連累您。」

王晙卻不以為然：「你犯的又不是連朋友都要跟你絕交的罪，你所做的一切都是為了國家，我如果因為保護你而受到迫害，也沒有什麼可遺憾的。」

還得感謝那個時候山高皇帝遠，王晙就這樣硬扛著把劉幽求保護了下來。

刀兵相向

有些路走了之後就無法回頭。劉幽求密謀的政變雖然流產，但李隆基與太平公主的對峙並沒有結束，反而愈演愈烈。

西元七一三年六月，李隆基的朝廷中宰相人數達到七人，分別是尚書左僕射竇懷貞、中書令蕭至忠、侍中岑羲、檢校中書令崔湜、同中書門下平章事陸象先、兵部尚書同中書門下三品郭元振、右散騎常侍魏知古。

七位宰相，前五位均由太平公主推薦，後兩位由李隆基推薦，敵我雙方的比例是五比二。

陸象先是個特例，他是太平公主「買一送一」的贈品，陪崔湜讀書的。雖然由太平公主推薦，但他並非太平公主死黨，當竇懷貞、蕭至忠等人每天都往太平公主府顛顛跑時，他始終不去，孑然獨立。

並非所有人都像陸象先這樣有風骨，朝中很多人還是想抱一抱太平公主的粗腿。按照《資治通鑒》記載，李隆基的朝廷中忠心於太平公主的官員佔多半，如果你是李隆基，這個皇帝你怎麼當？

除了頭大，就是頭疼。

由於這段歷史經過李隆基的干預，因此接下來的記載是真是假，不好下結論。

《資治通鑒》如是寫道：

> 太平公主與竇懷貞、岑羲、蕭至忠、崔湜及太子少保薛稷、雍州長史新興王李晉、左羽林大將軍常元楷、知右羽林將軍李慈、左金吾將軍李欽、中書舍人李猷、右散騎常侍賈膺福、鴻臚卿唐晙及僧慧範等謀廢立，又與宮人元氏謀於赤箭粉中置毒進於皇帝。常元楷、李慈數往來主第，相與結謀。

照這個記載，太平公主不僅在朝中形成了自己的勢力，而且還想毒死李隆基，並且左羽林大將軍常元楷和代理右羽林將軍李慈也投入了太平公主的門下。

這個記載有可能是真的，也有可能是假的，以太平公主的智商她應該能想到自己與侄子已經到了刀兵相向的地步，要麼殺人，要麼被殺，提前做好準備也是情理之中的事情。

然而從太平公主之前的連續昏招來看，她也可能毫無準備，而是醉心於自己對現有朝政的把控。

究竟太平公主有沒有磨刀霍霍圖謀不軌，現在已經說不清了。不管太平公主有沒有準備，可以肯定的是李隆基已經有準備了。

站在李隆基一邊的人已經按捺不住了，他們都在催促李隆基動手。已經升任中書侍郎的王琚依然是最起勁的一個，他對李隆基說：「事情緊迫，我們必須搶先動手。」

不久，李隆基收到一件禮物，禮物是張說從東都洛陽派人送來的，李隆基打開一看，裡面是一把刀。

一刀兩斷！

不久荊州長史崔日用也來了，他也勸李隆基動手，並且建議動手之日一定要先收取禁軍兵權，再剷除逆黨，前後順序一定要分清楚。

至此李隆基下定了決心，既然在政治上不能鬥垮太平公主一黨，那就讓他們的肉身消失。

先天二年（七一三年）七月初，右散騎常侍魏知古帶來一個驚人的消息：太平公主計畫於本月四日作亂，令常元楷、李慈以羽林兵突入武德殿，竇懷貞、蕭至忠、岑羲等在南衙（政府所在地）舉兵應之。

時間、地點、人物，全齊了，看來對方準備動手了。

盡信書則不如無書，如果完全相信史書的記載，我們是無法得知真相的。這個記載是表明李隆基剷除太平公主一黨是不得已而為之、是被迫自衛，這是不是跟太宗李世民的玄武門之變有些像呢？都是強調對方已經起了殺機，本方被迫自衛，典型的正當防衛。歷史是由勝利者書寫的。

綜合分析，魏知古帶來的消息可能是假的，為的是激發李隆基一方的鬥志，進而提高起兵的勝算。

李隆基隨即召集自己一方官員，相比於太平公主的陣營，他的陣營有些寒酸，多數是跟他拐彎抹角的兄弟或者親戚。

主力名單如下：岐王李範（**兄弟**）、薛王李業（**兄弟**）、兵部尚書郭元振（**大臣**）、中書侍郎王琚（**大臣**）、龍武將軍王毛仲（**家奴**）、殿中少監姜皎（**大臣**）、太僕少卿李令問（**大臣**）、尚乘奉御王守一（**大舅哥**）、內給事高力士（**貼身宦官**）、果毅李守德（**親信**）。

這就是李隆基起兵的主力名單，有兄弟，有大舅哥，有貼身宦官，還有幾個比較得力的大臣。

這份名單中值得說道的是王毛仲，他不是漢人，而是高句麗人。唐隆政變時預定名單上就有他，然而到了關鍵時刻他卻腳底抹油溜了，直到政變後數天他才又回到李隆基的身邊。李隆基並沒有怪罪，反而一直把他留在身邊，這一次又把他列進了名單。

這一次王毛仲靠得住嗎？這一次王毛仲沒有辜負李隆基的信任。

西元七一三年七月三日，李隆基開始動手，他的身後是這些核心成員，在核心成員後面是王毛仲調集的三百多人、三百匹馬，這就是李隆基起兵的全部家當。

按說這個陣容有點寒酸，但李隆基的心裡很有底，因為此時此刻他身上穿著一件普天之下最合法的外衣——龍袍。

如果是太子李隆基率領三百餘人進宮，那是逼宮作亂，而皇帝李隆基領兵是清理門戶。

李隆基一路暢通無阻，從武德殿入虔化門，命人召來左羽林大將軍常元楷和代理右羽林將軍李慈，一個字：斬。隨後李隆基又到了內客省（禮賓館），火速逮捕中書舍人李猷、右散騎常侍賈膺福。接著李隆基來到了朝堂，一進門便看到了蕭至忠和岑羲，沒有二話，斬。

斬完蕭至忠、岑羲，李隆基的目光四處搜尋，他在找尚書左僕射竇懷貞，他恨透了這個「公主管家」，現在他要把他一刀兩段。找了半天愣是沒找到竇懷貞，李隆基恨得牙根發癢。

原來竇懷貞消息比其他人靈通，他提前得到消息跑了。然而跑進山裡的竇懷貞還是沒有找到生路，萬念俱灰的他在一棵樹上結束了自己的一生。即便這樣李隆基還是沒有放過他，他命人割下了竇懷貞的腦袋，並且賜了一個姓：毒。

事情異乎尋常地順利。

李隆基這邊波瀾不驚，太上皇李旦那邊卻是兵荒馬亂。面對三百多人亂哄哄地闖入，李旦繃緊了神經，他知道是李隆基起事，但他不知道李隆基的底線，萬一這孩子……

這時李旦的身邊恰巧還有一些大臣，於是李旦高喊一聲：願意助朕者留下，不願意的走！

片刻之後，大臣們分成了兩撥，一撥作鳥獸散，一撥擁著李旦跑到了承天門。在跟隨李旦的大臣中，兵部尚書郭元振是最奇怪的一個。原本他支持的是李隆基，李隆基列出的名單中他赫然在列，而現在他卻護著李旦跑到了承天門。

這是為什麼呢？或許職責使然。

身為兵部尚書，如果不能救君於危難之中，那還算一個合格的兵部尚書嗎？

一念之差，郭元振跑到了李旦的一邊。

承天門上，李旦命人寫下了在場大臣的名字，這份名單是將來論功行賞的證物。承天門下，李隆基已經帶兵撲了上來。

對於這段歷史李隆基遮遮掩掩，但歷史的真相還是若隱若現。

歷史的真相是李隆基不僅與太平公主有矛盾，而且與父親李旦也有矛盾。雖然李旦將皇位讓給了李隆基，但在李隆基看來父親的態度是曖昧的，正是因為他的曖昧態度導致自己處處受姑姑掣肘。如果父親旗幟鮮明地站到自己一邊，那麼姑姑根本沒有還手之力，而他偏偏左右搖擺、舉棋不定。

李隆基這次起兵的目的是一箭雙鵰，他既要一舉剷除太平公主的勢力，同時也要逼父親徹底讓位，做一個真真正正有職無權的太上皇。

父子二人在承天門對峙，這時就需要一個和事佬給李旦、李隆基父子披上一塊遮羞布。到哪裡找和事佬呢？遠在天邊，近在眼前。

兵部尚書郭元振上前一步說：「皇上剛才是奉您的命令誅殺竇懷貞等人，現在已經沒事了，陛下不必驚慌。」

李旦雖然受到驚嚇，但他很快反應了過來，自己有沒有下誅殺竇懷貞的詔書他心裡清楚，事到如今只能順坡下驢了。

李旦點點頭：「好，很好。」

這時李隆基登上承天門，父子在承天門上相見，這次相見雙方五味雜陳。

皇家的父子，世上最不正常的父子。

一天之後，李旦下詔：自今以後，所有軍國大事一律由皇帝處理。朕追求清靜無為、修心養性，以遂平生心願。

至此李旦由一個管大事的太上皇轉型為不管事的太上皇，他也是高祖李淵之後，唐朝的第二個太上皇。

不過他並不孤獨，後面還有兩個呢，其中一個就是他的兒子李隆基。

機關算盡太聰明

說了半天熱鬧，太平公主哪去了？

跑了。跑了足足三天。

太平公主眼看苗頭不對，便一溜煙跑進了山上的寺廟之中，躲了整整三天。然而太平公主知道躲是沒有意義的，天下之大已經沒有她的藏身之處，只能回去找侄子李隆基再碰碰運氣。

回來後，太平公主聽說了李旦徹底退位的消息，她意識到自己已經在劫難逃。千算萬算還是讓侄子給算計了，機關算盡到頭來還是誤了自己的性命。

回望自己的一生就像是大夢一場，輝煌過、失落過、得意過、失意過，現在這一切都將結束。

回想當年唐隆政變，是不是從那時起自己就犯下了一個錯誤，或許那時就不應該把那位軟弱的哥哥推上皇位。本來是把他們爺倆請來給自己打工，現在人家翅膀硬了，自己卻無家可歸、無路可走。

太平公主在絕望中於家中自殺，結束了自己波瀾壯闊的一生，也結束了為他人做嫁衣的一生。與太平公主一同結束一生的還有她的兩個兒子，他們在跟隨母親享受完榮華富貴後跟人間告別。

太平公主三個兒子中只有薛崇簡成為漏網之魚，他之所以能漏網是因為他曾經跟李隆基一起發動唐隆政變，而且在那之後一直站在李隆基一邊。不過從此之後薛崇簡再也不能姓薛，他只能跟李隆基姓了，李隆基說你跟他們不一樣，朕就賜你姓「李」吧。不知道薛崇簡在謝主隆恩的同時心裡在想些什麼，是在慶幸自己站對了隊，還是欲哭無淚呢？

在太平公主之後，另外兩個聰明人也結束了自己的一生，他們是太子少保薛稷，中書令崔湜。

薛稷在唐朝歷史上有一席之地，他工於書法，與虞世南、歐陽詢、褚遂良並稱初唐書法四大家，他的書法師傅是褚遂良，曾祖父是隋朝名臣薛道衡，外祖父更有名——唐朝名臣魏徵。

原本薛稷在李旦手下混得不錯，他的兒子還娶了李旦的女兒，兩人結成了兒女親家，李旦二次登基之後，薛稷更是受盡恩寵。然而在站隊的問題上，六十多歲的薛稷沒能擦亮雙眼，一不小心站到了太平公主一邊，結果被李隆基賜死斷送了一生。

薛稷之後，聰明人崔湜的一生也定格了，他的人生定格在四十二歲。崔湜本來有翻身機會，李隆基起兵之前，一度想將崔湜收為己用，可惜崔湜抱定了太平公主的大腿，於是大好的機會被他錯過了。

李隆基起兵成功之後，崔湜受到了清算，不過相比於竇懷貞、蕭至忠、岑羲，李隆基認為崔湜危害不大，只是以崔湜曾經與太平公主上床為由流放到竇州（廣東信宜市）。

大難不死，崔湜慶幸不已，他慶幸自己撿了一條命。然而崔湜的慶幸並沒有維持多久。雍州長史、新興王李晉臨處斬前把崔湜咬了出來，他悲憤地說道：「密謀叛亂最先是崔湜提出來的，現在我要被處斬，而他卻還活著。」

崔湜完了。

隨後宮女元氏招供，崔湜曾經授意自己下毒毒害皇帝。神仙也救不了了。已經走到湖北荊州的崔湜接到了追加處罰：勒令自殺。

史稱「先天之變」（七一三年）至此告一段落。

此時李隆基的宰相班子空了一大半，竇懷貞、蕭至忠、岑羲、崔湜全都作古，他們都是聰明人，只可惜選錯了主子、站錯了隊。如果他們地下有知，他們該羨慕同樣出自太平公主推薦的陸象先了，人家為什麼立場那麼堅定，出淤泥而不染呢？

歷史事實證明，陸象先的處世哲學他們學不了。

陸象先平時談吐高雅，關鍵時刻，他的品格也令世人敬仰。

前面說過在危難時刻李旦曾經大喊一聲「助朕者留，不者去」，並且曾經有過一份跟隨李旦登承天門官員的名單。起兵結束之後，李隆基派陸象先去查找這份名單，他要看看到底有哪些人在關鍵時刻站到了太上皇一邊。

陸象先空著手回來了，李隆基問：「名單呢？」

陸象先說：「燒了。」

燒了，陸象先你有沒有搞錯？

李隆基頓時大發雷霆，陸象先卻一臉平靜：「起兵之時，驚恐慌亂，那些保護太上皇登承天門的官員是忠君之事、救君之難。陛下何苦再追查，難道君王有難，一個個都逃跑才是對的嗎？」義正詞嚴，擲地有聲，陸象先一番話讓李隆基沒了脾氣。本來還想追查，現在只能不了了之。這就是陸象先，既有原則又機智過人，怪不得正品崔湜栽了，而他這個「買一送一」的贈品卻依然屹立在王朝的朝堂之上。

總而言之，崔湜是小聰明，陸象先是大智慧。

第三章

來來往往

重新洗牌

西元七一三年七月四日，隨著太上皇李旦徹底退位，唐朝歷史進入真正的李隆基時代。李隆基從這時起開始洗牌。

起兵之前朝中總共有七名宰相，經過整肅，現在只剩下三名，分別是陸象先、郭元振、魏知古。這三個人會繼續留在李隆基的朝堂之上嗎？只能走一步看一步。

不久李隆基接見了陸象先，對於這位陸宰相，他神交已久了。

在一次宰相聚會中，太平公主提議將李隆基廢黜，與會的竇懷貞、蕭至忠、岑羲、崔湜當即表示同意，而陸象先表示反對：「既然太子是因為建立功勳而成為太子，那麼要廢就必須是有罪才能廢，現在太子並沒有罪，公主卻提議廢黜，我陸象先不敢苟同。」

這句話輾轉傳到李隆基耳朵裡，李隆基頓時對陸象先肅然起敬。

這次君臣相見，李隆基對陸象先說：「天氣寒冷才知松柏不凋，先生您做到了。」

按理說話說到這個份上，陸象先理應受到李隆基的重用，其實不然。十餘天後，陸象先被免去宰相職務，出任益州長史兼劍南道按察使，從此他的人生與大唐王朝宰相再無交集。陸象先從此之後再沒有擔任宰相，但不影響他青史留名，在他擔任地方官員時，一向主張寬仁施政、與民生息，並且留下了一句名言：天下本自無事，只是庸人擾之。「庸人自擾」由此而來。

開元二十四年，七十一歲的陸象先走完自己的人生路，李隆基給他的諡號為「文貞」。

陸象先之後，淡出宰相行列的是兵部尚書郭元振。他的淡出看上去有些冤。

李隆基起兵成功後，郭元振被當作功臣晉封為代國公，享實封四百戶，賜物一千段。從賞賜來看，李隆基確實把郭元振當成了功臣，郭元振自己也是這樣認為的。

錯覺一直延續了三個月。三個月後李隆基翻臉了，起因是一次閱兵。

西元七一三年十月十三日，李隆基在驪山之下舉行了盛大的閱兵式，參加閱兵的有二十萬人，旌旗綿延五十里。

李隆基的臉上一片陽光燦爛，他對眼前的大場面非常滿意，然而隨著閱兵的進行，李隆基的臉色越來越難看，從陽光燦爛轉化為晴間多雲，最後轉化到烏雲密布。

「軍容不整，兵部尚書罪無可赦。」

一聲令下，剛剛還在陪同檢閱的兵部尚書郭元振被五花大綁押到了軍旗下，李隆基要將他問斬治罪。劉幽求和張說一看不好，趕緊跪下來求情：「郭元振有大功於社稷，不能殺，請陛下開恩。」

李隆基勉強同意了，不殺也行，那就流放新州（廣東新興縣）。

流放郭元振後，李隆基還不解氣，命人將給事中、代理禮儀官唐紹問斬，理由是由他制定的軍禮不夠嚴謹導致軍容不整。本來李隆基高喊將唐紹問斬只是虛張聲勢為自己揚威而已，並不是真要處斬，只要有人出來給唐紹說一句好話，這事就算過去了。

這時一員將領站了出來，來將是金吾衛將軍李邈。

李邈以迅雷不及掩耳之勢高喊一聲：「得令！」

一抬手，斬！

李隆基的「虛張聲勢」演砸了，他沒想到金吾衛將軍李邈是個死心眼，根本沒看出裡面的陣勢。君無戲言，李隆基只能將錯就錯任由士兵將唐紹處斬，只可惜唐紹白白賠上了一條命，怪只怪李邈給個棒槌就當針（真）了。

不久李隆基給李邈下了一道詔書：免除所有官職，回家養老，永不起用。

拍馬屁是個技術活，李邈這樣的死心眼玩不來。

就這樣，唐紹冤死了，郭元振被流放了。被流放的郭元振百思不得其解，為什麼自己三個月前還被當成功臣，三個月後就被推入深淵，自己到底什麼地方得罪李隆基了？

郭元振沒有想到，早在三個月前他就把李隆基得罪了，地點就在承天門。李隆基起兵時，按理說他是李隆基的人，而他卻保護著太上皇李旦跑到了承天門，雖然保護太上皇是忠君之事，但這個舉動讓李隆基把郭元振看成了太上皇的人。

不是自己的人，李隆基還會用嗎？想都別想。

只是要給群臣樹立一個榜樣，李隆基不得不把郭元振樹為典範，並給予一系列封賞，這是做給群臣看的。再者郭元振知道的事情太多了，他親眼見證了太上皇李旦和皇帝李隆基的最後博弈，只要他在李隆基面前出現，李隆基就會想到當天的承天門。

綜合以上兩點，郭元振的宰相生涯到頭了。

流放新州不久，李隆基給了郭元振一個臺階，將他委任為饒州司馬，然而這個臺階對於郭元振來說是不夠的，這個從武則天時代就兢兢業業的老臣一直心緒難平、耿耿於懷，結果在前往饒州赴任的路上即告病逝，享年五十七歲。十年後，李隆基追贈郭元振為太子少保，算是給他一個事後補償。

郭元振之後碩果僅存的宰相便是魏知古，他的處境還算不錯，雖然李隆基免去了他的宰相職務，但還是將他派往東都洛陽主持選官工作，相比於陸象先、郭元振也算得到重用。

翻身作主

一朝天子一朝臣，用在李隆基和劉幽求身上尤其合適。

七月四日之前，劉幽求還是流放封州的流放犯，靠著桂州都督王晙的保護才勉強苟延殘喘保住了一條命。七月四日之後，劉幽求守得雲開見日明，主子李隆基終於將帝國的權柄全部握在手中，劉幽求的好日子隨之來臨。

八月二日，流放犯劉幽求被擢升為尚書左僕射、平章軍國大事，他再一次成為宰相。

與劉幽求一樣，曾經被太平公主和崔湜拉下相位排擠到洛陽的張說也翻身了，他由尚書左丞直接擢升為中書令，再次成為宰相。張說這個人很神奇，一生先後三次出任唐朝宰相，這次是他第二次當宰相，多年之後還有一次當宰相的經歷。

劉幽求、張說各就各位，該輪到姚崇了。

姚崇是一個老熟人了，他在唐朝歷史上的諸多宰相中至少可以排到第三位，前兩位便是著名的房玄齡和杜如晦，他們是唐太宗貞觀年間的宰相組合，姚崇則跟宋璟則是唐玄宗開元年間的宰相組合。

西元七一三年的姚崇已經六十三歲了，這個老資格的大臣已經走完了人生的大部分路程，他的一生經歷比較奇特，光是名字就變來變去。姚崇本不叫姚崇，而叫姚元崇，姚元崇這個名字一直叫到了五十多歲，卻再也叫不了了，因為武則天不讓他叫。

原來這個時候正好突厥的叱利元崇向武則天的周朝進攻，武則天非常討厭聽到這個名字，於是就讓姚元崇改了名字。這一改，姚元崇就改成了姚元之，《舊唐書》上的說法是姚元之是武則天賜的名字，《新唐書》則說「元之」本來就是姚元崇的字，現在不叫名了，直接叫字。

等到李隆基將年號改為「開元」，姚元之得避諱也不能叫了，中間的「元」字只能收藏了，這時武則天早已作古，姚元之索性又改回姚元崇，再把中間的「元」字收藏，六十三歲的老頭終於有了不需要再改的名字——姚崇。

說完姚崇的名字，再來說姚崇的第三次出任宰相。

姚崇和張說一樣，一生也是先後當過三次宰相，第一次當宰相是武則天時代，當時的職務是兵部尚書、同中書門下三品。第二次當宰相是睿宗李旦登基之後，職務依然是兵部尚書、同中書門下三品。與宋璟一起打壓太平公主失敗後，姚崇和宋璟被趕出了長安，擔任地方刺史，這一任就是兩年。

李隆基登基後開始洗牌，他將原來的七名宰相清洗乾淨之後，就把劉幽求、張說推上了前臺，不過他最大的目標是姚崇，如果能讓姚崇出任宰相，一個屬於自己的全新時代就來臨了。

十月十四日，李隆基來到渭川打獵。按照慣例，天子巡守時方圓三百里的地方官有義務前去面聖，姚崇正準備動身，李隆基的使節到了：「陛下想見你，請速速動身。」

經驗老到的姚崇知道皇帝不會無緣無故召見，既然召見就一定有大事發生，他在心中盤算了一下，想好了應對之策。

君臣見面，先從打獵說起。

李隆基問道：「你會打獵嗎？」

姚崇回應說：「小時候曾經練過，二十歲時我在廣成澤附近居住，經常以呼鷹打獵為樂。後來別人說我是當官的材料不能在打獵上浪費時間，於是我就放棄了，開始發憤讀書，走入仕途。有小時候打下的底子，現在打獵也沒問題。」

李隆基聞言非常高興，便拉著姚崇上馬到野外打獵。

一邊打獵，一邊閒談，君臣二人越談越投機，這時李隆基說出了此行的目的：「你應該當宰相輔佐朕了。」

姚崇毫無反應。

李隆基很是奇怪，姚崇怎麼了？天大的好事到了他的頭上，他怎麼不謝恩，反而無動於衷呢？裝的！為了試探。

李隆基疑惑不解時，姚崇翻身下馬，跪在地上說道：「臣先跟陛下說十件事，如果陛下覺得不可行，臣就不得不拒絕陛下。」

李隆基說：「好，你說說看。」

姚崇將自己提前醞釀好的十件事和盤托出：

寬仁施政，可乎？

不貪圖邊功，可乎？

寵臣犯法一視同仁，可乎？

宦官不得干政，可乎？

租賦之外不得濫賞，可乎？
外戚不得擔任宰相以及各部高官，可乎？
善待大臣，可乎？
群臣可以直言進諫，可乎？
停止一切道觀佛寺建設，可乎？
外戚不得干政，一切以國家利益為重，可乎？
這時李隆基表態了：「好，我都答應你，這下你可以當我的宰相了吧！」
六十三歲的姚崇斬釘截鐵地說：「我願意。」
從此姚崇、劉幽求、張說成為李隆基的宰相成員，他們將按照慣例展開親密無間的合作。
他們能親密無間嗎？
如果鸚鵡和狸貓能夠共處，他們就能。

勾心鬥角

古龍說，有人的地方就有江湖。現在姚崇、劉幽求、張說一起走進了江湖。
在姚崇沒上任之前，姚崇和張說的鬥爭已經開始了，因為張說不想跟他成為同僚。
張說鬥姚崇乍看上去有些不好理解，各當各的宰相，誰都不挨著，有什麼好鬥的？
這就得說到官場的鬥爭了，官場鬥爭不是當事雙方的性格使然，而是官場的格局使然，因為古往今來的官場從來都是僧多粥少，競爭便在所難免。當李隆基動了讓姚崇出任宰相的念頭時，張說意識到危機來臨了。

論資歷，姚崇比他資格更老；論能力，姚崇的能力世人皆知；論交情，姚崇向太平公主奮力一擊，雖然沒有成功但對李隆基忠心可表。各方面都在自己之上的姚崇如果回來出任宰相，自己的空間還會有多少呢？

張說決定出手，一定要阻止姚崇拜相。

他先出了第一招：彈劾。

御史大夫趙彥昭按照張說的意思參了姚崇一本，本以為能就此動搖姚崇在李隆基心中的位置，沒想到李隆基根本不為所動，彈劾的拳頭打在棉花上，任何聲響都沒有。

接著張說又出了第二招：推薦。

這次替張說出面的是殿中監姜皎，他是不久前跟隨李隆基起兵的功臣之一，此時正受李隆基恩寵。

姜皎說：「陛下之前不是一直苦於沒有合適的河東總管人選嗎？微臣替陛下找到了一個。」

李隆基頓時來了興趣，「哦，誰啊？說來聽聽。」

姜皎說：「姚元之（姚崇）文武全才，正是河東總管的合適人選。」

姜皎說完看著李隆基，如果李隆基點頭同意，張說的算計就能得逞。姚崇當不上宰相，只能當河東總管了。

張說高估了自己，同時又低估了李隆基。

李隆基聽完頓時變了臉色：「這一定是張說的主意，姜皎你竟敢當面騙我，這可是死罪！」

姜皎頓時嚇蒙了，欺君之罪不是鬧著玩的。好在姜皎正受恩寵，李隆基便給他留了面子，在姜皎跪下求饒認錯後也就把他放了，此事暫且按下不提。

李隆基不提並不意味著姚崇不提，以姚崇的人脈，他早就知道張說在背後的小動作，他忍而不發，一直在等待機會。

現在輪到張說著急了，他非但沒能阻止姚崇拜相，反而眼睜睜看著姚崇升任同中書門下三品兼中書令，得勢的勢頭非常明顯。眼看無法從李隆基那裡得到更多的支持，張說便想從周邊做一下工作，找一個李隆基最信得過的人幫自己說說好話。

張說把目標鎖定在岐王李範身上，岐王是李隆基的親弟弟，他說話是有分量的，如果傍上岐王這條線肯定有益無害。

一天夜裡，張說乘坐馬車前往岐王李範的府中拜訪，寒暄之後便說明了自己的效忠之意，李範頻頻點頭，賓主相談甚歡。心裡有了底的張說心情大好，喜滋滋離開了岐王府，卻沒有注意到在他進入岐王府的同時，有一雙眼睛一直在盯著他。

第二天早朝，姚崇一瘸一拐地來了，李隆基看著姚崇面露驚訝。

「你的腳有病嗎？」李隆基問。

「臣的腳沒病，卻有心腹之疾。」姚崇回道。

李隆基當即意識到姚崇這是有話要說。

「有什麼心腹之疾，說給朕聽聽。」

姚崇正色說道：「岐王是陛下的至親兄弟，張說是陛下的輔臣，而張說卻躲到車裡秘密前往岐王府拜訪，我怕岐王會受到誤導，所以心裡擔憂。」

同樣是給對方下絆，姚崇明顯技高一籌。

姚崇抓住了李隆基的心理，但凡皇帝都對皇親宗室充滿忌憚，張說身為宰相卻不經皇帝同意私自拜訪岐王，這就是圖謀不軌。還有比這更致命的小報告嗎？

幾天後，張說倒了，被免除宰相職務，出任相州刺史，本來是他給姚崇挖坑，結果他卻掉進了姚崇的坑裡，這就是中年狐狸跟老年狐狸的區別，不僅差著年輪，而且差著道行。

掉進坑裡的張說從此又開始慢慢往上爬，等他從坑底爬回地面再次出任宰相已經是九年之後，而他與姚崇的爭鬥並沒有結束，他們的爭鬥一直持續到姚崇人生謝幕。

張說倒臺不久，尚書左僕射劉幽求也倒了。劉幽求被免去尚書左僕射、同中書門下三品，改任太子太保。尚書左僕射、同中書門下三品是宰相，是實職，太子太保則是能把好人閒出病的閒職。

劉幽求為什麼倒臺？難道他也招惹了姚崇？

他本人沒有招惹姚崇，是他的職位招惹的，因為姚崇想大權獨握。

西元七一三年的拜相是姚崇的第三次拜相，也是他人生中的最後一次，這時他已經六十三歲了，他想真正放開手腳做點事情。拜相之前，姚崇向李隆基提出的十件事，一定程度上就是他的施政綱領，在他的心中已經有了施政藍圖，容不得別人再來對他指手畫腳。

然而現有的群相制顯然不能滿足姚崇的胃口，宰相班子裡堆著一大幫人，你說一句，我說一句，集體負責其實就是集體不負責，這絕對不是姚崇想看到的。他想要的是自己掌握話語權，而其他人隨聲附和。很明顯劉幽求不是合適人選，他是唐隆政變的主力，不會任由自己擺布。既然這樣只能讓他離開，省得礙手礙腳。

姚崇的想法與李隆基不謀而合，李隆基也想讓劉幽求離開。

卸磨殺驢

共患難易，同富貴難。自古以來，功臣難當。

雖然李隆基大權在握後便把劉幽求從流放犯擢升為尚書左僕射，但這並不意味著他將重用劉幽求，之所以這麼做只是做出一個知恩圖報的姿態，他心裡明白劉幽求不是他現階段所需要的人。

如果說唐隆政變時，劉幽求是李隆基不可或缺的主力，那麼馬放南山之後，劉幽求已經沒有了利用價值。對於這樣的功臣，李隆基有些頭疼，他不能立刻棄用劉幽求，因為那樣會背上「卸磨殺驢」的名聲，權宜之計只能先讓劉幽求慢慢淡出權力中心，然後再讓他遠離長安。

於私交而言，李隆基也於心不忍，但為了江山穩固他不得不這麼做。眾所周知，功臣一旦淡出權力中心，心中難免就會產生抱怨，而劉幽求又是有過政變經歷的人，這顆隨時有可能爆炸的雷是不可能再留在長安的。

乍看起來，李隆基的所作所為有些不近人情，其實他並不是第一個這麼做的皇帝，幾乎歷朝歷代的皇帝都是這麼做的。漢高祖劉邦、明太祖朱元璋做得比他還過分，相對溫柔的是宋太祖趙匡胤的「杯酒釋兵權」。李隆基效仿的是曾祖太宗李世民，細心的讀者可以發現，玄武門之變後曾經一頂一的得力幹將尉遲敬德、秦叔寶、程知節都淡出了權力中心。原因只有一個，國家安定之後猛將已經沒有利用價值。

失去利用價值的劉幽求便這樣從宰相高位栽了下來，從流放犯到宰相，從宰相再到太子少保，前後不過四個月的時間。

劉幽求沒有想到的是，三個月後他連太子少保也當不成了。劉幽求被人檢舉說：「太子少保劉幽求對自己的職位有怨言。」

這個舉報是非常致命的。在古代如果一個官員被舉報「有怨言」，事情便可大可小，大到可以滿門抄斬，小到可以批評教育，下不為例。

李隆基把審問劉幽求的任務交給了姚崇，這個安排更加要命，這是讓黃鼠狼當養雞場的管理員。

與劉幽求一起受審的還有太子詹事（太子宮主管）鍾紹京，他也是當年唐隆政變的主力，正是他調集皇家園林裡的園丁參加政變，為李隆基立下大功。鍾紹京一度被推到了中書令的高位，後來又被拉了下來，出任太子詹事這個閒職。

經過一番審問，姚崇很快定了案：劉幽求等人都是功臣，一下子被安排到閒職肯定有些沮喪，這也是人之常情。他們的功勞很大，受的恩寵也深，一旦把他們逮捕下獄，恐怕會讓遠近之人都擔心。

言下之意，逮捕下獄就不必了，不過該有的處罰還得有。這是姚崇想要的結果，也正是李隆基想要的結果。

不久劉幽求被貶為睦州（浙江省建德市）刺史，鍾紹京被貶為果州（四川省南充市）刺史，兩位唐隆政變的功臣從此與權力中心漸行漸遠。被貶出長安的劉幽求後來又出任杭州刺史，開元三年又從杭州調任桂陽刺史，然而就在從杭州到桂陽的途中，鬱悶的劉幽求連氣帶怨，終告不治，享年六十歲。

鍾紹京的結局比劉幽求稍好一些，他輾轉在各地當了一些小官，再見到李隆基已經是開元十五年。面對李隆基，鍾紹京痛哭流涕：「陛下難道不記得當年的事了嗎？您怎麼忍心把臣拋在荒外，終年看不見長安的皇宮。當年一起起事的人如今都不在了，只剩下臣這麼一個衰老頭，陛下難道不可憐可憐我嗎？」

李隆基頓時神色黯然，他知道虧欠這些老臣的太多了，隨即將鍾紹京留在長安，委任為銀青光祿大夫，顛沛流離十幾年的鍾紹京終於得以在長安終老，享年八十餘歲。

劉幽求、鍾紹京被貶之後，另外一個受盡恩寵的人也遭到貶黜，這個人便是一直鼓動李隆基向太平公主下手的王琚。

王琚在起兵成功之後一直享受功臣待遇，他生性詼諧幽默，深得李隆基的歡心，李隆基一時不見他便會思念，偶爾王琚休假不去上朝，李隆基就會派宦官到王琚的家中邀請。好景不長，不久之後，李隆基就接到一些大臣的忠告：王琚詭計多端，可以一起消除禍事，但共用太平卻很難。

這種忠告十有八九是出自嫉妒，但李隆基還是聽了進去，在他的前半生中見多了寵臣弄權為禍的例子，他當然不想在自己的身上也發生。

在這之後李隆基對王琚漸漸疏遠，不久就讓他兼任御史大夫到北方巡視軍隊。又過了一些日子，便發生了劉幽求和鍾紹京被人檢舉的事件，本來與此事無關的王琚也被捲了進來，他被指認為劉幽求的同黨。

哎，發牢騷也有同黨。

這樣王琚再也沒有資格巡視了，他被貶為澤州刺史，徹底地遠離權力中心。

多年後，王琚被李林甫誣陷，在流放的路上被勒令自殺，死非其罪，當時的人都認為他死得冤。過了數年，李隆基追贈了他的官職，算是給他翻了案。

從劉幽求到鍾紹京，再到王琚，只能得出一個結論：君無常心，而且皇帝的恩寵歷來是最不可靠的。

救時宰相

第四章

管理的學問

西元七一三年十二月一日，李隆基宣布更改年號，新年號為「開元」。

「開元」這個年號是有講究的，意味著李隆基想要開創一個全新的時代，後來的事實證明他做到了。

改元之後，李隆基開始發力，與他一起發力的是他新任命的宰相姚崇，而與姚崇搭班子的盧懷慎是一個品格高尚、能力低下的道德先生。

從這時起，唐朝的宰相制度悄悄發生了變化，在此之前唐朝的宰相實行「群相制」，宰相不只一個而是一群。現在情況發生變化，姚崇的宰相班子裡只有兩人，除了他就是盧懷慎，姚崇是主力，盧懷慎是非主力，主力和非主力搭班子的格局由此形成慣例。

宰相班子已經建立，姚崇將全部精力投入到國家事務上來，他的從政經驗豐富，這些事務都難不倒他，然而不久之後，他在李隆基面前找不到北了。

這天姚崇拿著一份官員升遷名單來找李隆基，這份名單他已經擬好，來找李隆基就是走一下程序彙報一下。就是這個彙報，讓姚崇找不到北了。

姚崇說：「陛下，這裡有一份中下級官員的委任名單，我給您彙報一下。」

李隆基沒有理他，抬頭看著屋頂。

姚崇以為李隆基沒聽見，又說了一遍。

李隆基依然沒有理他，繼續看屋頂。

姚崇有點不相信自己的眼睛和耳朵，又重複了一遍。

李隆基繼續把他當空氣，繼續看屋頂。

姚崇懵了，冷汗頓時流了下來，皇帝的葫蘆裡賣的什麼藥啊，莫非對我不滿？眼看李隆基不搭理自己，姚崇便屏住呼吸，行了禮退了出去。回去的路上，姚崇百思不得其解，這是為什麼呢？皇帝到底怎麼了？難道我什麼時候得罪他了？

姚崇走後，一直站在李隆基身邊的宦官高力士說話了：「陛下，您最近才開始親自處理國家大事，自然應該當場給大臣們做出指示。剛才姚崇向您請示您卻不說話，這恐怕不是虛心納諫的作派。」

李隆基說話了：「我任用姚崇當宰相，國家大事他自然應該跟我商量，但中下級官員任命這樣的小事就不用再麻煩我了吧，身為宰相他全權處理就可以了。」

高力士這才明白了李隆基裝啞的意圖，便給李隆基遞了一個眼神，李隆基回了一個眼神。

姚崇還百思不解時，高力士來了，他把李隆基的話原原本本轉述給姚崇，姚崇茅塞頓開。高，實在是高！

姚崇連忙向高力士道謝，心裡更是對李隆基充滿感激。

由這個事件來看，李隆基是個不折不扣的管理高手，他知道什麼叫「抓大放小」，管理手法遠在諸葛亮之上。

《三國演義》中有這樣一個橋段：

司馬懿問諸葛亮派來的使節：「你們丞相忙嗎？」

使節說：「忙，軍中二十軍棍以上的刑罰他都要親自過問，所以很忙，忙不過來。」

司馬懿又問：「他吃飯的胃口如何？」

使節說：「吃得很少。」

使節走後，司馬懿說：「諸葛亮命不久矣！」

這就是諸葛亮和李隆基的差距，諸葛亮連二十軍棍這樣的小事都要過問，李隆基卻連中下級官員的任命都不過問。結果呢，諸葛亮鞠躬盡瘁死而後已，在他的身後蜀漢迅速滅國，李隆基則把大唐王朝帶到了開元盛世，創造了封建王朝的巔峰。

管理是一門學問，很深很深的學問。

下車伊始

得到李隆基的支持，姚崇幹勁十足，很快他就做了三件大事。

第一件，查處全國的假和尚、假尼姑。

唐中宗李顯執政以後，皇親國戚爭相建造寺廟，以為這樣可以為自己祈福，他們在建造寺廟的同時還會剃度一些平民為僧，這一剃度，問題便隨之而來。

原來有些平民並非真心想剃度，而是衝著「和尚可以免稅」的優惠。久而久之，不僅皇親國戚鑽政策的漏洞，一些富戶也發現了這個漏洞，富戶中的精壯男子本來有義務向國家交租賦，結果迅速剃度成了和尚，從此光頭就是免稅的證明。

姚崇經過調查發現這現象，認為這股歪風必須制止，不然長此以往遍地都是和尚、尼姑，交稅的人卻沒了。

李隆基迅速批准姚崇的奏疏，全國上下立刻展開了清查假和尚、假尼姑的行動，只要發現並非真心想出家的，一律勒令還俗。最後一盤點，全國清理出一萬兩千名假和尚、假尼姑，數量相當驚人。

第一招收到效果，姚崇很快做了第二件大事。

這件事有點難度，涉及的人位置有些高。這件事涉及到薛王李業。

薛王李業的舅舅叫王仙童，這是一個惡霸，仗著身後有薛王李業撐腰，盡幹侵吞百姓財產的壞事，百姓苦不堪言。後來王仙童的劣跡被御史上報給了李隆基，然而御史的奏疏剛到，薛王李業就來說情了。

面對自己的手足兄弟，李隆基有些為難，如果不給李業面子，就會讓李業難堪，但給了李業面子，王仙童就會逍遙法外。思來想去，李隆基把皮球踢給了姚崇和盧懷慎：「你們去查查吧，如果情況屬實便嚴懲不貸，如果不屬實就治御史的罪。」

如果是一位順杆爬的宰相，此時就會做個順水人情，把御史治罪了事，然而姚崇不順杆爬，他尊重的是事實。

經過一番查證，姚崇回來報告：「王仙童罪狀明明白白，御史大夫所言不虛，應該治王仙童的罪。」

薛王李業啞口無言，只能眼睜睜看著姚崇將舅舅治罪。自此皇親國戚的行為收斂了不少，他們知道姚宗連薛王李業的面子都不給，何況他人。

姚崇的第二件大事就是懲辦了王仙童，但也得罪了薛王李業。

這還不算完，不久他又做了第三件大事，這次得罪的是申王李成義。

李成義的事很小，只是想幫自己府裡的官員閻楚珪升一下官。閻楚珪原來是從九品的王府錄事，李成義想把他升為正八品的王府參謀。本來從九品升正八品對於一個親王來說根本不是難事，更何況李隆基也答應了李成義的請求。沒想到事情到了姚崇那裡就卡住了。

姚崇抓住了一個漏洞：關於這次升官，李隆基沒有下達手令。

而按照李隆基先前的旨意，如果是王公和駙馬託付的事情，皇帝批准後應該給宰相下一道手令，沒有手令一律不辦。現在姚崇就抓住了這個漏洞，他上奏李隆基：陛下說過，沒有手令一律不能辦。

姚崇猜想李隆基可能會補發手令，便接著說道：「臣竊以為量才為用授予官職是有關部門的事情，陛下如果因為是親屬寵臣就授予官職恐怕有些不妥。臣分析過最近的一些情況，認為這樣會破壞國家法度。」

姚崇把所有的路都堵死了。

結果閻楚珪的升遷愣是沒有實現，因為有一個堅持原則的姚崇在那裡擋著。

三件大事辦完，一個賢相的模樣便躍然紙上。

不過讓姚崇在青史留名的是解決了隨後的蝗災。

蝗蟲事件

西元七一五年，姚崇遇到了難題：崤山以東，蝗蟲為患。

在科學不發達的古代，自然界的很多現象都被神話了，因此很多人固執地認為蝗災是上天發怒向人間示警。

這樣一來蝗蟲就不是蝗蟲了，而是上天向人間示警的使者，於是多數老百姓不敢捕殺蝗蟲，而是在田間地頭焚香禱告，跪求蝗蟲嘴下留情，吃兩口就打道回府吧。

禱告有用嗎？老百姓認為有用，姚崇卻堅定地認為沒用，因為他是一個唯物主義者。

面對蝗災，姚崇提出自己的建議：火速往各地派出御史，敦促各地消滅蝗蟲，保護莊稼。這個在今天看來很簡單同時無比正確的決定居然遭到了很多人反對，反對者認為蝗蟲太多了，滅也滅不掉，倒不如不得罪它們，它們可是上天派來向人間示警的。

反對最起勁的是汴州刺史倪若水。

倪若水說：「昔日漢趙帝國的劉聰曾經捕殺過蝗蟲，結果怎麼樣？蝗災反而更嚴重了，所以說消滅蝗蟲還得靠積德。」

倪若水不僅是說說而已，他還身體力行拒不接受姚崇的命令，拒絕了姚崇派去監督滅蝗的御史入境。

姚崇大怒，馬上給倪若水寫了一封信：你說的那個劉聰不是真正的皇帝，他的德行壓不住妖孽，現在我們明君在位，德行自然勝過妖孽。歷史記載古代有賢良太守蝗蟲都不進入他的轄區，你說修德就可以避免蝗災，現在你的轄區內蝗蟲為患，是不是因為你不修德呢？

倪若水看完信啞口無言，不能再跟宰相對著幹了，不然「不修德」的帽子扣下來可不是鬧著玩的。倪若水火速投入到滅蝗工作中去，最後一統計，在他的汴州境內有據可查的死蝗蟲有十四萬石，扔進河裡水葬的蝗蟲不計其數。

滅蝗工作取得了巨大勝利，反對的聲音依然不絕於耳，這些聲音又進入了李隆基的耳朵裡，李隆基有些含糊了。李隆基是相信「天人感應」的，他自認為自己是天子，那麼現在發生蝗災就是他那叫作「天」的老爹不高興了向他發怒呢。現在按照姚崇的建議大肆捕殺蝗蟲，是不是對天不敬呢？

李隆基決定找姚崇問問。

被召來的姚崇對李隆基說：「這些死摳書本的庸儒們不懂得變通之道，凡事要針對問題具體分析，有時要違反經典去順乎潮流，有時則要違反潮流去合乎權宜之計。昔日北魏崤山以東有蝗蟲，就因為不忍捕殺，結果莊稼被吃光了，最後發展到人吃人；後秦時蝗災更甚，莊稼和草木都被吃光了，最後牛馬餓急了只能相互啃毛。現在黃河以南、以北的百姓家裡都沒有太多餘糧，如果任由蝗災發展，他們顆粒無收就只能逃難了，所以捕殺蝗蟲關係到國家安危，馬虎不得。就算不能將蝗蟲全部捕殺乾淨，但總比眼看他們啃吃莊稼氾濫成災強。陛下好生惡殺，此事不需要出敕，容臣出牒處分。若不能把蝗蟲消滅乾淨，臣在身官爵並請削除。」

姚崇所說的「敕」指的是皇帝下令，「牒」指的是宰相下令。

姚崇不讓李隆基出「敕」而由自己出「牒」，說白了是願意把所有的問題都自己扛，忠心表到這個程度，李隆基也就不好不同意了。

回到辦公室，跟姚崇搭班子的盧懷慎出來說話了，他小心翼翼地對姚崇說：「大肆捕殺蝗蟲，恐怕會傷了天地的和氣吧！」

人和人的差距就是這麼大，盧懷慎這樣的人居然跟姚崇搭班子，按照他的說法任由蝗蟲漫天飛舞倒是不傷和氣了。荒謬。

姚崇看了盧懷慎一眼，開口說道：「昔日楚莊王曾經吞下過螞蟥，但他的病卻好了；孫叔敖曾經殺過雙頭蛇，他的一生卻很有福氣。我們不忍心殺蝗蟲，難道忍心看著百姓因為蝗蟲卻活活餓死嗎？」

接著姚崇又說了一句話：「如果捕殺蝗蟲會招致禍事，我姚崇願意一人承擔。」

不久，在姚崇的指揮下，崤山以東的蝗蟲全部被消滅，百姓避免了流離失所，這一切都是因為唯物主義者姚崇的堅持。

無限風光

依靠李隆基的支持，姚崇在開元初年大展拳腳，老而彌堅。

姚崇之所以能在短短幾年內做出業績，還得歸功於宰相制改革。如果還是群相制，姚崇依舊無法脫穎而出，而在開元初年，宰相只有兩三人，與姚崇搭班子的只有盧懷慎一人。

說起這個盧懷慎，可以用兩個字概括：好、熊。

盧懷慎是個好人，但不是一個能人，他比能人多了四個點，熊人！

從個人品格而言，盧懷慎要在姚崇之上，他清謹儉素不經營自己的財產，所得俸祿多數都分給了親戚朋友，而自己的老婆孩子卻經常處於吃了上頓沒下頓的「嗷嗷待哺」狀態。這就是盧懷慎，一個道德層面的聖人。

同時，這個道德層面的聖人也是一個行政層面的熊人。

有一次姚崇的一個兒子去世了，姚崇便請了事假回家料理兒子的喪事，一下子就有十幾天沒來上班。這十幾天對於姚崇來說是悲痛的，白髮人送黑髮人，人生最悲痛的事情莫過如此；而這十幾天對盧懷慎來說也是最難熬的，每一天他都度日如年。

與姚崇搭班子以來，他一直充當副手，姚崇點頭他點頭，姚崇畫圈他畫圈，人送外號「伴食宰相」。現在姚崇這根主心骨不在，讓他這個「伴食宰相」挑大樑，這就是把癩蛤蟆逼到公路上，愣讓它冒充迷彩小吉普了。

十幾天下來，政事堂的公務堆積如山，「伴食宰相」盧懷慎目瞪口呆、不知所措，只好進宮來向李隆基彙報，起碼爭取一個好態度。

李隆基看著盧懷慎，他知道這是一個好人，但他更知道這是一個熊人，於是便說道：「我把天下事都交給姚崇，卻把你安排到了可有可無的位置上。」

李隆基的意思很明白，本以為你是一把錐子，誰知道你是個棒槌。面紅耳赤的盧懷慎忐忑不安地退了出來，繼續回到中書省發呆，心中只能乞求姚崇節哀順變，盡快回到工作崗位上。

幾天後姚崇回來了，一回來便看到了堆積如山的公務。姚崇二話不說開始處理，不一會兒的工夫，積累了十幾天的公務處理完畢。

這時姚崇不免有些得意，便問站在一旁的中書舍人齊澣：「我當宰相，可以與古代的哪個宰相相提並論？」

齊澣還沒來得及回答，姚崇便追問：「比管仲、晏嬰如何？」

齊澣想了一下說道：「管仲、晏嬰之法雖然不能流傳後世成為萬世之法，但是至少在他們的任期內保持不變。您所制定的法卻經常變化，似乎您跟他們二人沒法比。」

姚崇追問道：「那麼你如何評價我呢？」

齊澣說：「您可以稱為救時宰相。」

聞聽此言，姚崇大喜，順手把筆扔到桌子上，說道：「救時宰相，那也不容易啊！」

千古良相也好，救時宰相也罷，總之在開元初年姚崇是李隆基不可或缺的重臣。對於姚崇，李隆基的恩寵日甚一日，而姚崇不知不覺也登上了無限風光的頂峰。

開元四年十一月，在姚崇受盡恩寵的同時，「伴食宰相」盧懷慎抵達了人生終點，他一病不起，最終撒手人寰，身後家中一貧如洗，只有一個老僕願意賣身籌錢為他料理後事。

盧懷慎去世後，原尚書左丞源乾曜接替了他的位置，他的功能跟盧懷慎一樣，當一枚綠葉陪襯姚崇這朵紅花。

正在這新舊宰相交替的當口，姚崇病倒了，他患了瘧疾。李隆基聽說後非常著急，接連派出使者到姚崇借住的罔極寺看望，一天之內竟然多達數十人次，基本上這個使者前腳剛走，那個使者後腳就到。

在此期間，源乾曜挑起了工作的重擔，每天進宮向李隆基彙報。

如果彙報正合李隆基的心意，李隆基便會笑著說道：「這一定是姚崇的主意。」而如果彙報不合李隆基的心意，李隆基便會板著臉問：「為什麼事前不跟姚崇商量？」這時源乾曜便趕忙回應：「陛下所言極是，確實沒跟姚崇商量過。」

在這種思維的主使下，一有大事李隆基便指示源乾曜去罔極寺徵求姚崇的意見，畢竟姚崇的經驗豐富。源乾曜連連點頭稱是，於是往罔極寺跑的次數更多了。

不久源乾曜給李隆基上了一道奏疏：鑒於罔極寺的條件不好，建議把姚崇安排到皇家禮賓館暫住，這樣有利於姚崇身體恢復。源乾曜上奏疏時並沒有跟姚崇通氣，姚崇知道後連忙上奏疏反對，自己一個帶病之人，入住存有公文檔案書籍的皇家禮賓館非常不合適。

李隆基回應說：「有什麼不合適的？皇家禮賓館本來就是為各級官員設立的，讓你住是為了江山社稷。只恨不能讓你住在宮中，入住皇家禮賓館算什麼。」

聽到這番話，姚崇除了感動，還是感動。

恩寵，無限風光的恩寵。

罷相

人生一世，生老病死無法抗拒，而頂峰過後是低谷的客觀規律也無法抗拒。就在姚崇受盡皇帝恩寵，衝上人生頂峰的同時，他逐漸跌入人生的低谷。兩年前的一番君臣對話，早已為姚崇日後跌入低谷埋下伏筆。那是在開元二年，宰相魏知古從東都洛陽返回長安之後。

魏知古本是小吏出身，姚崇就是他仕途上的貴人，在姚崇的不斷提攜下，魏知古不斷升遷，後經姚崇提名成為宰相班子的一員，和盧懷慎一起給姚崇搭班子。

魏知古一直對姚崇心存感激，直到一個出人意料的任命出現。

當時姚崇將魏知古委任為代理吏部尚書前往洛陽主持官員選拔工作，這個安排意味著魏知古是洛陽官員選拔的最高長官，他的意見便是最後意見。魏知古沒有想到就在他認為選官工作可以圓滿結束時，吏部尚書宋璟來了，他是奉姚崇之命來做最後審查的。也就是說，洛陽的選官工作魏知古說了還不算，宋璟的意見才是最終意見。

魏知古有些惱火，明明把我派來主持選官工作，現在又把宋璟派來驗收我的工作，這不僅是不尊重而且是不信任。令魏知古更難堪的是，他身為宰相卻要聽命於宋璟，而宋璟偏偏還不是宰相。

這個出人意料的任命徹底改變了魏知古對姚崇的看法，從此怨恨取代了感恩的心。從洛陽返回長安，魏知古越想越氣，索性到李隆基那裡參了姚崇一本，因為他抓住了姚崇的軟肋。

要說姚崇的軟肋也是官場中人普遍的軟肋，那就是管不好身邊的親屬和子女。

姚崇儘管名垂青史，躋身良相行列，但他同樣沒有管好自己的兒子，他的兩個兒子當時正好在洛陽為官，兩人憑藉著老爹的聲威在洛陽沒少幹以權謀私的事。

兩位公子哥不僅知道老爹的能耐，而且還知道老爹曾經提拔重用過魏知古，於是他們便找到了魏知古為別人跑官要官，而且不只一次兩次。起初魏知古對姚崇抱有感恩之心，對兩位姚公子的要求也會盡量滿足，然而現在情況不同了，魏知古已經開始怨恨姚崇，於是兩位姚公子的作為正好成為魏知古告發姚崇的殺手鐧。

告完狀的魏知古出宮後，李隆基找來了姚崇。

君臣二人一如平常地聊著天，李隆基看似隨意地問了一句：「你的兒子品性、才幹如何，現在當什麼官？」

六十多歲的姚崇畢竟經驗豐富，他意識到這絕不是一次簡單的聊天，李隆基突然過問自己的兒子，那麼一定是有人告了他們的狀。他馬上想到了魏知古，這個最近對自己有些怨恨的傢伙很有可能告了黑狀。

姚崇不慌不忙地說：「臣總共有三個兒子，其中兩個在東都洛陽為官，他們倆平時做人不太嚴謹，肯定曾經找過魏知古幫忙，只是臣還沒有來得及過問。」

李隆基本以為姚崇會為自己的兒子遮掩，沒想到他倒先來了個開誠布公，李隆基很高興地問道：「你怎麼知道？」

姚崇回答說：「魏知古還是小吏時，我像母雞愛護小雞一樣愛護他，我的兒子們愚鈍以為魏知古會感激我，進而包容他們胡作非為，結果給魏知古添了很多麻煩。」

這就是姚崇的高明，他不動聲色地將魏知古推到了「忘恩負義」的深淵，人家對你有大恩，你卻連人家的兒子都不包容，反而還告黑狀。

李隆基被姚崇的坦誠「感動」了，更對魏知古的忘恩負義感到憤慨，頓時起了將魏知古流放的念頭。這時姚崇又顯示出自己的高風亮節，好說歹說讓李隆基放棄了流放魏知古的念頭。沒過多久，魏知古還是被免去宰相職務，被貶為工部尚書。

僅僅從這個結果看，魏知古告狀事件以姚崇大勝結束。

事情遠沒有那麼簡單，李隆基表面上對姚崇信任有增無減，但他是裝出來的，只是忍而不發。李隆基在忍、在觀察，儘管他抓大放小，放手讓姚崇去幹，但這並不意味著他對姚崇的所作所為視而不見。

這幾年中他看到了很多事情，他看到了姚崇的兩個兒子依然不知收斂，攬權受賄的事情時有發生，官場中人對於這兩位公子頗有微詞；他同時看到姚崇的親信趙誨接受胡人賄賂，經他親自審問證據確鑿，按律當斬，而姚崇卻千方百計營救。

幾件事情疊加到一起，李隆基不準備忍了。

開元四年十二月，也就是姚崇剛剛住進皇家禮賓館不久，姚崇看到了一份文件，這份文件宣布皇帝大赦天下，京城所有罪犯無罪釋放。

姚崇原本很高興，這份文件一頒布就意味著他的親信趙誨可以無罪釋放了。然而姚崇仔細一看，大驚失色。在李隆基頒布的這份文件中，姚崇看到李隆基特別標注了趙誨的名字，在趙誨名字的旁邊寫著李隆基的處理意見：杖一百，流放嶺南。

京城所有罪犯都無罪釋放，唯獨趙誨流放嶺南。姚崇知道自己的宰相當到頭了。

聰明人都是點到為止，姚崇從李隆基的這個批示中看到了自己的末路，所有的罪犯都無罪釋放，唯獨你姚崇的親信不放，這說明你的所作所為皇帝都知道了，現在他已經不給你面子了。

姚崇趕緊找出紙筆，開始寫辭職報告，請求李隆基允許自己辭去宰相職務，同時推薦廣州刺史宋璟接替自己。

請辭報告連續遞上幾次，李隆基遲遲沒有做出反應。姚崇不知李隆基的真實態度，輾轉反側，不久他釋然了。李隆基任命宋璟為刑部尚書、西京留守長官，這說明宋璟已經取代姚崇成為李隆基最信任的人。

姚崇的宰相生涯就此戛然而止。

開元四年閏十二月二十七日，姚崇被免去所有官職，改任開府儀同三司，這是一個地位崇高的閒職，相當於國事顧問。與姚崇一同被免職的還有與他搭檔一個來月的源乾曜，他也被免去了宰相職務，改任首都特別市市長（京兆尹），同時兼西京留守長官。

那原來的西京留守長官宋璟呢？

他暫任吏部尚書兼侍中，這就意味著宋璟成為接替姚崇的新任宰相。與宋璟搭班子的是中書侍郎蘇頲，此人後來與張說並稱為「燕許大手筆」。張說被封燕國公，蘇頲被封許國公，兩人都是當時的文學大家，因此便有了「燕許大手筆」的稱謂。

新人已經各就各位，老人姚崇只能選擇安靜地離開了。

發揮餘熱

姚崇本已做好徹底退休的準備，沒想到一個月後一起突發事件又讓姚崇的境遇有了轉機。

開元五年（七一六年）正月二日，長安出大事了。房塌了。

如果是一般的房塌了也就塌了，問題是塌的不是一般的房，塌的是皇家祭廟的四個祭室。

歷朝歷代，皇家祭廟都是神聖的地方，現在四個祭室突然坍塌，莫非又是上天示警？

李隆基不敢怠慢，換上素色的衣服，避開正殿，改到偏殿去主持朝會。

這房塌得實在不是時候，因為此時李隆基正計畫前往東都洛陽，現在祭廟的祭室突然坍塌，李隆基的心裡犯起了嘀咕。還去不去洛陽呢？

去，心裡有祭室坍塌的陰影；不去，洛陽方面已經準備好了，這時又說不去，皇帝這不是失信嗎？

還是找宰相來問問吧。

宋璟的意見很明確，不去。

為什麼？

宋璟說：「陛下守喪三年還沒有期滿，不應該巡幸。況且現在祭室坍塌，已經是上天顯示災變的徵兆，陛下應該增加自己的恩德回應上天，同時停止巡幸東都。」

守喪三年？這事得交代一下。

開元四年六月十九日，太上皇李旦在長安皇宮的百福殿去世，享年五十四歲，四個月後他被安葬於橋陵，廟號睿宗。

對於李旦的一生，要準確概括比較難，對於他一生的作為，有人說他「以柔克剛」，有人說他「一生窩囊」。他的一生或許什麼都不是，但至少給自己的兒子當了一塊關鍵的鋪路石。

現在宋璟拿出為李旦守喪三年說事，李隆基頓時沒了言語。

李隆基並沒有就此放棄，他又召來了開府儀同三司姚崇，把自己的疑惑拋給了姚崇。

「救時宰相」姚崇的應變能力隨即展現：「祭廟大殿本來是苻堅建造的，隋朝建立時隋文帝就利用原來大殿的材料建造了新的大殿，我朝延續使用。年深日久，木材自然腐爛變質，大殿因此坍塌，只是湊巧與陛下計畫出行的日期吻合而已。既然洛陽方面已經做好準備，陛下就應照常出行，至於崩塌的祭室，可以把牌位先移出來，等祭室修復好，再把牌位放進去就行了。」

姚崇說完，李隆基深表贊同，說道：「卿言正合朕意！」

在別人看來複雜無比的事情，姚崇幾句話就解決了，這歸功於他是一個唯物主義者，同時也歸功於他的隨機應變，因為他看出了李隆基急於出行的迫切心情。

為了酬謝姚崇，李隆基特賞賜綢緞二百匹，同時准許姚崇每五天進宮晉見一次，晉見時與在職官員同列（**這意味著姚崇不算退休人員**）。

姚崇的進言收到意外收穫，不過也有人對姚崇的進言表示質疑：

祭廟用的材料是苻堅時代的？距今三百多年可能嗎？

隋文帝富有四海，還會用苻堅時代的舊物？

姚崇不會是為了拍皇上馬屁編故事吧？

質疑上奏到李隆基那裡，李隆基按下不表，不管別人信不信，反正他信了，洛陽照常巡幸。

在這一點上，姚崇和李隆基各取所需。

一個月前，因為趙誨，姚崇從宰相高位上摔下；一個月後，因為房塌，姚崇又得以恢復了部分恩寵。

人生就是這樣，無處不充滿意外。

一世冤家

開元九年九月初，姚崇即將抵達人生的終點。

告別人世之前，姚崇先把自己的財產均分，每個兒孫都有份，他要以這種方式避免兒孫們日後無謂的爭鬥。與此同時，他告誡兒孫一定要薄葬自己，只穿平時的衣服入殮即可，切記不能厚葬，免得引得盜墓賊盜墓落得戮屍暴骸。

作為一個唯物主義者，姚崇最後還闡述了自己對佛教的看法，在他看來佛教追求清淨和慈悲，而不是世人所流於形式的燒香祈福，他告誡子孫不要學凡夫俗子去燒香祈福，更不要把和尚道士請到家裡給自己做法事，切記，切記！

交代完這一切，姚崇用最後的精力給自己的老冤家做了一個扣。這個老冤家便是跟他鬥了一輩子的張說。對於這個老冤家，姚崇在生命的最後時刻還在惦記著。

姚崇對兒子們說：「張說與我素來不和，矛盾很深，我怕我死之後他會對你們不利。他那個人奢侈無比，素來講究排場，尤其喜歡古玩珠寶。我死以後，他作為曾經的同僚一定會來弔唁，到時你們就把我平生攢下的古玩珠寶都羅列在帳前。如果張說連看都不看，你們就趕緊準備後事吧，全家可能都無葬身之地；如果他看了那些古玩珠寶，咱們家就沒事了，你們就把珠寶送給他，同時請他給我寫神道碑。你們提前把碑石準備好，一旦拿到他寫的碑文馬上動工鐫刻。張說的反應比我慢，我預計幾天後他一定會反悔，會以修改為由要回碑文，到那時你們就領他看刻好的神道碑，同時告訴他已經將碑文上奏給皇上了。」

交代完後，姚崇與世長辭，享年七十一歲，謚號：文獻。

姚崇死後，張說果然上門弔唁，而且多次用眼角去掃姚崇的古玩珠寶，姚崇的兒子們見狀便送上古玩懇請張說撰寫神道碑文，張說沒有多想便同意了。幾天後寫好的神道碑文送來了，在碑文中張說詳細記錄了姚崇的一生，並且給予高度評價：八柱承天，高明之位，列四時成歲，亭毒之功存。

姚崇的兒子們不禁竊笑，馬上動工開刻神道碑。

幾天後，張說的人來了，奉張說之命取回神道碑文，理由是沒寫周密需要修改。姚崇的兒子們不動聲色，引著來人參觀了已經刻成的神道碑，並且告訴來人碑文已經上奏給皇帝。

來人回去覆命，張說這才意識到自己又中了姚崇的套，不禁歎息說：「死姚崇猶能算生張說，吾今日方知才之不及也遠矣。」

兩個宰相鬥了一輩子，現在終於可以不鬥了。

姚崇死後，他的兒子們沒能光大他的門庭，與貞觀年間的房玄齡、杜如晦一樣，姚崇便是家族最大的榮光，他的去世便帶走了家族上空的最後一片雲彩。

姚崇的長子姚彝，開元初年做到光祿少卿；次子姚異，官至坊州刺史；少子姚奕，開元末年做到吏部侍郎、尚書右丞。

原本姚奕有望光大姚崇的門庭，不料卻因為侄子急於求成，結果事情辦砸了。

天寶元年，宰相牛仙客病危，這時姚彝（姚崇長子）的兒子姚閎正擔任侍御史，同時擔任牛仙客的判官。姚閎眼看牛仙客進的氣沒有出的氣多，便起了趁火打劫的念頭，他想逼牛仙客在彌留之際推薦兩個人接替牛仙客擔任宰相。

開元時的宰相有臨終上表推薦下一任宰相的傳統，當年盧懷慎便在給皇帝的最後一封奏疏中推薦過宋璟，現在姚閎想利用這個難得的機會來達到自己的目的，他想推薦的是姚奕（**他的叔叔**）以及盧奐（**與姚崇搭班子的盧懷慎兒子**）。

姚閎的算盤打得很精，但他低估了牛仙客妻子的告狀能力。就在姚閎自以為陰謀得逞時，牛仙客的妻子通過宦官將狀告到了李隆基那裡，李隆基大怒，姚崇的子孫們麻煩大了。

經過審訊，李隆基最後判決：姚閎處死；姚奕貶出長安，出任永陽太守；盧奐貶出長安，出任臨淄太守。

聰明又被聰明誤。不知姚崇地下有知，會作何感想？

或許一切都逃不過一個定數：君子之澤，三世而斬！

第五章

宋璟為相

有腳陽春

姚崇罷相之後，唐朝便進入宋璟的宰相時代。

二十歲便中進士的宋璟在武則天時代就顯露了自己的良臣本色，他的第一次重大亮相出現在一次作證之時。

當時張易之、張昌宗兄弟受盡恩寵，御史大夫魏元忠看不慣二張的胡作非為便經常對二張進行彈劾，沒想到不但沒有扳倒二張，反倒遭到二張的誣告，二張反誣魏元忠有謀反之意。

為了坐實魏元忠謀反，張易之和張昌宗找到了中書舍人張說，授意張說作偽證「證明」魏元忠謀反。張說模稜兩可地答應了，他知道胳膊擰不過大腿，但他良心上過不去。

臨近對證，同為中書舍人的宋璟走了過來。

宋璟對張說說道：「名義最重，神道難欺，千萬不要投靠奸邪之人而陷害忠良，以為自己就可以倖免。就算這次你冒犯天顏流放出京，也是很光榮的事情。如果你有什麼不測，我一定去救你，大不了與你同死。努力吧，想要萬代瞻仰就在此一舉。」

宋璟的一席話讓張說最終選擇了自己的良心，結果二張不僅沒能陷害成魏元忠，反而暴露了自己的張狂。不過張說也為此付出了代價，由中書舍人被貶到欽州。

在此事後不久，宋璟由中書舍人升任左御史臺中丞，而他與張易之、張昌宗的鬥爭還在繼續。幾番鬥爭下來，張易之、張昌宗兄弟算是怕了宋璟，如果不是武則天全力袒護，二張兄弟的腦袋不用等到張柬之等人起兵就掉了好幾回了。

時間來到開元三年，宋璟官至御史大夫，以他跟李隆基的君臣交情，在李隆基的手下應該順風順水。然而卻平地起波瀾。

這一年，宋璟居然被貶了。被貶的理由很牽強：身為御史大夫，在金鑾大殿監督棍刑時失職，當棍子打得輕時，沒有喝令加重。

這也算理由啊？

因為這次失職，宋璟由御史大夫貶為睦州刺史，不久轉任廣州都督。

對於宋璟這次被貶，很多人都看不懂，估計當時的宋璟也沒有看懂，僅僅因為這一點失誤就被貶，李隆基是不是有點吹毛求疵了？

李隆基不是吹毛求疵，而是欲揚先抑。以李隆基的識人不可能不知道宋璟的能力，這次因為小事將宋璟貶出長安，其實是李隆基準備重用宋璟的前兆。

宋璟被貶時已經是開元三年，宰相姚崇已經幹了兩個多年頭，雖然政績很出色，但是姚崇兒子的所作所為已經不斷地傳到了李隆基的耳朵裡，而且在開元二年，大臣魏知古還有告過一次狀。所有的一切集中到一起，李隆基意識到該給姚崇找個接班人了，這個人就是宋璟。

按照一般人的思路，如果要重用宋璟也沒有必要將宋璟貶出長安，完全可以就地提拔。這就得說是皇帝的手腕了，古代的皇帝一直樂於做一件事：打一巴掌，給一甜棗。

回想唐太宗李世民病危時，是不是有類似的舉動？他把李勣貶出長安，為的是自己先做一回惡人，然後等李治登基後再把李勣召回，這樣李勣就會對新君感恩戴德，誓死效忠。

在李勣的問題上，李世民、李治父子倆，一個唱白臉，一個唱紅臉。

現在到了李隆基時代，他沒有機會跟父親演雙簧，只能紅臉和白臉自己一個人唱了，先把宋璟貶出長安吃點苦，然後找合適的機會再把宋璟召回長安享福，一貶一召便是皇帝屢試不爽的絕密法寶。

李隆基沒有看走眼，宋璟這樣的官員走到哪裡都是好官。到了廣州，宋璟很快便做了一件大事——燒瓦。當時的廣州還保留著舊時風俗，以竹子搭屋、以茅草作頂，長久以來當地人習以為常，但就是苦惱經常失火，因為茅草易於燃燒。

宋璟到任之後很快意識到茅草做屋頂的危害，於是便教當地人燒瓦，如此一來茅草屋頂都換成了瓦屋頂，失火從此絕跡，廣州百姓擺脫火災的困擾便是從宋璟開始。

除了教人燒瓦，宋璟在廣州為官深得民心，由於他先後在全國多個地方為官，每個地方都留下了不錯的官聲，因此宋璟得到一個雅號：有腳陽春。意思是說，宋璟到哪裡，便把溫暖的春天帶到哪裡。

古往今來，如果哪個官員能得到這個評語，一生足矣！

就在廣州人民盼望宋璟長期留任時，調令來了，李隆基將宋璟委任為刑部尚書、西京留守長官。

接到調令，宋璟作別廣州，乘坐政府的驛馬車前往長安。前來迎接宋璟的是當紅宦官楊思勗，此時他是比高力士還紅的宦官，不僅辦事得力，而且還能率軍出征，深得李隆基寵愛。就是這麼一個皇帝身邊的紅人，宋璟除了正常的禮節之外一言不發，一路上便這樣跟楊思勗來到長安。楊思勗見慣了對他點頭哈腰卑躬屈膝的官員，像宋璟這樣簡直把他當空氣的官員他還是第一次見到，不由得在心中對宋璟肅然起敬。

回到長安，楊思勗把這一幕告訴了李隆基，李隆基點了點頭，看來這個人是個合適人選。不久宋璟便證明了李隆基的識人能力。

開元五年正月十日，李隆基從西京長安出發前往東都洛陽，本來心情大好的李隆基在經過崤谷時臉上開始烏雲密布。他看到這裡道路狹窄而且年久失修，巡幸的隊伍走到這裡通行艱難，狼狽不堪。

相關官員是幹什麼吃的。

李隆基動了肝火，盛怒之下他準備將河南尹（洛陽特別市市長）、知頓使（護駕總監）全部免職，隨行官員都把心提到了嗓子眼。這時宋璟來了，他是來勸李隆基的。

宋璟說：「陛下剛剛開始巡幸就罷了兩位官員的官，恐怕全國其他地方會聞風而動大修道路，這樣老百姓恐怕會不堪其苦。」

這時的李隆基剛剛登基四年，心中還裝著「克制」二字，一聽到此舉可能導致全國各地大規模修路，他頓時緊張了起來。那可不行，會影響民生的。

李隆基壓下了自己的火氣：「那就算了，你去赦免那兩位官員吧！」

宋璟又說話了：「陛下怪罪他們在先，因為臣的建議赦免他們，這就使得我代陛下受他們感恩。還是讓他們在朝堂上待罪，陛下當場赦免吧！」

此言一出，李隆基的心裡無比舒服，宋璟太會辦事了，這樣的人辦事，朕放心。

好下屬都是這樣，把責任留給自己，把功勞留給上級。

感謝你八輩祖宗

拜相的宋璟兢兢業業地盡著自己的職守，他嚴守法度、大公無私、任人唯賢，選拔官員先看能力、不看背景，如果能力不夠，即使是李隆基中意的人選也只能靠邊站。

有能者用，有功者賞，宋璟說到做到。

然而有一位立功者卻遲遲沒有得到宋璟的獎賞，他在長安已經等了一年多，等得心都快碎了。

立功的人叫郝靈荃，等待領賞時，身分是大武軍（山西省代縣北）子將。郝靈荃立的不是一般的功，他的手中有一件大大的投名狀，投名狀是一顆人頭，東突厥可汗阿史那默啜的人頭。

阿史那默啜可不是一般人，早在武則天建立周朝初期他就不斷騷擾，發展到後來更是大規模入侵，武則天恨不得舉全國之兵都沒有把他制服，因此武則天「想死」阿史那默啜了。作為武則天的孫子，大唐王朝的皇帝，李隆基同樣「想死」阿史那默啜了，這個東突厥可汗三番五次在邊境為患，應該狠狠打擊一下。李隆基沒想到他朝思暮想的阿史那默啜居然不請自來，他的頭被送到長安來了。

這是怎麼回事呢？起因是阿史那默啜的一場盛大征戰。

開元四年六月二十九日，阿史那默啜率領東突厥大軍向拔野古部落發起攻擊，不出意料地大獲全勝，阿史那默啜心情好到了極點。得勝班師的阿史那默啜心情大好便放鬆了戒備，大軍走到一片柳林時，他依然沒有提高警惕，他剛剛打敗拔野古部落大軍，此時還有誰敢跟他作對呢？

就在這時一位勇士衝了出來，電光火石一瞬間，手起刀落，不可一世的阿史那默啜頓時被一刀兩段。

他沒有死於與拔野古部落的大戰，卻死於一位勇士的偷襲。偷襲阿史那默啜的勇士出自拔野古部落，名叫頡質略，他手起刀落為自己的部落復了仇，然後抓起阿史那默啜的人頭絕塵而去。

機緣巧合，頡質略碰到了正好到東突厥汗國辦事的大武軍子將郝靈荃，兩人一番商議後決定拿著阿史那默啜的人頭到長安請功。斬獲大國敵酋首級可是奇功一件，放眼開國數十年又有幾人做到？帶著對未來的美好憧憬，郝靈荃和頡質略來到了長安。

事情正朝著郝靈荃設想的那樣發展，李隆基下令將阿史那默啜的人頭懸掛在大街上，顯示大唐的軍威，同時命令宰相研究給郝靈荃的獎賞。

這個時候當朝的宰相是姚崇，他會如何反應呢？

他不說賞，也不說不賞，獎賞的事情便這樣擱置了下來。姚崇罷相之後宋璟繼任，郝靈荃以為自己的好日子來了。好日子依然沒來。郝靈荃在等待中又熬了一年。

直到一年後，郝靈荃才等到了自己的獎賞：擢升為正五品郎將。

這就是郝靈荃等了一年多等來的結果。郝靈荃不僅失望而且絕望，就這麼一個正五品郎將讓自己足足等了一年多，耗費了心力不說，也耗盡了體力。在絕望和失落中郝靈荃痛苦而死，彌留之際他一定在反覆念叨著：「宋璟，我感謝你八輩祖宗，做鬼也不放過你。」

此情此景，郝靈荃值得可憐。然而姚崇和宋璟卻有自己的算盤，他們不是吝惜一個官職，而是不想開一個壞的先河。

在姚崇上任之前，他就向李隆基提出「十戒」，其中一戒就是「不求邊功」，也就是要求皇帝不要熱衷於對外戰爭，而是要集中精力發展國內生產。與姚崇一樣，宋璟同樣不主張開邊，他不直接向李隆基提出，卻用自己獨特的方式表明態度，那就是「不賞邊臣」。

儘管郝靈荃認為得到東突厥可汗人頭是奇功一件，但宋璟偏偏不予重賞，不是吝嗇而是不想激發蠢蠢欲動的戰爭野心。

事實證明，李隆基之所以能成就開元盛世，與他這一時期的「克制」有關，與姚崇的「不求邊功」有關，與宋璟的「不賞邊臣」也有莫大的關係。

良臣本色

宰相當了幾個月，宋璟也開始整人了。

誰會是宋璟的目標呢？太常卿（**祭祀部長**）姜皎。

太常卿姜皎不是尋常人，他的祖父姜行本在貞觀年間當過將作大匠（**建設部部長**），跟隨太宗李世民東征高句麗時不幸中流箭身亡，令李世民哀痛不已，親自寫詩進行悼念，同時恩准姜行本陪葬昭陵（**李世民的陵寢**）。

姜皎出身於這樣的官宦人家，長大後當上了尚衣奉御（**主管皇帝服裝**），在此期間與李隆基成為好友，而此時李隆基還是普通王爺。兩人的友情一直延續，李隆基起兵誅殺竇懷貞時，姜皎便是主力之一，姜皎因為這個緣故更得李隆基的寵愛。

有早年的友情打底，再加上跟隨起兵有功，姜皎成為李隆基面前的紅人，其他官員根本無法跟他相提並論。姜皎經常出入李隆基的後宮，宮廷宴會時他的座位與皇后嬪妃並排相挨，這不是一般官員可以享受的待遇，這是超級寵臣以及家人的待遇。

除此之外，李隆基對姜皎的賞賜不可計數，恩寵無邊。

兩人曾經在大殿上一起賞玩一棵嘉樹，姜皎不由自主地說道：「真漂亮。」李隆基見狀一擺手：「喜歡就搬到你家去吧。」

恩寵便是如此不可抵擋。

與此同時，姜皎的哥哥姜晦也跟著沾光，升遷為吏部侍郎，兄弟二人成為朝中最讓人羨慕的兩個人。宋璟就是要對這哥倆出手。

不久宋璟給李隆基上了一道奏疏：姜皎兄弟權力太大、恩寵太盛，恐怕無法保證他們兩個的安全。表面看來宋璟是為姜皎兄弟著想，實際上卻是為李隆基著想，政變起家的李隆基焉能不知恩寵太盛的結果，他已經見多了權臣的作派，武則天、李顯朝中都不曾少見。

宋璟正好點醒了李隆基，朋友歸朋友，社稷歸社稷，不能因為友情而誤了社稷，更重要的是不能給自己的江山埋下不安定的地雷。李隆基就此下了決心要把對姜皎的恩寵收回，然後把他從熱得發燙的位置上趕下去。

開元五年七月三日，李隆基將姜皎的哥哥姜晦免去吏部侍郎職務，改任宗正卿，乍看起來是提拔，仔細一看卻是明升暗降。吏部侍郎為正四品、正司局級，宗正卿為從三品、副部級，但吏部侍郎是管官員選拔的，而宗正卿是管皇族事務的，兩者權力含金量不可同日而語。

至於姜皎則直接免去太常卿職務，發送回故鄉安置，不過李隆基承諾所有行政級別以及待遇保持不變。對此李隆基還做了特別解釋，這是學東漢光武帝劉秀，劉秀便是把南陽老友安置回故鄉，然後一生享用不盡的榮華富貴。

這就是宋璟整人，完全不同於姚崇整人。姚崇整劉幽求、張說、鍾紹京，其實是公私兼顧。在公，李隆基需要讓劉幽求這些人靠邊站；在私，姚崇需要搬開這些老資格的絆腳石，自己才能大展拳腳。宋璟不同，姜皎、姜晦並不是他的絆腳石，但他依然動手整了姜皎兄弟，他不是為了整人而整人，而是為了江山社稷，一心為公。

幾個月後，宋璟得到了一件意外禮物，廣州官民為他樹立了一塊「遺愛碑」。

「遺愛碑」便是用立碑的方式彰顯已經離任官員的功績，古往今來很多官員為這塊碑想得夜不能寐，如果能夠得到這樣一塊碑此生足矣。為官一任造福一方，老百姓自發地為離任官員樹立「遺愛碑」，這就說明這位官員是得人心的。

現在「遺愛碑」出現在廣州，這是對宋璟的肯定。

出人意料的是，宋璟拒絕了，而且還給李隆基上了一道奏疏：我在廣州並沒有特別的功德，現在樹這塊碑都是因為我的職位和正受陛下恩寵，這是他們對我的阿諛奉承。如果想破除這個風氣，就從我身上開始。

「遺愛碑」剛剛樹立，就被宋璟下令推倒了。

相比於宋璟的拒絕，明朝那位太監就要相形見絀了。

太監魏忠賢權傾朝野時，全國各地官員紛紛為他建立生祠，連袁崇煥也不能免俗。最終他還是受不起那麼大恩寵，自己落得「自掛東南枝」，全國各地的生祠也紛紛摧毀，只可惜了那麼多建築材料。

正應了那句話，金杯、銀盃、不如老百姓的口碑，宋璟或許早就意識到這一點，他知道如果真的造福百姓了，那也不一定需要一塊「遺愛碑」，因為那座碑早就在老百姓的心裡樹立起來了。

墳頭的高度

「無論你征服過多少座山峰，你的心靈永遠高不過一個墳頭。」

這句話用「山峰」和「墳頭」進行對比，一個是巍峨的山峰，一個是略高於地平線的土包，兩者的差距躍然紙上。

不過並非所有的墳頭都矮矮的略高於地平線，開元年間就曾經有一位從一品高官的墳頭要拔地而起，李隆基同意了。

這位從一品高官叫王仁皎，身分是李隆基的岳父。

開元七年四月二十四日，開府儀同三司（從一品）王仁皎撒手人寰，在他去世後他的兒子王守一上疏李隆基，要求王仁皎的墳高為五丈二尺（大約十七公尺），李隆基批准了。

對於王仁皎，李隆基懷有感激之情，在他還沒有發達之前，王仁皎曾經幫助過他，而且還曾經賣掉自己的紫色半袖上衣讓他吃上生日壽麵。現在自己富有四海應該給他回報，活著盡享富貴，死後也享榮華。況且大舅哥王守一也是自己起兵時的功臣，從這個方面論也應該給他們這個恩寵。

當時墳高多少，不僅僅是高度問題，同時還有關恩寵。

王守一提出的五丈二尺是有參照物的，比照的是李隆基的外祖父竇孝諶，竇孝諶的墳高就是五丈二尺。竇孝諶是李旦的岳父，而王仁皎是李隆基的岳父，那麼兩代岳父的墳高比肩便可以理解了。

李隆基理解了，宋璟卻不同意。宋璟和蘇頲一起給李隆基上書：「一品官員的墳高按照規定是一丈九尺，陪葬皇陵的高官墳高也不過三丈而已。當年竇太尉（竇孝諶）的墳高達到五丈二尺，很多人都認為過高，只是沒有人說出來而已，而今天何苦又要重蹈覆轍追求這個高度呢？昔日太宗嫁女時嫁妝超過永嘉長公主（高祖李淵的女兒），魏徵便進諫反對，結果太宗採納了魏徵的意見，而長孫皇后事後也感謝魏徵及時糾正。像韋庶人（李顯的皇后韋氏）那樣妄自加高父親的墳墓還號稱鄷陵，最後只加速了家族之禍。以皇后父親的尊貴打算加高墳墓並非難事，我們為什麼再三進言，就是為了成就皇后的謙讓美德。況且今天這樣決定，將傳至無窮的後代，永遠成為法則，難道不應該慎重嗎？」

宋璟的用意很明顯，他給李隆基指出了兩條路，一條路是學太宗李世民嫁女，一條路是學韋庶人葬父，哪條路自己選。

果不其然，李隆基選擇了第一條路。他不僅認可了宋璟的說法，而且還對宋璟敢言別人不能言之事大加讚賞，高興之餘還賞賜宋璟、蘇頲四百匹綢緞，算是他們直言進諫的獎賞。

從這次進諫也能看出姚崇和宋璟的迥然不同，姚崇善應變以成天下之務，宋璟善守文以持天下之正，兩人的處世態度截然不同。

姚崇圓滑，宋璟剛烈，而李隆基卻能取兩人之長，避兩人之短，不愧為用人高手。

賜箸表直

王仁皎墳頭的高度最終沒能達到五丈二尺，宋璟不但跟死人過不去，他跟活人也過不去。因為他守著原則。

開元七年十一月，李隆基下了一道手諭，主題是擢升岐山縣令王仁琛為五品官員。王仁琛是李隆基當親王時的老部下，君臣二人有一定的感情，因此有了這道手諭。

沒想到就是這樣一道手諭，又遭到了宋璟的拒絕：「王仁琛已經得到過升遷，這次再升就顯得明顯有別於他人，政府就很難杜絕社會輿論。我建議將手諭交給吏部審查王仁琛的資歷，如果沒有特別功績就不能升遷，只能看在資歷的份上稍微給一點優待。」

弄了半天，皇帝的老部下也就是給一點點面子。王仁琛得到這個結果肯定不滿意，不過他如果知道宋璟三堂叔宋元超的遭遇後，他就會釋然了。

宋元超是一名候補官員，有一次他想延長自己的假期，怕不被批准便強調了一句：我是宋璟的三堂叔。

消息傳到宋璟耳中，宋璟馬上給吏部寫了一封信：宋元超確實是我的三堂叔，不過常年住在洛陽很少見面。我不能因為他是我的尊長就隱瞞不言，也不能由此因私廢公。他如果不提我的話，按照規定辦就可以了，既然他提到我了，事情就必須糾正，還是免除他的候補資格吧。

假沒請下來，連候補資格都丟了。不是一般的不給面子。

宋璟不給面子的範圍很廣，從皇帝的老部下到自己的三堂叔，甚至連皇帝李隆基都禮讓三分的寧王李成器的面子也不給。要知道寧王李成器是正宗的嫡長子，究其一生都受到李隆基的尊重，而就是這麼一個德高望重的親王，宋璟照樣沒給面子。

寧王李成器想幫一個人要個小官，李隆基同意了，便把寧王的奏疏轉到中書省和門下省，讓宋璟他們討論一下給安排一個官職。宋璟一看這個人的履歷，便給出了自己的態度：「這個人以前在祭廟當過祭郎（**打掃祭廟的工作人員**），沒有卓越表現。我們建議把他交給吏部討論，陛下您就不用再下詔了。」

至於交給吏部的討論結果，不用問，不是沒戲，而是很沒戲。

寫到這裡或許很多人會說，宋璟在歷史上名氣很大，以為他會做很多大事，沒想到他做的都是瑣碎的小事。

的確，宋璟確實沒有做過什麼大事，他既沒有智鬥張說的傳奇，也沒有提倡滅蝗的壯舉，更沒有搞清退假和尚的舉動。但他在任期內一直做的事就是守住原則、把好關。試想如果每個人都能做到這一點，這個社會將是多麼和諧。

從開元四年末拜相，到開元七年末，宋璟一直用自己的原則為李隆基把關，他在這數年裡無形中得罪過很多人，但李隆基對他卻是認可的。

有情趣的李隆基還用自己獨特的方式表彰了宋璟。

每年春天，李隆基都要舉行御宴宴請群臣，宋璟自然是座上賓。這一年御宴開始前，李隆基做出了一個出人意料的舉動：將自己所用的金箸（**金筷子**）賜給了宋璟。

宋璟一愣，皇上賜金箸什麼意思呢？

宋璟愣在原地，還沒有想好該如何拜謝。這時李隆基說話了：「所賜之物，並非賜金。賜卿之箸，表卿之直也！」

用金箸彰顯你宋璟的正直。李隆基不是一般的有才！

意料之外

誰會想到，正直的宋璟會栽在錢上。

宋璟栽倒不是因為腐敗，而是因為在錢的問題上用力過猛。讓宋璟栽倒的是「惡錢」。「惡錢」也就是民間盜鑄的錢，跟現在的假幣還不是一回事。

在中國古代，錢幣的實際價值和使用價值基本是吻合的，也就是說錢幣就是一個實打實的兌換工具，不像現在的紙幣其本身就是一張紙，實際價值低，使用價值高。在古代有些時候私人鑄造錢幣是被允許的，只要不偷工減料，就與官幣一樣具備流通功能，因此唐朝一度允許民間鑄造錢幣，然而沒想到一放開問題就隨之而來。

民間鑄造錢幣，永遠避免不了其「逐利」的本性，開始時還能按照規定鑄造合格的錢幣，發展到後來偷工減料越來越多，很多錢幣已經不堪使用，因此被稱為「惡錢」。

等到官府意識到問題嚴重時，「惡錢」已經在市場上廣泛流通了，而新的「惡錢」還在源源不斷地流入市場。如此一來便干擾了正常的經濟秩序，李隆基決定下手整頓。

李隆基下詔規定：所有錢幣必須達到規定的重量才能上市流通，低於標準分量的不得上市流通，由官府出面收回惡錢重新回爐鑄造。

長安的市場秩序一下子亂了，因為錢沒了。

準確的說不是錢沒了，而是可供流通的錢少了，不能滿足老百姓的基本需要，因為老百姓手裡幾乎沒有可流通的錢了，市場交易幾乎回到了物物交換的原始社會。

李隆基一下子沒了主意。

這時宋璟和蘇頲提出建議，馬上動用庫藏部的兩萬串錢，設立南北兩個交易站，用來購買老百姓難賣出去但皇宮卻可以使用的東西，同時允許長安、洛陽的官員預支俸祿，這樣就可以讓這兩萬串錢盡快流入市場。經過一段時間的消化，兩萬串錢全部進入市場，市場秩序恢復了，而長安和洛陽的惡錢也大致消失。

有了成功經驗，宋璟又把目光集中到江淮地區，那裡的商業發達，正在流通的惡錢也多，更需要大力根治，宋璟派出了自己認為最得力的監察御史蕭隱之。宋璟滿心以為這一次會跟長安、洛陽的情況一樣，然而江淮的惡錢治理卻引起了軒然大波。

被宋璟看好的蕭隱之進入江淮之後雷厲風行，回收了大量惡錢，成果非常顯著。然而問題隨之而來，市場流通的錢沒了，百姓無法做生意了。而最要命的是此時國庫中也沒有足夠的備用錢幣，惡錢收光了，正規的錢幣又滿足不了市場需要，江淮的商業陷入癱瘓，百姓生活無法正常進行。

這一次宋璟失算了，他低估了江淮的商業規模，沒有想到江淮地區有那麼多惡錢，而他偏偏沒有準備足夠多的備用錢幣來複製長安和洛陽的模式。商業停滯，百姓生活受損，宋璟遇到前所未有的難題。

雪上加霜的是，兩個戲劇演員的插科打諢讓宋璟徹底栽倒。

戲劇演員的插科打諢來自宋璟的一個特殊規定：對於那些明明有罪卻不認罪而且還不斷上訴的人一律關押，如果認罪立刻釋放。

顯然宋璟的個規定有些簡單化了，他忽視了犯罪嫌疑人本身應該享有的權力，而是採用態度強硬的一刀切。用如今的法律術語說是採取「有罪推定」，而不是「無罪推定」。最終就是這個特殊規定終結了宋璟的宰相生涯。

事有湊巧，就在宋璟頒布這個規定不久，全國大旱，而且傳說旱魃出現了。旱魃是傳說中的神，據說在人間有冤獄的時候，旱魃就會出現。

不久兩個戲劇演員將這些熱點話題集中到一起，演繹成了一個諷刺現實的小品：

扮演旱魃的演員出現在臺上，旁邊的人便問：「你怎麼出來了？」

「旱魃」說：「是宰相的命令。」

旁邊的人接著問：「怎麼回事？」

「旱魃」說：「含冤難申的有三百多人，宰相把他們統統關了起來，我這個旱魃就不得不出來了嘍！」

底下的看客哄堂大笑。

任何時候，諷刺現實的小品都是有市場的。

倘若這個小品只是在民間上演，也就是一笑了之已，然而這個小品是在皇宮上演的，戲臺下看戲的還有一個特殊的觀眾——李隆基。在哄堂大笑聲中，李隆基失去了對宋璟的信任，宋璟的宰相生涯便在小品的笑聲中終結。

開元八年正月二十八日，宋璟罷相，改任閒職開府儀同三司，蘇頲與他一塊下臺，改任禮部尚書。接替宋璟、蘇頲的是一位老熟人和一位新人，老熟人是曾經與姚崇搭班子一個月的源乾曜，新人是并州長史張嘉貞。

至此宋璟的宰相時代結束，結束於一場意料之外的小品。

虎父犬子

宋璟的宰相時代因為小品意外結束，但他並沒有就此退出歷史舞臺，開元八年之後，宋璟依舊留在朝廷之中，李隆基對他依然看重，雖然他已經不再是宰相。

開元十二年，李隆基準備東巡泰山，委任宋璟為西京（長安）留守，這個委任表明李隆基依然看重宋璟，在關鍵的時刻、關鍵的崗位上他願意信任這個人。

臨近出發，李隆基對宋璟說：「你是國家元老，還有什麼建議要跟我說嗎？」

宋璟思索了一番，寫成奏疏呈遞了上去。李隆基看完奏疏後，給了宋璟一道手諭：你所提的建議值得寫在我的座位右面，時不時看一眼，終身受用。

皇帝願意把宋璟的意見當成座右銘，面子夠大的。

不過相比於李隆基給宋璟面子，宋璟卻很少給別人面子，當宰相時如此，卸任之後同樣如此，即便李隆基說情也只是給半杯酒的面子。

半杯酒的面子？從何說起呢？從李隆基的家奴王毛仲嫁女說起。

隨著李隆基的登基，家奴王毛仲在朝中的位置也節節攀升，開元十三年更是到了開府儀同三司的位置，品級從一品。值得一提的是開府儀同三司只是王毛仲官職中的一個，他還有其他的官職，此時正承受著李隆基的恩寵，然而就是這麼一個寵臣，嫁女請客時卻犯了愁，只好找李隆基幫忙。

李隆基問：「事情準備得怎麼樣了？」

王毛仲說：「萬事俱備，但客人不肯上門。」

李隆基不解：「誰不肯上門啊？張說（時任宰相）、源乾曜（時任宰相）難道請不來嗎？」

王毛仲說：「他們當然可以請得來。」

李隆基頓時明白了：「哦，你請不來的一定是宋璟，明天我幫你請。」

第二天，李隆基果然鄭重其事地通知了張說和源乾曜，同時要求張說、源乾曜帶著各位高官一起到王毛仲家裡作客，宋璟自然也在被邀請之列。

宴席當天，王毛仲在家中望眼欲穿。直到中午不見宋璟身影。

許久之後，宋璟終於來了，王毛仲大喜過望：宋大人終於給面子了。

他沒有想到，宋璟是給面子了，不過只是半杯酒的面子。進門後，宋璟先舉起酒杯衝著皇宮的位置，遙祝李隆基身體健康，祝福完畢，王毛仲殷勤地引著宋璟入席，心裡歡喜不已。王毛仲的好心情僅僅持續了半杯酒的工夫。

入席後的宋璟勉強喝了半杯酒，然後便起身了，旁人上前問候，宋璟擺了擺手：「對不起，我肚子疼，先走了。」

說完便頭也不回揚長而去，只留給王毛仲一個漸行漸遠的背影。

這就是宋璟，一個老而彌堅的宋璟。

開元二十年，宋璟的退休請求終於獲得了李隆基的批准，這一年他六十九歲，李隆基在恩准他退休後，特別強調以全祿（百分之百工資）退休。

五年後，宋璟逝世，享年七十四歲，諡號「文貞」。

按理說如此一位堪稱政治完人的宰相，他的子女應該青出於藍而勝於藍，遺憾的是他的子女與房玄齡、杜如晦、姚崇的子女一樣，沒有一個能夠光大家族的門庭。

宋璟身後留下六個兒子，一個比一個不堪。

長子宋升，官至太僕少卿（畜牧部副部長），在宋璟六個兒子中算是聲名最好的一個。

次子宋尚，官至漢東太守，天寶年間因受賄被貶為臨海長史。

三子宋渾，這是一個十足的渾人，官至御史中丞、東京採訪使，然而品行與父親宋璟相差甚遠。他在地方官任上有過橫徵暴斂的記錄，曾經在一年之內徵收兩年的租庸，一年的租庸上繳，剩下的一年歸他截留。在任東京採訪使時，宋渾將自己的渾發揮到極點。他看上了一個美豔的寡婦，但是因為他已經有妻妾，再娶寡婦於名聲不好，於是便想了一個高招，讓一位官員跟寡婦做掛名夫妻，而他私下佔有。虧他想的出來。

天寶年間，宋渾因腐敗被流放到高要，後來一度翻身，最終還是流放嶺南再也沒能回來。

四子宋恕，天寶年間因腐敗流放海康。

五子宋華，因腐敗被懲處。

六子宋衡，因腐敗被懲處。

可惜宋璟，一個虎父，六個犬子。

或許冥冥中自有天意，沒有人能逃過「君子之澤三世而斬」的千古規律。

三人行

第六章

不折騰

開元八年初，宋璟、蘇頲罷相之後，老熟人源乾曜和新人張嘉貞便登臺了。對於張嘉貞而言這是他第一次拜相，而源乾曜則是「梅開二度」。

相比於姚崇和宋璟，源乾曜的仕途相當順利，在開元初年他還只是梁州都督，誰曾想僅僅四個年頭就躋身宰相行列。這一切都是因為一位貴人——姜皎。

開元初年，郯王李守禮府中的官吏經常犯法，這讓李隆基非常頭痛，如果一一嚴懲必然會讓郯王李守禮面上無光，而如果睜一隻眼閉一隻眼就會破壞國家法度。思來想去，李隆基覺得只有給郯王府安排一個好長史（**秘書長**）做好管理工作才能防患於未然。

隨即李隆基命令大臣們推薦合適人選，這時太常卿姜皎便把源乾曜報了上來，這是源乾曜第一次進入李隆基的視野。

這次召見，源乾曜給李隆基留下了深刻印象，他的神清氣爽、應答有序讓李隆基很是歡喜，李隆基當場拍板，任命源乾曜為少府少監（**宮廷製造部副部長**），同時兼任郯王李守禮府中長史。從此源乾曜走上了仕途的快速路，由少府少監升任尚書左丞，開元四年末他更進一步，升任中書侍郎、同中書門下三品，接替病逝的盧懷慎給姚崇搭班子。

或許是源乾曜的仕途太順引起了老天的嫉妒，結果源乾曜的第一次宰相生涯只持續了一個多月。一個多月後姚崇倒臺，源乾曜也跟著下臺，就此結束了還沒來得及適應的第一次宰相生涯。

忽上忽下的落差並沒有讓源乾曜迷失方向，他依然堅持自我。

卸任宰相之後，他出任京兆尹（**長安特別市市長**），在李隆基東巡洛陽期間，同時擔任西京留守，肩上的擔子相當重。擔任京兆尹三年，源乾曜的政令寬容簡要，長安百姓安居樂業，上下相安。難能可貴的是，三年之中源乾曜的政令始終不變，這一點看起來很容易做到，真正做起來卻很難。

有些官員今天一個主意，明天一個思路，在任內常會出現前後不一甚至相互矛盾的行為，相比於源乾曜差的就是「不折騰」。對百姓不折騰、對下屬有擔當，源乾曜用行動證明只要有心就可以當一個體貼下屬的好上司。

源乾曜擔任京兆尹期間曾經出過一件大事：李隆基豢養的白鷹丟了。

這可是一件大事，那隻白鷹是李隆基最喜歡的，現在平白無故失蹤了，李隆基非常著急。一聲令下，源乾曜派出長安的眾多捕快出去尋找，終於把白鷹找到了，源乾曜頓時鬆了一口氣。

然而下屬卻給他帶來了一個好消息跟一個壞消息。好消息是白鷹找到了；壞消息是找到的只是白鷹的屍體，這傢伙在野外不小心掛在荊棘上死了。兩個消息說完，下屬全都哭喪著臉，他們知道白鷹是李隆基的心愛之物，他們卻只帶回了白鷹的屍體。

這時源乾曜說話了：「皇上仁明，不會因為白鷹來治你們的罪，就算皇上怪罪下來要治罪，我源乾曜一個人頂著。」說完源乾曜便進宮，懇請李隆基治自己失職之罪。

果不出源乾曜所料，李隆基一抬手，白鷹事件也就算過去了，但源乾曜對下屬的「敢擔當」卻給很多人留下了深刻印象，下屬慶幸跟了一個好上司，而李隆基則認為這是一個可以託付重任的人。

開元八年初，源乾曜的機會來了，宋璟倒臺，源乾曜就此上臺出任侍中，開始了自己的第二次宰相生涯。上任伊始，源乾曜便做出一個舉動：上疏李隆基懇請將自己的兩個兒子派出長安出任地方官。

這又是為什麼呢？

源乾曜一上任就看到了一個現象：朝中的大臣子弟都集中在長安、洛陽為官，都不肯當地方官，這些官宦子弟佔住了京官的位置，而那些真正有才能的人卻只能屈居於地方官任上，很少有升任京官的機會。

源乾曜決定改變，而改變就從自己身上開始，他要把三個兒子中的兩個派到地方，改變一下官宦子弟在京城紮堆的現象。奏疏上奏到李隆基那裡，李隆基被深深地感動了。

李隆基准奏後，源乾曜的兩個兒子就由京官改任為地方官，此舉給其他大臣極大的觸動，在此之後官宦子弟在京城紮堆的現象開始減少，這一切都是因為源乾曜敢為天下之先。

源乾曜贏得了李隆基的信任，就此開始了與張嘉貞攜手為相的時代。

張嘉貞傳奇

說完源乾曜，再來說張嘉貞，這也是一個神人，他的仕途充滿了傳奇。

張嘉貞進入仕途是在垂拱元年（六八五年），那一年他應明經舉（參加明經考試），明經舉主要是考察考生對五經的掌握情況，張嘉貞不負眾望，脫穎而出。

中舉後的張嘉貞被委任為平鄉縣尉，這個職位就成了張嘉貞仕途的起點，然而張嘉貞出師不利，剛起步就遭遇挫折。在平鄉縣尉任上不久，他就因故被免去職務，怏怏地回到老家河東郡（今山西永濟縣北）。如果沒有奇蹟發生，張嘉貞就得終生憋屈在河東郡，畢竟上任不久就被免職的縣尉是沒有人待見的。

一晃十幾年過去了，張嘉貞依然在家裡當著白丁，不出天大的意外他將白丁到老。

時間進入武則天長安年間，侍御史張循憲作為採訪使巡查河東郡，在河東郡他遇到了難題很難決斷，張循憲陷入苦惱之中。冥思苦想數日之後，張循憲決定在當地找一個智囊，便問當地一名小吏：「你們當地有沒有賢才，給我推薦推薦。」

合該張嘉貞轉運，小吏隨即向張循憲推薦了張嘉貞，這次推薦為張嘉貞的一生贏得了關鍵的轉機。張循憲馬上召見了張嘉貞，把自己的難題說給張嘉貞聽，令張循憲沒有想到的是，那些困擾他很久的難題在張嘉貞那裡全部迎刃而解，張循憲的眼睛頓時亮了。

處理完積壓已久的難題，張循憲說：「要不你幫我起草一份奏疏吧，我上奏給皇帝。」

不一會兒的工夫，張嘉貞完成了奏疏的草稿，張循憲接過一看再次稱奇，這份奏疏寫得文采飛揚，有理有據，自己寫了這麼多年奏疏，自問還是達不到眼前這份奏疏的水準。

張循憲就此把張嘉貞記到了心裡，他對張嘉貞說：「放心吧，我一定會向陛下推薦你。」

張嘉貞聞言有些懷疑，他沒敢當真，而張循憲卻當真了。

不久武則天看到了張循憲的奏疏，深深為張循憲的「能力」所折服，當即進行了召見。到了武則天那裡，張循憲說了實話：「這不是臣的功勞，而是張嘉貞的功勞，此人非常有能力，臣願意將自己的官職讓給他，懇請陛下成全。」

武則天雖然霸道，但同樣愛才，聽張循憲如此推崇張嘉貞便來了興致：「朕難道沒有一個合適的官職給有才華的人嗎？」

意思很明顯，只要張嘉貞有才，用不著張循憲相讓，武則天自會有官職安排。

張嘉貞鹹魚翻身的時刻來了。

來到武則天面前，張嘉貞看到了隔著簾子的武則天，改變張嘉貞命運的君臣對話隨之展開。一番對話之後，儀表堂堂、談吐得當的張嘉貞得到了武則天的認可，就在這時張嘉貞竟然敢跟皇帝提條件。

張嘉貞說：「臣一介草民，今天得以跟陛下在內殿對話，這已經是莫大的榮幸。然而與陛下近在咫尺，卻如隔雲霧（**簾子**），恐怕君臣之道還沒有完全達到。」

張嘉貞這是得寸進尺，他想讓武則天去掉簾子面對面對話。武則天居然同意了，這一天她心情不錯。簾子撤去之後，張嘉貞再次向武則天行了大禮，並且抬頭看著武則天，君臣二人有了第一次真正面對面的交流。

這是一次極其有效的溝通，張嘉貞就此給武則天留下了深刻印象，當場被委任為監察御史，連推薦他的張循憲也升了官，由侍御史升任司勳郎中。在家閒置近二十年的張嘉貞重返仕途，從此一飛沖天。

他從監察御史幹起，很快便幹到了兵部員外郎，在兵部員外郎任上，張嘉貞再次顯示了自己的能力，別人束手無策懸而未決的文件到了他手上都迎刃而解。在他上任之前，辦公室文件積壓成堆，在他上任之後，所有文件都可以在第一時間處理完畢。

張嘉貞的能力得到了肯定，官職也不斷提升，由兵部員外郎升任中書舍人，再從中書舍人到梁州都督、秦州都督，再到并州長史。

在并州長史任上，張嘉貞執法嚴格，部下甚是懼怕，并州身處唐朝北部，屬帝國北邊的門戶，生死攸關，在這裡不嚴格執法還真是不行。

很快張嘉貞的嚴格管理得到了李隆基的認可，正巧張嘉貞回長安彙報工作，君臣二人有了一番對話。這番對話又一次展現了張嘉貞敢跟皇帝當面提條件的風格。

李隆基問張嘉貞：「卿還有要求？」

張嘉貞馬上借坡下驢，說道：「臣很小就成了孤兒，與弟弟張嘉佑相依為命，現在他擔任鄯州（今青海樂都）別駕，離臣很遠，懇請陛下將其內遷，使得臣兄弟二人離得稍微近點，臣必當竭力報答陛下的恩德，死而無憾。」

張嘉貞真敢提條件，李隆基也真敢答應。

隨後張嘉佑便由鄯州別駕升任忻州刺史，不僅升了官，而且任職轄區還跟哥哥相鄰，這是李隆基給張嘉貞的莫大恩寵。按照唐朝慣例，兄弟一般不能在相鄰的州為官，防止兄弟聯手，而現在李隆基為張嘉貞破了這個慣例，因為他太欣賞張嘉貞了。

不久張嘉貞向李隆基提出一個建議：設立天兵軍，用來管理內附的突厥人，李隆基隨即同意，同時任命張嘉貞為新成立的天兵軍大使。

張嘉貞此舉是在太原城中設立軍事基地，軍事基地的名字叫天兵軍，在這個軍事基地裡駐紮大量士兵，以防止內附的突厥人將來叛亂。張嘉貞只是出於國家安全考慮建議設立天兵軍，沒有想到正是這個天兵軍成為他仕途上的一塊重要基石。

開元六年，天兵軍這塊基石開始發揮作用。

一開始是反作用。這一年天兵軍大使張嘉貞進京彙報工作，一封針對他的檢舉信同時抵達。檢舉信上說，張嘉貞在擔任天兵軍大使期間，生活奢侈、舉止狂妄、貪贓枉法，而且圖謀不軌。

如果檢舉信所說屬實，張嘉貞就會被當場拿下。然而經過調查檢舉信指控的內容都不存在，這下張嘉貞解脫了，檢舉人卻麻煩了，盛怒之下的李隆基準備將檢舉人斬首，讓你再陷害忠良？

事情到了這個地步，按理說跟張嘉貞已經沒有關係了，但張嘉貞並不這樣認為，他反過頭來為檢舉人求情：國家的重兵利器都在北邊，今天檢舉我的人因為檢舉不當而被處死，臣擔心會就此堵塞言路，令陛下無法知道天下的事情，所以我建議陛下能夠特赦此人。

張嘉貞的這句話將檢舉人從死亡的邊緣拉了回來，同時也為自己贏得了李隆基的進一步信任，從此時起李隆基下定決心有朝一日一定要任用這個人當宰相。

當李隆基將自己的想法初步透露給張嘉貞時，張嘉貞的老毛病又犯了，他又跟皇帝講起了條件：昔日馬周仕途起步時拜見太宗皇帝，太宗隨即重用，那時的馬周血氣方剛，很快就展現了才能，可惜五十歲就去世了。如果太宗起用的晚點，恐怕馬周就趕不上了。陛下如果想重用臣一定要及時用，不然等臣衰老後想用也用不了了。

奇人就是奇人，當此時一般人只會故作謙虛，他卻迎面而上：想用要趁早。

李隆基沒有立即表態，只是說道：「你先回去吧，適當的時候我會召見你的。」

張嘉貞滿心歡喜地回去了，從此開始等待李隆基的召見。數年後，張嘉貞終於等來了拜相的機會。

經過這一番折騰，曾經閒置達二十年之久的張嘉貞終於當上宰相，先是出任中書侍郎、同中書門下三品，不久源乾曜官拜侍中，張嘉貞則官拜中書令，開元年間的第三個宰相組合就此成形。

張說歸來

源乾曜和張嘉貞的組合自開元八年初開始運轉，李隆基本對這個組合寄予厚望，然而等這個組合真正開始運轉之後，李隆基發現這兩個人離自己的要求差得還有點遠。

源乾曜從個人品格方面而言堪稱完美，同時也具備一定的行政能力，但是缺乏姚崇和宋璟那樣的大局觀，別人一旦提出意見，他很少提出反對意見，這讓李隆基有些失望。身為宰相自然應該挑起大梁，承擔起帝國的重任，而源乾曜道德過關，行政能力似乎還欠缺一點。

其實這不能怪源乾曜，要怪只能怪李隆基。

當初源乾曜第一次拜相就是給姚崇搭班子，頂替已經去世的盧懷慎。從某種程度而言，源乾曜適合給別人當副手，但不適合獨當一面。當他給別人當副手時，能夠充分發揮自己的能力，而一旦讓他當一把手就有些不知所措，表現反而不如當副手時出色。

既然源乾曜不行，那麼張嘉貞呢？張嘉貞同樣不行。

雖然張嘉貞在地方官任上風生水起，但一旦擔任宰相，問題就暴露了出來。他長期在地方養成了「說一不二」的習慣，辦事雷厲風行，這樣的習慣和辦事風格提高了他的工作效率，但也養成了性格急躁、剛愎自用的毛病，這便成了張嘉貞的軟肋。

身為宰相要有大量、識得大體，同時又能於無形中平衡各方面的利益關係，這就需要宰相和風細雨潤物無聲，而不是動輒發怒來解決問題。

心明眼亮的李隆基把這一切都看在眼中，他並沒有急於更換這個組合，而是耐心地尋找第三宰相人選，他想用這個人給源乾曜和張嘉貞補漏，或許這個三人組合可以承擔起帝國的重擔。

李隆基的目光在全國上下來回逡巡，最終落到了張嘉貞發家的地方——并州、天兵軍。在張嘉貞出任宰相之後，接替他擔任并州長史、天兵軍大使的是一個熟人——張說。

此時已經是開元八年，距離張說被貶的開元元年已經過去了七個年頭，這七年張說過得非常不容易。這七年張說是怎麼過來的呢？

開元元年末，張說被貶為相州刺史、河北道按察使，這個職位已經讓張說的心中產生了巨大落差，沒想到這還不是最差的結果。不久他連相州刺史也做不成了，直接被流放到岳州，變成了一名流放犯人。張說的人生到了前所未有的谷底。

然而跌到谷底並非都是壞事，張說的詩歌水準在這一段時間裡卻得到了極大的提升，或許正應了「詩人的不幸正是文化之大幸」這句話。

此時的張說心中充滿了淒婉，所寫的詩也充滿了悲涼。

岳州守歲二首

夜風吹醉舞，庭戶對酣歌。愁逐前年少，歡迎今歲多。
桃枝堪辟惡，爆竹好驚眠。歌舞留今夕，猶言惜舊年。

岳州夜坐

炎洲苦三伏，永日臥孤城。賴此閒庭夜，蕭條夜月明。
獨歌還太息，幽感見餘聲。江近鶴時叫，山深猿屢鳴。
息心觀有欲，棄知返無名。五十知天命，吾其達此生。

有人說在哪裡跌倒，就在哪裡躺下，張說卻不，他要堅強地爬起來，絕不就此認命。張說手中已經沒有什麼牌了，他又能拿什麼翻身呢？

想了許久，張說自認找到了一件法寶：感情。

不久張說寫了一篇《五君詠》，然後託人將這篇文章送到了長安，張說特別囑咐：「一定要在某個特定日子把文章送進這個人家中，早了晚了都會誤事。」

張說委託的人按照他的指示將《五君詠》送進了一位官員的家中，在他轉身離去的同時，便聽到了主人的哭泣之聲。這正是張說想要的效果，他把時間、地點、人物全算計好了。

時間：故交蘇瓌的忌日。

地點：蘇瓌故宅。

人物：蘇瓌的兒子蘇頲。

情節：《五君詠》的開篇正是紀念蘇瓌的文章。

所有因素集中在一起便形成了張說的計畫：他跟蘇瓌是故交，現在蘇瓌的兒子蘇頲正擔任宰相，張說在蘇瓌的忌日送上紀念蘇瓌的文章，就是為了讓宰相蘇頲念及兩家的舊情拉自己一把。

整個計畫環環相扣，計畫成功與否的關鍵取決於蘇頲是否念及舊情。

當蘇頲打開《五君詠》時，他發現這是父親故交張說寫的五首詩，這五首詩分別紀念五個故人：蘇瓌（許國公）、郭元振、魏元忠、李嶠、趙彥昭，而紀念蘇瓌的詩放在最上面：

許公信國楨，克美具瞻情。
百事資朝問，三章廣世程。
處高心不有，臨節自為名。
朱戶傳新戟，青松拱舊塋。
淒涼丞相府，餘慶在玄成。

情到深處，情不自已。滿含熱淚讀過《五君詠》之後，蘇頲決定拉張說一把。

沒過幾天，蘇頲便在李隆基的面前力陳張說「忠謇有勳」，這樣一個對國家有功而且有能力的人怎麼能棄之不用呢？經過蘇頲求情，李隆基決定再給張說一個機會。

不久，張說被委任為荊州長史，觸底反彈開始了。

又過了一段時間，張說以右羽林將軍檢校幽州都督，這就意味著張說將以右羽林將軍的身分暫任幽州都督，相比於荊州長史又向前邁了一步。在幽州都督任上，張說的運氣繼續轉好，一次正常的回京晉見讓他的觸底反彈再次加速。

這次晉見，張說事先做了設計，他沒有穿著文官的官服，而是別出心裁地穿著戎裝晉見。看慣張說穿文官官服的李隆基頓時眼前一亮，他沒想到張說穿上戎裝竟是別有一種風度，頓時心中大喜，往日對張說的好感一瞬間又恢復了很多。

皇帝一高興，張說的好運氣便隨之而來，李隆基隨即將張說委任為檢校并州長史、兼天兵軍大使，同時交給他一項特殊任務：修國史。

到這時張說的觸底反彈已經接近成功，因為李隆基的這個安排已經透露出對張說的喜愛。并州長史、天兵軍大使都是重臣擔任的職務，而修國史更是皇帝信得過的文官才能參與，現在李隆基把這兩項任務同時交給張說，這說明李隆基對張說的恩寵已經恢復了。

李隆基只是在等，等張說再給自己一個驚喜，如果張說能在并州長史任上立一個大功，那麼把他重新送上宰相之位就順理成章了。李隆基並沒有等待太久，很快地張說立功的消息便源源不斷地傳來。

就在張說上任并州長史不久，北方邊境發生了一件大事，時任朔方大總管的王晙擺了一場鴻門宴，將參加宴會的僕固部落酋長勺磨等人一勺燴了，隨後出動大軍將河曲一帶原本投降唐朝的部落幾乎屠殺殆盡。

王晙設這場鴻門宴的起因是雙方互不信任。

僕固等部落原本投靠東突厥，東突厥勢力衰弱之後，他們便投降了唐朝，被安置在中部受降城（今內蒙古包頭）附近。雖然僕固等部落已經投降，但與東突厥還是藕斷絲連，朔方大總管王晙擔心僕固部落與突厥人裡應外合，因此便決定先下手為強，於是就有了那場慘烈的鴻門宴。

鴻門宴的戰果是顯著的，惡果也同樣顯著，那些原本投靠突厥後來投降唐朝的部落一個個膽戰心驚，生怕王晙的屠刀下一個向他們砍去。居住在大同軍（今山西朔州市南）、橫野軍（今河北蔚縣）附近的拔曳固部落、同羅部落便被嚇破了膽，他們徘徊在去和留的邊緣，留則是大唐的朋友，去則意味著將再度成為敵人。

在兩個部落徘徊不定的時候，并州長史張說來了，他是「持節」代表皇帝來做安撫工作的。張說帶了多少個人呢？僅僅二十名騎兵。

然而張說卻毫不畏懼，帶著二十名騎兵便進入各個部落進行安撫，天色晚了，索性就住到了這些部落的帳篷裡。張說不以為意，天兵軍副使李憲卻急壞了，連忙發急信敦促張說返回，然而李憲沒有等來張說，卻等來了張說的信：我雖不是黃羊，但我不怕他們吃我的肉；我雖不是野馬，但我不怕他們刺我的血。士見危致命，此正是我為國家效忠的時機。

張說的坦誠最終打動了拔曳固和同羅部落，兩個部落決定繼續留下來，延續與唐朝來之不易的友誼。消息傳到長安，李隆基在心裡為張說豎起了大拇指，入能為相，出能為將，張說不愧是一個「出將入相」的高手。

時間來到開元九年四月，一場由胡人發動的叛亂讓張說又贏得了一個重重的砝碼。

蘭池州（今寧夏靈武）軍區胡人康待賓引誘已經歸降唐朝的六個部落發動叛亂，朔方大總管王晙與隴右節度使郭知運奉命進行討伐，不久天兵軍節度大使張說也加入到討伐行列。

三個月之後，康待賓被王晙生擒，並被押解回長安斬首。由康待賓引起的叛亂並沒有就此結束，還有一部分殘餘在做最後的堅持。這時張說出手了，他率領步兵騎兵一萬餘人出合河關（山西省興縣西北裴家川口）對叛亂殘餘進行攻擊，一下便打得叛亂殘餘潰不成軍。

張說一路追擊，追到了駱駝堰（今陝西神木縣北），戲劇性的一幕在這裡發生了，原本與胡人叛亂部隊聯盟的党項部落反戈一擊，對胡人叛亂部隊發起了猛攻。胡人的叛亂部隊徹底崩潰，殘餘逃入了附近的山中，剩下的党項部落則向張說的大軍投降。

怎麼辦？對這個曾經跟胡人一起叛亂的党項部落是殺還是留？

一些人主張殺，但張說並不同意。

張說說：「王者之師當討伐叛逆，安撫忠順，怎麼可以殺降呢？」

隨後張說向李隆基建議，在党項部落所在的地方設立麟州（今陝西神木縣），用來安撫已經投降的党項部落。建議正中李隆基下懷，李隆基在心裡又為張說記上了重重的一筆。

到這時，張說重新拜相只是時間問題。不過李隆基還在等，因為他心中還有顧慮，他還要給一位老臣最後的面子，只有到這個老臣離世後，他才會放心大膽地重新啟用張說。幸好他不用等待太久，因為這位老臣時日已經不多。

這位老臣便是張說的老冤家姚崇。當年正是因為張說與姚崇內鬥，李隆基才把張說貶出長安為姚崇騰出了施展空間，現在李隆基準備重新起用張說，同時還要顧及姚崇的面子。。

開元九年九月三日，姚崇在家中病逝，張說重返宰相之位的障礙全部消失。十六天後，并州長史張說被擢升為兵部尚書、同中書門下三品，時隔近十年，張說又回來了。

張說用了近十年的時間做了一次從高峰到低谷又從低谷到高峰的折返跑，其中有他自己的因素，同時也有老冤家姚崇的因素。

難道張說和姚崇的恩怨真的化解不開？其實不是，這一切的幕後推手是李隆基。

細心的讀者可能會發現，在太宗李世民時期，大臣之間的關係相對融洽，你死我活的爭鬥相對較少，這是為什麼呢？

這是因為李世民有卓越的領導能力，他有能力將大臣掌握在股掌之間，而不需要大臣們「鷸蚌相爭」，他坐收「漁翁之利」。

到武則天當國時代，她採用高壓政策，大臣們也不敢拉幫結派，只能乖乖站到武則天一邊。到中宗李顯時期，拉幫結派開始出現，而到睿宗李旦時期，這個現象更加明顯，太平公主一派，太子李隆基一派。

那麼到了李隆基時代呢？他的能力明顯超過了父親和伯父，但是跟李世民和武則天比，還有不少差距，因此在他的治下，他允許大臣「鷸蚌相爭」，而他坐收「漁翁之利」。

姚崇跟張說鬥，宋璟被人用小品拆臺，這一切的始作俑者都是李隆基。

張說時代

第七章

一張一弛

經過長達十年的折返跑，張說終於重登相位，此時朝中共有三名宰相，排名如下：源乾曜、張嘉貞、張說。從排名看，張說只是第三宰相，但這個第三宰相很快就做了幾件大事。

第一件大事，兵制改革。

張說前後鎮守幽州、并州時，唐朝邊境的駐軍達到了六十萬人，而此時東突厥已經式微，無法對唐朝構成真正威脅，六十萬人就顯得多了。張說擔任宰相後便給李隆基提出建議：裁軍二十萬，讓這些人回鄉務農。

李隆基當時就驚了，裁軍二十萬？一旦邊境有事怎麼辦？

張說說：「臣久在邊塞，知道其中的內幕，現在這些駐軍，很多都被當官的用來擔任護衛或者辦事的雜役，根本沒有用在國防上。況且想禦敵制勝，兵在精而不在多，根本用不了那麼多人，而且還耽誤正常的農業生產。如果陛下還有憂慮的話，臣願意以全家一百來口的性命作為擔保。」

李隆基仔細一想，張說說的不無道理，六十萬的邊防軍規模確實有些過多，而且還妨礙農業生產，張說久在邊塞說的應該是實情。李隆基同意了，這樣唐朝邊境的士兵數量就從六十萬消減到四十萬，精簡掉的二十萬全部投入農業生產，進而增加了國家租賦。

削減完邊防軍，張說又把目光投向了拱衛長安的衛軍（**類似於現在的中央衛戍區部隊**）。

按照唐朝慣例，男子二十歲開始服兵役，六十歲才能免除兵役，這段時間每年都要有幾個月為國家服兵役。需要指出的是飲食、鎧甲甚至武器都需要自備（**薛仁貴跟隨李世民東征高句麗就是自費出征）。

這個慣例從北周的府兵制而來，即農忙時進行農業生產，農閒時進行軍事訓練，國家有事時緊急集結出征打仗，實行的是「兵農合一」。這種制度對於生活在草原的民族很容易實現，對於以農耕為主的國家，當國家規模較小時也可以實現，而當國家規模很大，戰爭比較頻繁時，府兵制的弊端就顯現出來。

到李隆基開元年間，府兵制已經到了崩潰邊緣，服兵役的家庭要麼漸漸貧困（**主要勞動力服兵役經常會耽誤農耕**），要麼服兵役的人身體漸漸衰弱。漸漸地正值兵役年齡的男子紛紛遠走他鄉逃避兵役，這下就到了「無兵可徵」的地步。

面對這個現象，張說提出了改革：招募壯士充當宿衛，所在家庭不再承擔其他勞役，同時給予這些壯士優厚待遇。

張說這一招果然奏效，招募令發出，青壯男子從四面八方而來，很多是原來逃避兵役的，現在看到招募令便火速地加入到宿衛的行列中來。幾天時間便募集了十二萬人，而且都是青年男子。

想加入這十二萬人行列難度也不小，首先要求身高五尺七寸以上，五尺七寸相當於現在的一百七十五公分，這個要求可不低。

在這之後，張說對這十二萬人加以訓練，訓練結束後將這十二萬人分屬十二衛，每個衛一萬人，這十二萬人分成六個批次，輪流擔任宿衛，這樣困擾李隆基數年的徵兵問題在張說手中徹底解決。

從此，唐朝「兵」、「農」分離，軍隊逐步走向職業化。這是一件好事，然而好事的背後也隱藏著危機。

改革完兵制，張說又把精力放到文化上，在他的推動下，李隆基設立了麗正書院，麗正書院的功能相當於皇家編譯院，用來網羅當代知名的文學人士。

被麗正書院網羅的都有哪些人呢？「少小離家老大回」的著名詩人賀知章，此時的身分是太常博士；秘書監（皇家圖書院院長）徐堅；監察御史趙冬曦。

他們的具體職責是什麼呢？

一、校勘文章。

二、為李隆基伴讀，隨時解答李隆基的疑問。

三、享受國家提供的豐厚待遇。

對於文化人來說這是一份美差。張說就是這幫人的領導，李隆基命他兼任麗正書院院長。

公平的說，麗正書院的設立是一件好事，對於唐朝的文化發展有極大的促動作用。中國的社會傳統就是上行下效，上面喜歡什麼流行什麼，下面也就會跟風。唐朝為什麼會成為詩的國度，一是文化發達到一定程度，二是唐朝的很多皇帝都喜歡詩，李世民、李治都是不錯的詩人。

然而這樣的好事也有人反對，中書舍人陸堅便提出了反對意見：麗正書院無益於國，懇請陛下將之取消。

砸場子的人來了，張說也不含糊：「自古帝王在國家無事時，不是建造宮殿，就是追求女色，當今皇上卻偏偏喜歡文學。聘請知識份子闡釋各家經典，這麼做對國家貢獻很大，而花費又很少。陸先生的話是何等的沒有見識。」

張說理直氣壯地將陸堅駁了回去，同時又再次贏得了李隆基的認同。

智鬥張嘉貞

世界上無處不在的就是人與人的鬥爭，只要有兩個人存在就會有鬥爭。說起李隆基治下的宰相組合，姚崇的班子是團結的，宋璟的班子也是團結的，這是因為給姚崇、宋璟搭班子的是甘當配角的人，比如當時的盧懷慎、源乾曜、蘇頲。

然而到了源乾曜、張嘉貞、張說時代，鬥爭開始了，因為他們誰也不服誰。在這三人中，源乾曜相對中立，張嘉貞和張說的鬥爭則日益升級，他們鬥爭的根源是誰都想當宰相團裡的頭。

源乾曜本質上是一個不願與人爭的人，而張嘉貞和張說則不同，他們都想成為領袖，於是鬥爭就此開始。

從兩人的履歷論，張嘉貞和張說曾經有一段時間是同事，那時他們都在兵部為官，張嘉貞是兵部員外郎，張說是兵部侍郎。兵部員外郎品級是從六品，兵部侍郎品級是正四品，也就是說在兵部時張說是張嘉貞的上級。

等到兩人都當上宰相時，位置發生了變化，張嘉貞排名第二，張說排名第三，這讓張說心裡很不舒服：我當正四品時，他才是從六品呢。

共事時間一長，張說的不舒服也在加劇，他本以為張嘉貞會給自己這個老上級面子，沒想到幾乎每件事張嘉貞都跟張說爭，兩人的關係越來越緊張。

不久，在一次對高級官員的用刑討論上，兩人的矛盾徹底公開化。

要被用刑的官員叫裴伷先，高宗朝宰相裴炎的侄子。睿宗李旦復位後為裴炎恢復了名譽，並把所有的恩寵加到了裴伷先身上。經過不斷的努力，到開元年間裴伷先已經做到了廣州都督。天有不測風雲，開元十年他因事被捕入獄，關於他的刑罰由李隆基和宰相們共同商議。

就是在對裴伷先的用刑上，張嘉貞和張說起了爭執。

張嘉貞的意見是當廷杖打，張說則堅決反對：臣聞刑不上大夫，為的是他們接近君王，同時讓他們養成廉恥之心，所以有「士可殺不可辱」的說法。有罪應死則死，應流放就流放，何苦那麼輕易地當廷杖打，把他們當成小吏一樣。裴伷先按罪就應該流放，不能再當廷杖打。

張說的建議是人性化的，他知道對於高官而言面子比命更重要，讓一個高官在同僚面前接受杖打，那比殺了他還難受。

李隆基最終接受了張說的建議，張嘉貞則討了個沒趣。

從朝堂出來，張嘉貞憋了一肚子氣，他認為張說不給自己面子，故意讓自己在皇上面前難堪，便衝張說嚷道：「剛才你講那麼多大道理幹嘛？」

張說回應說：「宰相這個職位，運氣到了就做，沒有人能保證自己一輩子當宰相。如果棍子能打到高級官員身上，那麼遲早有一天會打到我們自己身上。今天我不只是為裴伷先，也是為了全天下的官員。」

張嘉貞被噎住了，只能把氣憋在肚子裡。

這次爭執張說佔了上風，但張說並不準備到此為止，他已經看出來源乾曜充當老好人，高掛「免戰牌」，他唯一的對手就是張嘉貞，只有把張嘉貞扳倒，他才能像姚崇、宋璟那樣大展拳腳。

張說開始研究張嘉貞的軟肋，經過研究他發現張嘉貞自身沒有太多問題，除了脾氣急躁、剛愎自用外並沒有其他的把柄。如果勉強算把柄的話，也就是曾經引薦過四個人，這四個人現在分別擔任中書舍人（兩人）、考功員外郎、殿中侍御史，而且這四個人跟張嘉貞走得比較近，經常憑藉張嘉貞的權勢做一些以權謀私的事。張說認為這些還不足以扳倒張嘉貞，要扳倒他就要一擊致命，讓他無法輕易翻身。

張說又開始研究，皇天不負有心人，張說終於找到了張嘉貞的軟肋——他的弟弟張嘉佑。此時張嘉佑已經出任左金吾衛將軍，與哥哥張嘉貞相得益彰，哥倆一個為相，一個為將，風光無雙。然而他們並沒有意識到所謂的風光下面潛藏著巨大的危機，他們兄弟的關係如果沒有人做文章也就罷了，一旦有人做文章，兄弟倆就危險了。

現在張說就準備在張嘉佑的身上做文章，因為他發現了張嘉佑身上的污點。

一箭雙鵰

開元十年末，李隆基準備從東都洛陽返回長安，這次返回他不準備走直線，而是要走一條折線，從洛陽向北先去并州（今山西太原一帶）視察，然後再返回長安。

這時張說提出建議：汾陰丘陵上有西漢王朝建立的后土祠，已經很久沒有皇帝去祭祀了。陛下應該趁這次巡幸將那裡加以整修，然後舉行祭祀儀式為百姓祈求五穀豐登。

李隆基聽後便同意了。看著李隆基點頭，張說心中竊喜，這一次跟隨皇帝出巡，他心中裝著兩個計畫，他要一箭雙鵰。

開元十一年正月三日，李隆基從洛陽出發向北視察。正月十四日，李隆基抵達潞州（山西省長治市），這裡是李隆基曾經戰鬥過的地方，他在這裡擔任過潞州別駕（總秘書長）。現在舊地重遊，李隆基感慨萬千，感慨之餘給潞州老百姓發了一個大紅包：免除五年內賦稅差役。

潞州的老百姓今夜做夢也會笑。

正月二十五日，李隆基一行抵達了并州，在這裡他又給當地送了個紅包：在這裡設置北都，并州升格為太原府，刺史改稱尹。

府在唐朝高於一般州，相當於現在的直轄市，經過李隆基的這次升格，太原府就跟長安府、洛陽府平級了，都是特別市。

設置完北都，李隆基的心情很好，然而沒過多久一份奏疏破壞了他的好心情。奏疏是彈劾張嘉貞的弟弟張嘉佑，上奏人指出：張嘉佑在地方任職期間曾經有貪贓枉法行為。

這道奏疏上奏的時間很要命。此時正是李隆基巡幸期間，他最擔心的就是長安和洛陽的安全，現在奏疏指出左金吾衛將軍張嘉佑貪贓枉法，他會怎麼想呢？

不會少想，只會多想。

張嘉貞的麻煩來了。張嘉貞還沒有意識到自己已經中了張說的暗算，試問如果不是張說提前安排，怎麼會那麼巧？在皇帝外出巡幸時，張嘉佑遭到彈劾？

張嘉貞方寸大亂，他居然在這個時候去找張說商量對策。在張說的「指點」下，張嘉貞脫去官服，改穿素色的平民衣服，在行宮外等候皇帝的處分。

張嘉貞自己挖坑，然後自己又跳了下去。

如果張嘉貞直接面見李隆基，進行嚴格的自我批評，以李隆基的開明此事尚有迴旋的餘地，畢竟犯事的是張嘉佑而不是張嘉貞。可是張嘉貞鄭重其事地往行宮外一站，事情就沒有迴旋餘地了，李隆基即使想留下張嘉貞，他也得防備朝中百官的悠悠之口。

張嘉貞的宰相生涯就此終結。開元十一年二月三日，張嘉貞被免去宰相職務，出任幽州刺史。

直到這時張嘉貞才意識到自己被張說算計了，他恨恨地說道：「中書令不是有兩個人的編制嗎？何苦如此相逼呢？」

一年後，張嘉貞回京出任戶部尚書，與張說在一次宴會上仇人相見分外眼紅，一番髒話之後，兩大高官伸胳膊擼袖子要進行近身肉搏，結果還是中間派源乾曜奮力拉住了兩人，才避免了兩大高官的搏擊。

扳倒張嘉貞，張說計畫中的一隻鵰已經落入袋中，那麼下一隻呢？

二月十六日，李隆基在汾陰祭祀后土祠，為天下百姓祈求五穀豐登。祭祀完畢，張說又笑了，至此他的又一隻鵰也落入袋中。

這是一隻什麼鵰呢？這是一隻拋磚引玉的鵰。

張說把李隆基引到后土祠祭祀背後是有深意的，后土祠為漢武大帝建立，漢武大帝曾經在這裡舉行祭祀儀式，這是張說拋的磚。在磚的後面是玉，漢武大帝曾經到泰山封禪。

泰山封禪

如同現在很多孩子有明星夢一樣，歷朝歷代的皇帝都有一個泰山封禪的夢。

「封禪」，《史記・封禪志》如此解釋：登封報天，降禪除地，也就是在泰山頂上築圓壇以報天之功，在泰山腳下的小丘之上築方壇以報地之功。

在封建王朝，「封禪」是首屈一指的大典，其對王朝的重要程度，不亞於當今舉辦一場夏季奧林匹克運動會。同時「封禪」也有條件要求的，一要天下太平，二要天降祥瑞，兩者具備其一才能封禪，而歷朝歷代前去封禪的皇帝一般都是因為滿足了第一個條件：天下太平。

秦始皇封禪泰山，因為他統一六國，建立了大一統的中央集權國家；漢武帝封禪泰山，因為他雄才大略掃除了邊患。

太宗李世民也一直有一個封禪夢，不料卻經常被國內突發事件打亂計畫，不是因為天災，就是因為有大臣強烈反對，終其一生都沒有實現自己的封禪夢。

唐朝第一個舉行封禪大典的皇帝是唐高宗李治，就個人能力而言他不配與秦始皇和漢武帝相提並論，可他是幸運的，因為他站在太宗李世民這個巨人的肩膀上。

現在張說把李隆基引到了漢武帝建立的后土祠，泰山封禪呼之欲出。

李隆基想不想學漢武帝呢？他也想學，他的心中也有一個「大國夢」。由此李隆基「封禪泰山」的念頭呼之欲出，而張說的心也在蠢蠢欲動。

開元十一年二月二十七日，張說的一箭雙鵰計畫收穫了初步成功，在張嘉貞被免除宰相職務後，張說被委任為「兼中書令」，這就意味著張說已經成為與源乾曜完全並駕齊驅的宰相。九個月後，張說作為禮儀大典總監全程策劃了李隆基的長安郊區祭天儀式，算是泰山封禪的一個前奏。

時間走到開元十二年末，封禪泰山的呼聲越來越高，張說第一個呈遞奏疏建議李隆基封禪泰山。隨後文武百官群起響應，封禪泰山已經「群情激昂」。眼看文武百官如此迫切，李隆基終於按捺不住了，他決定在開元十三年十一月十日舉行封禪，以滿足文武百官的呼聲。

張說興奮不已，源乾曜卻不斷搖頭，在封禪泰山的問題上他倆少有的唱起了反調。

張說第一個提出封禪，源乾曜卻自始至終表示反對。兩人大相逕庭，其實是性格和觀念的差異造成。

張說是一個詩人，骨子裡有浪漫情懷，同時也有追求大場面的衝動基因，他進入官場不是像源乾曜一樣通過明經舉，而是通過武則天親自當考官的制舉。

制舉是皇帝不定期進行的考試，這類考試考的是考生的現場反應和實際能力，張說便是在洛陽參加了武則天主持的制舉考試，於萬人對策中獲得第一脫穎而出。不過唐朝開制舉以來還沒有給過考生甲等，因此張說明明是甲等，卻以乙等身分進入仕途。不過這也夠牛了，一等獎從缺，他是二等獎，這就是不是一等獎的一等獎。

由於這個特殊的經歷，使得張說不像源乾曜那樣保守，也就不囿於以往的經典，從而與源乾曜的政治理念格格不入。

源乾曜講究的是「清靜無為與民生息」，封禪大典必定要動用大量的人力、財力、物力，這是源乾曜所不願意看到的，而張說卻認為為了封禪大典必要的付出是值得的。

一個追求開天闢地的大場面，一個追求清靜無為與民生息，兩個追求不一樣的宰相前所未有的發生了矛盾。於是源乾曜對張說產生了成見，而春風得意的張說卻不以為意，只要贏得李隆基的支持，別人又能奈他何。

張說的感覺沒有錯，李隆基對他的恩寵越來越深。

開元十三年四月初，張說將擬定好的封禪大典儀式呈遞給李隆基，李隆基閱後甚為滿意，便召集所有參與禮儀制定的官員在集仙殿飲酒。飲至高興處，李隆基說：「神仙都是虛幻的，我是不信的，賢人才是治理天下的工具，今天我跟你們這些賢人一起在這裡飲酒，這個殿應該改名叫集賢殿。」掌聲四起。

藉著「集賢殿」的話題，李隆基再進一步任命麗正書院五品以上的官員為學士（皇家研究官）；六品以下官員為直學士（皇家初級研究官）；張說為書院院長，徐堅為副院長。

最後李隆基還有一個特別任命：張說為大學士（皇家高級研究官）。

滿座都是學士和直學士，就張說一個大學士，這是何等的恩寵。然而恩寵都到頭頂了，張說卻堅決推辭了，大學士的帽子太大了，不能戴，也不適合戴。

李隆基不再勉強，戴不戴大學士的帽子是張說的事，反正在他的心目中張說早就是大學士了。

封禪大典一天天臨近，張說卻一直為一件事擔心。

煩惱之餘，他找來了兵部郎中裴光庭，訴說了自己的苦惱：「皇上將要封禪泰山，可我擔心突厥人趁機在邊境發動偷襲，是不是應該在邊境增派軍隊？」

裴光庭聽完，回應道：「封禪就是向天地稟告國泰民安，現在我們即將登上泰山向上天稟告，此時卻在害怕戎狄，這可不是展示國家盛德的作派。」

張說問：「那你說怎麼辦？」

裴光庭說：「四夷之中突厥最大，以往他們屢次請求和親，朝廷都橫加阻攔沒有答應，我們可以在和親的問題上做文章。我們派出使節到突厥出使，先答應他們的和親要求，然後讓他們派大臣跟隨皇上到泰山封禪，他們一定會欣然從命。突厥來了，其他戎狄領袖就沒有一個敢不來，這樣我們就可以偃旗息鼓高枕無憂了。」

張說一聽，頓時興奮地說：「高！我怎麼沒想到這個好點子！」

隨後張說便把計畫上奏給李隆基，李隆基批准。

經過物色，張說找到了中書直省袁振，然後把袁振火線提拔為攝鴻臚卿（代理藩屬事務部部長）。從這個安排來看，張說和李隆基對與突厥和親是沒有誠意的，不然也不會讓袁振出使。

袁振此時的身分是中書直省，說白了是從別的部門暫時調到中書省工作的，類似於現在的掛職幹部。現在張說把這個掛職幹部火線提拔為攝鴻臚卿，讓他出使突厥，目的只是忽悠，而且不準備兌現。一旦將來突厥人追究起來，就可以推說攝鴻臚卿說話不算數。

真夠壞的。

火線提拔的袁振沒有辜負張說的信任，進入突厥可汗的大帳後，便開始了自己的忽悠。

突厥人先起了話頭：「吐蕃，狗雜種而已；奚、契丹本來都是我們的奴隸，連他們都娶到了唐朝公主。我們突厥人前後多次求婚都沒有得到批准，為什麼啊？當然，我們知道嫁入吐蕃、奚的都不是真正的皇帝女兒，可問題是現在沒人問公主真假，我們屢次請求都沒有得到批准，弄得我們在他們面前很沒面子。」

突厥人說完，攝鴻臚卿袁振拍起了胸脯：「沒問題，你們就放心吧，包在我身上，回去後我就向皇帝奏報，一定讓你們娶到大唐公主。」

突厥人心眼實，不知道娶公主這件事也能打白條。頓時突厥可汗心花怒放，這下終於可以在吐蕃人面前抬起頭了。

當袁振提出讓大臣跟隨到泰山封禪時，突厥可汗想也沒想就答應了，當場就指定重臣阿史德頡利發跟隨袁振返回唐朝，然後一起參加封禪大典。

開元十三年十月十一日，李隆基從東都洛陽出發前往泰山封禪，在他的身後是文武百官、皇親國戚和四方蠻夷酋長，這一行便浩浩蕩蕩向泰山進發。每次停下休息，方圓數十里頓時陷入人山馬海，至於補充給養的隊伍綿延了數百里。

由此可見封禪真是盛世才能幹的事，如果兵荒馬亂、積貧積弱，連最起碼的排場都擺不起，就別提封禪了。

開元十三年十一月六日，李隆基抵達泰山腳下，換上御馬準備登山。

登山之前，李隆基做了如下安排：隨從官員一律留在山谷口，宰相及祭祀相關官員跟隨皇帝登山，隨行部隊在山下警戒（**隊伍綿延一百餘里**）。

隨行人馬安排好後，李隆基問禮部侍郎賀知章：「以前歷代皇帝祭天為什麼不讓別人看祭天的玉牒？」

賀知章反應很快，他知道皇帝這是要找一個捧哏的人，他馬上回應道：「他們可能是想為自己祈求神仙的幫助，所以不敢公開怕別人看。」

李隆基搖搖頭，正色道：「朕為蒼生祈福，自然不怕人看。」

隨後，李隆基命人取出玉牒，向文武百官展示：

有唐嗣天子臣某，敢昭告於昊天上帝：天啟李氏，運興土德。高祖、太宗，受命立極，高宗升中，六合殷盛。中宗紹復，繼體不定。上帝眷，錫臣忠武，底綏內艱，推戴聖父。恭承大寶，十有三年。敬若天意，四海晏然。封祀岱岳，謝成於天。子孫百祿，蒼生受福。

其實在玉牒這個問題上，賀知章是往前代皇帝身上潑髒水了，歷朝歷代的皇帝只要是到泰山封禪，都是為了天下蒼生，即使秦皇、漢武追求長生不老，也不會通過封禪而為自己求長生不老。不過賀知章也沒辦法，他看出了李隆基想展示自己的高尚品德，只能順著他的話頭把前朝皇帝矮化了。

展示完玉牒之後，李隆基開始登山。

十一月十日，李隆基在泰山頂峰祭祀昊天上帝，與此同時，文武百官在山下的神壇祭祀五帝及百神；十一月十一日，李隆基下山，在社首山（泰安市西南）祭祀地神：

惟開元十三年，歲次乙丑十一月辛巳朔十一日辛卯，嗣天子臣隆基，敢昭告於皇地祇：臣嗣守鴻名，膺茲丕運，率循地義，以為人極，夙夜祗未，迄未敢康。賴坤無隆靈，靈錫之景，資植庶類，屢惟豐展。式展時巡，報功厚載，敬以玉帛、犧齊、粢盛、庶品，備茲瘞禮，式表至誠。睿宗大聖真皇帝配神作主。尚饗。

至此封禪儀式結束。

其實封禪就是舉全國之力辦一場盛大的儀式，儀式上皇帝給天和地各發一條簡訊：國泰民安，您老放心！

在莊嚴的封禪儀式上，所有人都相信上天和大地已經收到了李隆基發出的簡訊，而收到訊息的上天和大地一定會保佑大唐王朝國泰民安。

這次封禪，上天可能收到了李隆基的簡訊，而發給大地的卻一直沒有發出去。

一千多年後（一九三五年），軍閥馬鴻逵率部在山東泰安一帶駐紮，無意中發現了一個五色祭壇，命人挖出一看裡面有兩個玉冊，其中一個就是李隆基祭祀地神的玉冊，另外一份是宋真宗的玉冊。也就是說發了一千多年的玉冊還在，也不知道大地算收到了還是沒收到。

人生頂峰

封禪泰山在張說的策劃下圓滿完成，李隆基對張說的信任達到了前所未有的頂峰，這個頂峰或許已經超越了姚崇和宋璟。

對於張說而言，他幫助皇帝李隆基完成了可以載入史冊、場面宏大的封禪大典；對於李隆基而言，從此他就被架上去了，他已經開始沿著漢武大帝的足跡前行，后土祠祭祀、泰山封禪，下一步是不是就是擴土開邊呢？

張說並沒有想到正是自己讓皇帝李隆基的大國夢越做越大，先是改革了兵制，為開邊提供了軍事可能；後是泰山封禪，讓李隆基比肩漢武大帝的願望越來越迫切。

歷史在很多時候都是這樣，開始時無意為之，後來就隨著慣性前進。

張說並沒有第三隻眼，他看不到未來，能看到的只是當下。

此時的張說心情好到了極點，他跟隨李隆基登上了泰山之巔，而他的權力也隨之到達巔峰。尤其是這次封禪，凡是他欣賞的官員都列入了陪同登山的行列，他們一起跟隨李隆基登山，而其他官員只能酸溜溜地在泰山腳下祭祀五帝和百神。

領略完泰山頂峰風光之後，陪同登山的官員都得到了意料之中的禮物：就地升職。

按照李隆基的規定，凡是陪同登山祭天的官員全部升遷，這樣張說欣賞的官員全部因為這次封禪得到提升，不少人因此破格提拔成正五品（**正司局級**）。

這時一位官員來到張說身邊，他想給張說提個醒。這個人叫張九齡，後來的大唐名相。此時的張九齡是正五品的中書舍人，因為才華橫溢深得張說的賞識。

張九齡對張說說：「如此大規模地提拔跟您親近的官員恐怕不妥。」

張說不以為然的搖搖頭，誰又能奈我何？再說了，是皇上提拔的，又不是我張說。張說在不經意中把人得罪遍了，沒有得到提拔的文武百官恨他，跟隨封禪的士兵也恨他、因為士兵們只得到了象徵性的官階提升，卻沒有任何實物賞賜。

一次封禪，幾乎得罪了所有的人。

值得一提的是，這次封禪倒是給中華文化寶庫增添了一點東西。

張說的女婿鄭鎰本來是九品，封禪後一下子就被破格提拔為五品，穿起了五品官員才能穿的緋色官服。李隆基記得以前鄭鎰是九品官，沒想到一段時間不見就升到了五品，升得也太快了。李隆基有些好奇，想弄清楚是怎麼回事，便把鄭鎰召進宮中。面對李隆基的詢問，鄭鎰支支吾吾不知該如何回答。

這時唐朝插科打諢高手黃幡綽說：「此泰山之力也。」

李隆基聞言會心一笑，原來沾的是泰山的光。

從此以「泰山」指代「岳父」成為慣例，也算是張說為中華文化寶庫的一大貢獻。

延伸說一句，既然岳父被稱為「泰山」，那麼岳母被稱為什麼呢？岳母被稱為泰水，出自宋朝莊季裕的《雞肋篇》卷上：俗人以泰山有丈人觀，遂謂妻母為泰水。

致命錯覺

從開元九年重新拜相以來，張說的官運越來越好、越來越順，一直順到他覺得連老天都在幫他。

開元十一年二月，張說扳倒了張嘉貞，隨後張說頂替張嘉貞出任中書令。

張說原來的兵部尚書、同中書門下三品空了出來，李隆基一轉手就把這個職位給了一直在邊境破敵有功的王晙（**設鴻門宴生擒康待賓的那位**）。

一個多月後，李隆基又給王晙的肩上加了一副擔子：兼任朔方節度大使，出外巡視河西、隴右、河東、河北各軍事基地。

接受任命的王晙肯定不會想到，就是這副擔子竟然引出那麼多波折。

這一年十一月李隆基將在長安郊外舉行祭天儀式，便召喚在外巡視的王晙召喚回京參加祭天儀式。沒想到王晙拒絕了。

王晙回覆說：「現在已經是冬天，突厥人可能發動襲擊，我需要在這裡鎮守以防不測。」

王晙如此回覆李隆基表示理解，還特意賞賜冬衣一套以示恩寵。就在這時針對王晙的告發不期而至，許州刺史王喬的家奴舉報說：「王喬和王晙圖謀不軌。」

舉報正捅在李隆基的腰眼上，政變起家的他最怕的就是武將圖謀不軌。李隆基立刻下令源乾曜和張說進行徹查，一定要徹底查一查王晙。

經過調查，謀反無從談起。

得到這個結果，王晙不由得鬆了口氣，然而接下來的判決讓他如鯁在喉。雖然謀反查無實據，但前次皇帝下詔召回長安居然違詔不歸，貶為蘄州刺史。王晙有口難辯，只能自認倒楣，要怪只能怪誣告出現的時間太不是時候了。

在王晙被誣告事件中，源乾曜和張說究竟有沒有做手腳，史無明載無法斷言，只能肯定一個事實：因為王晙的落馬，張說在宰相班子裡只需要與源乾曜一個人過招，而不是原來的以一敵二。

連老天都幫張說。

開元十二年六月，張說又一次感受到老天的幫忙。

這一年崤山以東大旱，為了穩定民心更好地領導百姓抗旱，李隆基決定從京城挑選五個有名望的官員到地方出任刺史。

張說微微一笑，這一次又是老天幫忙了。他想炒一個人的魷魚已經很久了。

幾個月前，張說向李隆基推薦了有仁孝之名的官員崔沔，張說想把他栽培成像盧懷慎、蘇頲那樣的與一把手保持一致的幫手。然而等到崔沔升任中書侍郎之後，張說發現自己選錯了人。

張說對崔沔說：「現在的中書省都是中書令一手掌握直接負責，侍郎雖然是副手，但只是署名而已，除此之外沒有其他事情。」

張說這是跟崔沔推心置腹，希望崔沔認清自己的位置，像盧懷慎、蘇頲一樣做一個絕對服從領導的副手。

崔沔如何反應呢？

崔沔說：「不對。既然設立官職，每個人都應該負起自己的責任，上下級相互協調、各申主見才能把事情辦好。豈能在那裡袖手旁觀，白拿國家俸祿呢？」

聽完崔沔的話，張說意識到找錯人了，人家不是來搭班子的，而是來分權的。事已至此張說不好再說什麼，只能走一步看一步。

不久張說發現崔沔不僅是說說而已，他說到做到，幾乎在所有事情上都要提出自己的意見，有的甚至是針鋒相對的意見。張說受不了了，他決定找機會把這個大爺送走。

關鍵時刻，老天開眼了，崤山以東大旱。藉著李隆基往地方下派刺史的機會，張說把崔沔的名字報了上去，這樣中書侍郎崔沔就被張說送到魏州當刺史了，再也不能跟張說唱反調。

兩次折騰下來，張說的錯覺達到了頂點，他認為他不僅得到了李隆基的絕對支持，而且連老天都在幫他。

這個錯覺很致命。

政壇新貴

花開兩朵，各表一枝。

在張說大紅大紫的同時，唐朝政壇正在崛起一個政治新貴——宇文融。

和宋璟、張說這些科舉出身的人不同，宇文融是道地的貴族出身，他的祖上是隋朝禮部尚書宇文弼，他的祖父宇文節在貞觀年間擔任尚書左丞，在永徽年間一度出任侍中。然而好景不長，宇文節最終被牽連進房遺愛謀反案，被流放到桂州再也沒能回來。

到宇文融父親這一代，官職跟祖上就差著等級了，他的父親宇文嶠只做到了萊州刺史。到宇文融這一代就更慘了，開元初年宇文融才做到富平縣主簿，只是一個九品官員，相當於股級幹部。

不過因為宇文融辦事得力，前後兩任京兆尹都很欣賞他，後來在兩任京兆尹的提拔下，宇文融升遷為監察御史。監察御史品級不高，只是正八品（**正科級**）但權限很大，可以參與的範圍很廣，百官的行為、各地的民情等等都可以上奏，奏疏直通皇帝。

正是在監察御史任上，宇文融風生水起。因為宇文融看到了皇帝最想解決的問題：戶口不清，土地模糊。

為什麼會出現這樣的問題呢？這是因為隨著社會的發展，唐朝的人口流動加大，很多百姓從一個地方遷徙到另外一個地方，而相關的戶籍管理卻跟不上，進而很多人成了「黑戶」不承擔任何國家賦稅；與「黑戶」相對應，土地也存在「黑地」，這些「黑地」多數是新開荒出來的，但政府沒有登記在冊，這部分土地的賦稅就白白流失。

宇文融看到了這些現狀，便向李隆基提出了解決辦法：各州縣逃亡的戶口，一百天內允許回原籍自首，或者在現在所在地登記註冊，或者由官府遣返回鄉，一切憑本人自願。過期不自首的，就由官府開始檢查，一旦查出則發配邊疆，官府和私人有包庇的同罪。

宇文融正中李隆基的下懷，君臣二人一拍即合。之後李隆基委任宇文融為清查戶口總監，全權負責清查逃逸戶口和沒有登記在冊的土地，宇文融的機會來了。

經過清查，全國各地陸陸續續查出大批逃逸戶口和沒有登記在冊的土地，整頓初見成效。宇文融也隨著這次整頓水漲船高，由正八品的監察御史升任從六品的兵部員外郎兼侍御史。

嘗到甜頭的宇文融並沒有就此止步，很快他又向李隆基提出建議：設置勸農判官（農業發展執行官）十人，這十人同時代理御史，分赴全國各地進行深入整頓。

李隆基再次同意。

宇文融這個建議很有殺傷力，他力主設立的十個勸農判官相當於朝廷派出的欽差，雖然品級不高但是權力很大。除此之外，他們還代理御史，隨時有彈劾地方官員的權力。

後者很要命，是官都怕彈劾。

整頓行動迅速在全國鋪開，開始時還比較正常，甚至受到了老百姓的歡迎，因為這次整頓行動還有一個優惠條件：凡是新增加的戶口，免除六年的賦稅，只需要另外交一種很優惠的稅。

兩相對比，新增戶得到了實惠，歡欣不已。然而接下來的事情就變味了。

由於勸農判官到地方後都想立功，都想在自己的所在地做出成績，因此對地方官員的要求非常嚴格，甚至制定了相應的指標。地方官員一方面害怕彈劾，一方面也想做出政績，因此對老百姓的催逼便越來越嚴，發展到最後直接到了弄虛作假的地步。把原來已經登記在冊的戶口改頭換面變成新增戶口，原來已經登記在冊的土地當成新增土地。這下數字好看了，而老百姓的負擔卻加重了，原來的一份賦稅變成了新、舊兩份賦稅。

官出數字，數字出官，政績工程害死人。

經過全國上下的不斷努力，成果是顯著的，全國共新增戶口八十餘萬，新增田地也基本相同（**其中有一定的水分**）。到年底，僅新增戶口繳納的賦稅就達到了數百萬串錢，沉甸甸的數字打動了李隆基。

李隆基再一次升了宇文融的官，將他由兵部員外郎擢升為正四品的御史中丞。

到這時，張說對宇文融這個政治新貴產生了深深的厭惡，因為在這次整頓過程中，宇文融已經凌駕於中書省之上。

宇文融命令各地官員，相關事務先行報告給勸農判官，然後再報告中書省；同時中書省各部門也需要等宇文融裁決之後再進行裁決。如此一來，宇文融的工作班子就與張說的中書省發生了權力交叉，而且還佔據上風，這讓張說非常不爽。

不爽歸不爽，張說還不能表現出來，因為宇文融能為國家增加收入，李隆基非常寵愛。於是張說只能暫時收起不滿，心不甘情不願地配合宇文融的工作。

戶口和土地整頓活動終於結束了，張說鬆了一口氣，以為從此之後與宇文融再也不會有交集。然而他不想與宇文融有交集，宇文融卻想跟他有交集。

升任御史中丞的宇文融給李隆基又上了一道奏疏：近來有人反應官員選拔不夠公平，建議將待選拔的官員分為十個部分，不經過吏部，改由其他部門十個官員主管，皇上最後親自定奪。

這道奏疏極具殺傷力。

如果按照宇文融的建議，將待選官員分成十個部分而將吏部排除在外，那麼吏部將顏面無存，張說這個宰相同樣顏面無存，因為按照慣例宰相在任命官員方面是有話語權的。假如按照這個建議，那麼職權全沒了。

要命的是李隆基居然同意了，隨即委任禮部尚書蘇頲等十人負責此次選拔，張說以及吏部尚書、吏部侍郎全部靠邊站。

張說對宇文融的不滿達到了極點，宇文融，你也太猖狂了。於是張說開始反擊，對所謂的「分十個部分選拔官員」提出反對，張說和宇文融直接交上火了，雙方的樑子徹底結下。

在張說之後，太子左庶子吳兢也給李隆基上了一道奏疏：陛下受人蒙蔽聽受讒言，不相信有關部門的官員，這可不是高居上位開誠布公的正道。昔日陳平、邴吉身為漢朝宰相不知道錢穀之數，不直接過問打架殺人的凶案；況且大唐萬乘之君，怎麼能直接過問官員選拔的小事呢？對於選拔官員的事，還是應該交給有關部門（**吏部**），並且停止由十人負責選拔的現狀。

奏疏上去之後，李隆基回心轉意，雖然沒有立刻停止，但是決定從明年開始再恢復原來的選拔制度。這樣宇文融的建議只實行了一年就壽終正寢，倒害得他白激動一場。

這番較量下來，張說又佔據了優勢。習以為常的優勢總是容易讓人麻痺，張說被自己的優勢麻痺了，他沒把宇文融放在眼裡，而宇文融卻把他放在了心裡。

張說罷相

時間進入開元十四年，張說在自我感覺良好中前行，同時也在危機四伏中前行，但他自己渾然不覺。

張說依然延續著自己的作派，一靜一動，截然不同。

安靜時他獨立思考，手裡拿著別人送給他的兩顆珠子。這兩顆珠子紺色有光，名曰「記事珠」，張說有什麼事情想不起來時，就用手撥弄這兩顆珠子，頓時就會覺得心神開悟，大事小事都湧上腦海，歷歷在目、一無所忘。憑藉這兩顆珠子，張說的記憶力非常好。

躁動時則與安靜時完全是兩個作派，一旦下屬官員彙報工作不對張說的脾氣，他就會發火罵人，毫不留情面，直到把對方罵得無地自容才罷休，於是眾人對他有如此評價：張公之言，毒於極刑！

被張說罵得最多的就是政治新貴宇文融，張說一看不慣他的為人，二看不慣他越來越紅，因此能打則打、能壓則壓，在張說的面前宇文融很難得到好臉色。

罵完宇文融，張說舒坦了，而在一邊旁觀這一切的中書舍人張九齡卻緊張了起來，他對張說說：「宇文融正在承受皇上的恩寵，他又巧言善辯，您不得不防啊。」

張說不以為然，說道：「那些鼠輩能成什麼事啊。」

久在上位的人就是容易麻痺，張說從門縫裡看宇文融，把他看扁了。張說確實小看了宇文融，在張說放鬆警惕的同時，宇文融扳倒張說的活動正進行得如火如荼。他得到了一個得力的幫手，此人後來成為唐朝的著名奸相，名字叫李林甫。

李林甫大有來頭，他的曾祖是高祖李淵的堂弟長平王李叔良，論輩分他比當今皇帝李隆基還高一輩，按照《三國演義》裡劉備的自抬身價，他是當今皇帝的皇叔，別人得喊他一聲「李皇叔」。劉備自賣自誇也就罷了，李林甫是不敢給當今皇帝當皇叔的。

李林甫不敢擺皇叔的譜，他老老實實地從基層幹起，第一個職位是千牛直長（宮廷侍衛）。這個職位是朝廷給貴族子弟預留的，李林甫就憑藉祖上的恩蔭得到了這個職位。

千牛直長這樣的職位對於一般人來說也算不錯了，但對李林甫而言還遠遠不夠。

幸好還有一門高親，他的舅舅是當時正得寵的楚國公姜皎，因為李林甫擅長音律，姜皎很是喜愛，開元初年李林甫在姜皎的提攜下當上正五品的太子中允。

李林甫很快地發現僅靠姜皎一條線是不夠的，於是他開動腦筋迅速的傍上了源乾曜這條線。

李林甫傍上源乾曜靠的是人力資源整合。李林甫的舅舅是姜皎，姜皎的妹夫叫源光乘，而源光乘正是源乾曜的侄孫（侄子的兒子），經過這樣一番串聯，李林甫傍上了源乾曜。

傍上源乾曜之後，源乾曜對李林甫印象不錯，這就給李林甫的仕途留下了上升的空間。不久李林甫開始向源乾曜提要求，不過不是直接提，而是委託源乾曜的兒子源潔。

源潔對源乾曜說：「李林甫想當司門郎中。」

源乾曜一聽便搖頭了，他說：「郎官對品行、才能、聲望都有很高的要求，哥奴（李林甫小名）豈是郎官的材料？」

李林甫想當的司門郎中屬於刑部的從五品官員，掌管天下諸門及關口出入往來之籍賦，有點現代邊防檢查的意思。

從五品的司門郎中沒有當上，不過源乾曜還是給了李林甫一個補償，將他擢升為正四品的太子諭德，這是個閒職，主要給太子進諫。閒職歸閒職，李林甫的行政級別卻上來了。又過了一些日子，李林甫轉任國子司業（**國立大學副校長**），他這個國子司業跟別人不一樣，別人是從四品，他是正四品。

這時李林甫又開始轉動腦筋，在滿朝官員中尋找新的大樹，他經過一番逡巡把目光鎖定在政治新貴宇文融身上。這個人或許是自己的新靠山。李林甫火速靠了上去，宇文融也張開了懷抱，在朝中沒有多少根基的宇文融也需要李林甫，雙方各取所需。

經過宇文融的推薦，李林甫被擢升為御史中丞，御史中丞的編制為兩人，他和宇文融一人佔據一個。當宇文融和李林甫結成聯盟時，這兩顆炸彈已經具備了超強的威力。

御史中丞是御史臺的副職，上面還有一個御史大夫，御史臺主管風紀，通俗的說相當於現在的中央紀檢委，其威力之大可自己想像。

從此宇文融和李林甫開始尋找機會，他們要把張說打落馬下。

開元十四年二月七日、八日，李隆基連續發布了兩個人事任命：任命崔日知為左羽林將軍；任命崔隱甫為御史大夫。

宇文融和李林甫從這個任命中看到了機會。

不就是兩個人事任命嗎？有什麼機會可言。

原來人事任命的背後還有一段曲折。

本來李隆基將崔隱甫從河南尹（洛陽特別市市長）位置上調進京城準備重用，而張說卻覺得崔隱甫學識淺薄並不看重，便準備讓崔隱甫出任金吾衛大將軍。

與此同時，張說也推薦了一個人——殿中侍御史崔日知，他準備將崔日知委任為御史大夫。

兩個人事任命報到李隆基那裡，張說就像往常一樣等待李隆基的批覆。令張說萬萬沒有想到李隆基居然來了一個亂點鴛鴦譜，把兩個人事任命正好顛倒了過來：崔日知當左羽林將軍，崔隱甫當御史大夫。

就是這次「亂點鴛鴦譜」讓宇文融的鼻子嗅到了異常的味道，皇帝沒有按照慣例批准宰相的人事任命，這說明張說要完了。

政治就是高級別的人與人鬥爭，在這裡面一點風吹草動就可能隱藏著無窮的玄機，李隆基亂點鴛鴦譜便是傳遞這樣的訊息，現在宇文融捕捉到了。

宇文融決定再找一個幫手，只要加上這個幫手，張說便在劫難逃。宇文融的新幫手正是他的新上司，御史大夫崔隱甫。

仕途走到崔隱甫這個程度，在朝中是不可能沒有幾個朋友的，崔隱甫對張說之前的所作所為瞭若指掌，現在他也恨上了張說。當宇文融找上門時，崔隱甫知道自己報復的機會來了，他與宇文融又是一拍即合。

開元十四年四月四日，張說的苦日子來了。

這一天御史大夫崔隱甫、御史中丞宇文融、李林甫向李隆基奏報：張說結交巫師、占卜星座、包庇下屬，生活奢華超出標準、收受賄賂。

不打則已，一擊致命，宇文融裹挾著整個御史臺出手就是要將張說打落馬下讓他不得翻身。

接到奏報後李隆基下令成立張說專案組，專案組成員有侍中源乾曜、刑部尚書韋抗、大理少卿胡珪、御史大夫崔隱甫，專案組規格之高史無前例。

與此同時，李隆基下令金吾衛士兵包圍張說的宅第，在案件沒有落實清楚之前實行軍事管制。到了這個地步張說的宰相算是當到頭了，能不能從這個案件脫身得看他的運氣。

張說能脫身嗎？很難。

只需要看看專案組成員，就知道等待張說的是什麼。

源乾曜因為泰山封禪，對張說抱有成見；崔隱甫因為人事任命，對張說懷恨在心。專案組四位成員中有兩位與張說有恩怨，這還不算宇文融和李林甫。然而宇文融和源乾曜的關係還非同一般，當年一手提拔宇文融的京兆尹正是源乾曜。

現在源乾曜與張說有矛盾，而源乾曜的老下屬宇文融也跟張說有矛盾，這兩個人會對張說善罷甘休嗎？

形勢對張說十分不利。

這時一個人出現在朝堂之上，此人名叫張光，身分是太子左庶子。張光一手拿著刀，一手拽著自己的耳朵，手起刀落，將自己的耳朵割了下來，然後大聲說道：「臣以自己的耳朵作證，張說冤枉！」

李隆基被張光鎮住了，他想不到這個人會用這種方式為張說作證，不由地感歎一句：到底是兄弟情深。原來張光另外一個身分是張說的親哥哥。

被張光感動的李隆基隨後叫過高力士讓他去監獄看看張說，高力士奉命來到了監獄，看到了落難的張說，昨天還是高高在上的宰相，今天就成了蓬頭垢面的階下囚。

回到宮中，高力士對李隆基說：「張說蓬頭垢面坐在草席上，吃的是家人用瓦罐送的粗米和蔬菜，惶恐不已，等待懲罰。」

李隆基一聽心頓時軟了，他只是想給張說一個教訓，何至於到如此程度。

看著李隆基的臉色，高力士試探著說道：「張說往日盡職盡責，對國家也有功勞。」

皇帝就是這樣，等著下邊的人把他想說的話說出來，然後他再裝模作樣地批准，以示恩寵。李隆基同樣如此，經高力士一說便決定赦免張說。不過宰相已經做不成了，從此只能當一個位高權輕的閒人了，跟他的前任姚崇、宋璟一樣。

回過頭再來說張說的這次被彈劾，其實幕後的黑手還是李隆基。

自開元九年重新拜相以來，張說的權勢有抬頭的趨勢，在一段時間內李隆基還能容忍，而在泰山封禪之後，張說的權勢達到了頂點，李隆基的容忍也到了極限。

熟知歷史的李隆基自然知道皇權和相權的鬥爭，也知道相權過大的危害，他更知道祖母武則天就是被張柬之為首的宰相逼宮的，而當年姑姑太平公主也是拉攏竇懷貞、崔湜等宰相跟自己作對。因此李隆基為宰相的權勢設定了一個範圍，在這個範圍之內他可以容忍，超出這個範圍他就會干預，張說正是在崔隱甫的問題上突破李隆基的極限，最終導致了自己的下臺。

由此可見，皇帝和宰相的關係就是耍猴人和猴的關係，只要猴在圈內，耍猴人可以給猴笑臉，一旦出圈，笑臉就變成鞭子。

張說餘生

總體來說，開元年間的政治環境還是相對寬鬆，姚崇、宋璟、張說這些從高位跌落的宰相晚景都算不錯，儘管權力沒了，但皇帝的恩寵還在，國事顧問的待遇也非常不錯。不像明清時期的落馬宰相，很多人不僅晚景淒涼，而且連家族都無法保全。

這就涉及到一個皇帝的胸懷，有胸懷的皇帝一般都會給落馬宰相留有餘地，皇帝要結束的是宰相的政治生命，而不是自然生命，開元年間的李隆基便是如此。明朝的朱元璋等皇帝卻完全相反，一旦自己與宰相鬥爭處於下風，就祭出滿門抄斬法寶，這就是不按套路出牌的流氓行徑了。政治鬥爭就應限制在政治層面，而不能訴諸於暴力和武力。

開元十八年，張說病逝，享年六十三歲。在他身後，李隆基追贈他為太師。

然而到了給張說定謚號的時候，朝中卻發生了分歧，太常寺給張說定的謚號為「文貞」，很多官員表示反對，他們認為張說配不上這個謚號。關鍵時刻還是李隆基一錘定音，他親自在張說的神道碑上落筆：文貞。

張說去世之後，李隆基對張說的三個兒子比較照顧，張說次子張垍還娶了李隆基的女兒成為當朝駙馬，張說長子張均做到了刑部尚書，哥倆一度很紅。然而就是這麼兩個根紅苗正的「官二

第一家庭

第八章

到張說罷相，李隆基的統治已經走到了開元十四年，在這十四年裡外廷很精彩，後宮同樣精彩。

李隆基的後宮包括兩種關係，一是兄弟關係，一是夫妻關係，在兄弟關係上李隆基創造了奇蹟；在夫妻關係上他卻盡落俗套。

兄友弟恭

對於普通人家而言兄友弟恭可以實現，但也有難度，畢竟每個人都有自己的利益考慮，而對於皇家而言這個目標近乎白日做夢。

只要翻看中國歷史，皇族兄弟之間的爭鬥就從未停止、從未消失。

不過到了李隆基這裡似乎發生了一個奇蹟，從他登上太子之位開始，兄友弟恭就在他們兄弟之間延續，一直延續到最後一個兄弟離世，時間跨度長達三十年。

一個人做一件好事不難，難的是做一輩子好事；一個皇帝做到一時的兄友弟恭不難，難的是做一輩子。

李世民沒有做到，兄友弟恭對他而言是一個悖論：要皇位就不能要兄弟，要兄弟就不能要皇位；雍正皇帝也沒有做到，而且在相反的道路上做到了極致，他的弟弟被他扣上了「阿其那」、「塞思黑」的帽子，那是「豬」和「狗」的意思。他們兩人如果碰到李隆基，估計不好意思跟他打招呼。

李隆基的兄友弟恭，從一床大被開始。

睿宗李旦登基之後，李隆基成為太子，然而他的太子之位並不穩固，姑姑太平公主時不時有將他扳倒的念頭。太平公主一方面要把李隆基扳倒，一方面想把李成器（李旦嫡長子）扶上太子之位，她的上竄下跳讓李隆基坐立不安，惶惶終日。

李隆基知道，如果哥哥李成器想要跟自己爭，自己就會非常被動，一是他可能得到太平公主的支持，二是他的嫡長子身分，逼人的高貴血統就能讓李隆基抬不起頭。當務之急就是穩住李成器的心，讓他不與自己爭。

李隆基決定以情動人，他相信只要拿出這兩件法寶，別人便無法抵禦。

他的法寶是很簡單。一床足夠五個成年人蓋的大被、一個足夠五個成年人枕的長枕。

李隆基說：「這是我為我們兄弟五人準備的，無論什麼時候我們兄弟都跟小時候一樣，可以蓋一床被子，枕一個枕頭。」

食則同桌，寢則同床。李旦聞言欣慰不已，身為父親期待的不正是如此嗎？

太子果然仁孝，這樣的太子對兄弟一定沒有錯。由此李旦認準了李隆基，而自問不及李隆基的李成器也放棄了爭儲的念頭，轉而站到了李隆基身後，他這個嫡長子願意在未來的日子裡當李隆基的臣子。兄友弟恭，從這個時候定下了基調。

時間走到開元二年，李成器率領三個弟弟給李隆基上了一道奏疏：當年的五王宅所在地是龍興之地，懇請將那裡改成皇上的離宮。

「五王宅」位於長安的隆慶坊，李隆基和四位兄弟曾經在那裡居住。李隆基登基之後，「隆慶坊」就不能叫了，改叫「興慶坊」。李隆基進宮居住後，李成器等四人還在那裡居住，現在他們願意貢獻出來給皇帝李隆基當離宮。

看著兄弟們如此有誠意，李隆基接受了，他把這裡改造為興慶宮。在興慶宮的西南，他建了兩座樓，西面的題曰花萼相輝樓，南面的題曰勤政務本樓。

僅僅從描述來看，李隆基只是建了兩座樓而已，其實不然，這兩座樓裡飽含著李隆基的良苦用心，尤其是花萼相輝樓。

花萼相輝取自《詩經　小雅　常棣》：常棣之華，鄂不韡韡（ㄨㄟˇ），凡今之人，莫如兄弟。意思是說，棠梨樹上花朵朵，花萼灼灼放光華。當今世上的人，還是兄弟最親。

花萼，花的花片總稱，花萼相輝，寓意兄弟相互幫襯。

花萼相輝，兄弟同心。

從此花萼相輝樓和勤政務本樓便登上了歷史的舞臺，而且在唐詩中佔據重要地位，李白、張說、白居易、杜牧、蘇頲等著名詩人都曾經在這兩座樓上寫過詩，這是貨真價實的歷史第一名樓。

李隆基的離宮建好了，那麼李成器兄弟四人搬到哪裡去呢？

他們並沒有走遠，就在興慶宮的周圍，細心的李隆基為他們在興慶宮四周建造了宅邸，兄弟們的距離依然很近，近到可以聽到彼此家裡的音樂聲。每次李隆基登樓，就會聽到兄弟們家裡的奏樂聲，每一次李隆基的心情都很好，他要麼把兄弟幾個都召集到花萼相輝樓上，要麼就親自下樓到兄弟家裡湊熱鬧一起聽樂曲。別的皇帝到兄弟家幾年去不了一次，甚至一輩子不去，他不，他去兄弟家抬腳就進，如同在自己的宮中。

感情是雙向的，李隆基經常到兄弟家串門，兄弟則是每天都到李隆基家串門，他們不需走文武百官走的正門，而是走側門的專用通道，李隆基的大門一直向他們敞開著。

上朝大家是君臣，下朝依然是兄弟，從側門下班的兄弟們回到家便開始娛樂，李隆基也參與其中。身為皇族，他們的娛樂項目很多，奏樂喝酒、擊球鬥雞、近郊打獵、別墅遊玩，這樣的活動每年都不間斷。

按照常理，感情是有保質期限的，然而李隆基和兄弟的友情並沒有保質期的限制。他自認找到了讓兄弟之情永遠保質的法寶。

在給兄弟們的信中他這樣寫道：「昔日魏文帝曾經寫過一首詩：『西山一何高，高處殊無極。上有兩仙童，不飲亦不食。賜我一丸藥，光耀有五色。服藥四五日，身輕生羽翼。』朕認為服藥求羽翼，哪裡趕得上骨肉兄弟的天生羽翼。骨肉兄弟互為羽翼才是傳世神方，今天我就把神方分給兄弟，願與兄弟同保長齡，永無限極。」

皇帝推心置腹到這個程度，兄弟自然忙不迭的回應，兄弟，好說，好說！

兄友弟恭便這樣在李隆基的兄弟中延續，但同樣也有過兩次危機。第一次危機因岐王李範而起。

岐王李範原名李隆範，李隆基登基後，岐王就把「隆」字收藏了，改叫李範。

李範在唐朝文化中也是有相當地位的，杜甫詩中「岐王宅裡尋常見」的岐王指的就是他，他不僅是一名親王，而且還是一個文化名流，喜歡結交朋友的文化名流，詩聖杜甫至少在他的府上蹭過好幾頓飯。李範出事恰恰就出在喜歡結交朋友上。

李隆基規定：諸王不准與官員結交，李範知道這條規定，只是一不小心觸犯了。

光祿少卿、駙馬都尉裴虛己是李範的一個朋友，兩人經常一起喝酒，如果僅僅是喝酒也就罷了，兩人偶爾還討論過神秘預言，這一偶爾就出了岔子。

李隆基對兄弟好，但不代表他不監視兄弟。很快，裴虛己和李範的結交就被舉報了，事鬧大了。

裴虛己最慘，人官兩空。人沒了，李隆基勒令他跟公主離婚，從此之後不再是駙馬；官沒了，免職流放新州（廣州新興縣）。

李隆基以為裴虛己是第一個也是最後一個，沒想到後面還有。

萬年縣尉劉庭琦、太祝（祭祀官）張諤很快頂了上來，他們數次跟李範喝酒而且賦詩。如果兩人跟杜甫一樣是白丁李隆基就不會過問，只可惜兩人都有官職在身，都是在編的官員，儘管都是正九品的股級幹部，可股級幹部也是幹部。

不久劉庭琦和張諤就不能陪李範喝酒了，他們全都被貶出了長安，再想跟李範喝酒就不知何年何月了。

一番貶黜之後，李範卻安然無恙，李隆基的親信有些不解，陪酒的人都處理了，組織飯局的岐王呢？

李隆基一席話打消了眾人的疑問：我們兄弟本來就是親密無間的，只是有些想攀龍附鳳的人在我們之間摻和而已。朕一輩子都不會因此責問兄弟，永遠！

僅僅是說說而已吧？還真不是，李隆基說到做到。

在岐王李範事件後，薛王李業家裡又引起了一場危機。犯事的是薛王妃的弟弟內直郎（東宮掌印官）韋賓。

當時李隆基突然抱病，病情不明，韋賓就與殿中監皇甫恂談論起李隆基的病情，這下捅婁子了。

皇帝的病情在封建王朝是不能隨便談論的，因為皇帝的身體健康與否直接關係到皇位的更迭，談論病情被視為關注皇位更迭，這就是「圖謀不軌」。

這次談論很快地就被告發了，韋賓完了。經過裁決，韋賓被亂棍打死，皇甫恂被貶為錦州刺史，再讓你們不談天氣談病情。

韋賓死後，薛王李業和王妃恐懼到了極點，這種事情向來可大可小，大可以株連，小可以略過不提，李業不知道皇帝李隆基會偏向哪一邊，只能跟妻子一起主動找李隆基請罪。當李業和王妃跪在李隆基面前時，李隆基騰地站了起來，疾步走下臺階拉住李業的手說：「朕若有猜忌兄弟的心，就讓天地降禍於我。」

太有誠意了，連毒誓都敢發。

扶起李業和王妃後，李隆基當場擺宴為李業夫婦壓驚，同時告訴薛王妃過去的事就過去了，你依舊是薛王妃。

兩次危機便這樣有驚無險的度過，李隆基提倡的兄友弟恭依然在延續，這是一個強者的胸懷，也是自信的胸懷。

一個皇帝如果有自信，就不需要讓兄弟肉身消失，畢竟仁慈是每個皇帝都想要的標籤。

一個皇帝如果沒有自信，就只能祭出「肉身消失」的無賴法寶，因為他已經沒有招了，只剩這最後一招。

在兄友弟恭方面李隆基說到做到，同時由於他的「兄友弟恭」也為中國歷史培養了四個貨真價實的貴族，在中國的貴族史上做出了不可磨滅的貢獻。

四個貴族

貴族一般都是有錢的，那麼有錢就是貴族嗎？不然。有錢是貴族的必要條件，但不是充分條件。自以為自己有錢就是貴族的一般只是暴發戶。估計很多人會對這個結論不服氣，在看過李成器兄弟四人後，服不服氣再說。

寧王李成器，李旦嫡長子，後來為了避李隆基生母昭成皇后的名諱，李成器改名了，改名李憲。

唐隆政變之後，李憲讓出太子之位，之後便把注意力轉移了，自然生命雖然沒有結束，但他在內心中已經宣告了政治生命的結束。從此他跟李隆基的萬語千言從來不跟政治沾邊，這也是讓李隆基服氣的地方之一。

不問政治的李憲問什麼呢？問花草，問娛樂。

每年春天，李憲就會讓人找出紅絲，然後把紅絲做成繩，在繩上密密麻麻的繫上金鈴，然後把綴滿金鈴的紅繩繫於花梢之上。

如此設置做什麼用呢？保護花朵，防範鳥鵲。

每逢鳥鵲飛入寧王府想接近花草時，李憲就會命令管花園的小吏拉動紅繩，頃刻間寧王府裡鈴兒響叮噹，受到驚嚇的鳥鵲頓時作鳥獸散，從而無法對寧王的花構成威脅。

如此文雅的驅鳥方法很快得到了推廣，京城的貴族們紛紛效仿，紛紛稱讚這個辦法好，既有效又文雅，而且不像稻草人那麼沒有情趣。

文雅驅鳥只是李憲生活中的一部分，他的情趣還多著呢。

有人曾經給他送過一件神奇的東西——百炬燭。這東西說它是臘吧，顯得有些膩；說它是脂吧，又顯得有些硬，不知究竟是何種材料製成。這還不是最神奇的地方，最神奇的是它還有提醒功能。李憲每逢夜宴就用它照明，開始時一切如常，喝到酒酣處百炬燭便昏暗了起來，好像有什麼東西遮擋了一般，然而等到夜宴結束它又明亮如初。

合著，這百炬燭還有提醒功能：別再喝了，再喝就大了。

除了百炬燭，寧王還有寶貝——燈婢。

寧王每晚睡覺時，帳前都會羅列幾個矮婢，矮婢身上飾以彩繪手中提著華燈，通宵達旦，一夜無眠。

睡個覺還要幾個矮婢陪著，還通宵達旦，難道矮婢不需睡覺？

矮婢還真不睡覺，因為是木雕做的。

除此之外，寧王還有寶貝——寵姐。

寧王府中有一名歌妓叫寵姐，姿色上乘、歌喉上品，每次寧王宴請外客時，其他歌妓全部現身，唯獨寵姐不見人影也不聞歌聲，因為寧王不捨得與別人分享。只聞其名，不見其人，寵姐在長安的名氣越來越大，越來越多的人想一睹她的芳澤都未能如願。

許久之後，寧王府中來了一批客人，酒至半酣後，其中一位客人藉著酒勁說道：「久聞大王有個叫寵姐的歌女歌喉上品，今天酒足飯飽，諸位興致正高，大王難道還不捨得讓她公開亮相嗎？」

寧王一看，說話的人名氣不小，詩人李白。

好吧，就給你李白一個面子，不，半個面子。

寧王笑著對左右說道：「先把七寶花障擺上。」

花障擺上之後，寵姐於障後放歌，歌喉一展沁人心脾，在場人的耳朵頓時有如重生一般。

一曲過後，李白站了起來，對著花障後寵姐說道：「雖不許見面，聞其聲亦幸矣。」

寫到這，很多人或許會問，怎麼全是寧王李憲的瑣事，沒有正事？

事實上從李隆基當太子之後，李憲就沒有正事了，不能有正事，也不會有正事。李隆基兄友弟恭的前提便是他主管國事，而其他兄弟無所事事。無所事事便是寧王一生的正事。

開元二十九冬，長安大寒，凝霜封樹，蔚為壯觀。當時的學者套用《春秋》的說法，認為此即為《春秋》裡所說的「雨木冰」，從這個描述來看，可能是現在東北冬季經常出現的「霧淞」。

這一年，寧王李憲已經病重了，看到這個奇觀後一聲歎息：「這就是俗話說的樹嫁，諺語說：『樹嫁，達官怕。』今年必然有大臣應對這個諺語，我命不久矣。」

當年十一月，寧王李憲病逝，享年六十二歲。

寧王去世後，李隆基哀號失聲，左右也掩面而泣，哭泣過後，李隆基追謚李憲為「讓皇帝」。按照謚法，推功尚善為「讓」，德性寬柔為「讓」，這個追謚是酬庸寧王一生對李隆基的謙讓，真是實至名歸。

說完寧王再來說申王，這也是一個貨真價實的貴族。

申王李撝，原名李成義，跟寧王李憲一樣，也是因為避李隆基生母昭成皇后的名諱而改名。

申王的母親地位比較低，只是掖庭的宮女，因為這個緣故，申王剛出生時還有一番波折。由於申王母親地位低，該不該把申王當成正常的王子來撫養，武則天有些猶豫，猶豫不決時便讓人把申王抱給一位西域高僧，讓高僧給申王看看面相。

西域高僧一看，說道：「此乃西域大樹之精，養之有益兄弟。」意思是說申王是西域樹精轉世，將他撫養對兄弟有利。武則天聞言大喜，便決定把申王當成正常的王子來撫養。後來的事實證明，申王的存在確實對兄弟（李隆基）有益，莫非他真是西域的樹精轉世？

樹精轉世可能只是一個說辭，可能是西域高僧有好生之德，隨口一說不必當真。同寧王一樣，申王一生最大的正事也是無所事事，只是給中國的貴族歷史增添了一些素材。

前面說過寧王府裡有「燈婢」，現在來說申王府裡的「燭奴」。

每次申王與諸王聚會時，申王府裡就會有一道亮麗的風景：身著綠衣袍的童子侍立宴席之側，手執用龍檀木雕刻的燭臺，燭臺上面是造型精緻的畫燭。

寧王用木雕做的「燈婢」，申王用活靈靈的「燭奴」，兩相對比，似乎申王更奢侈。

申王奢侈的地方還有很多，一叫「醉輿」，一叫「妓圍」。

每逢申王喝醉時，宮女就會抬著他專用的小車來到他身邊，申王的專用小車是用錦彩結的，其實就是錦彩做的一個兜子。不省人事的申王隨後會被放在這個兜子上，然後由宮女抬著一直送回自己的寢室，這個兜子的使用頻率很高，因此申王將這個兜子命名為「醉輿」。

「醉輿」看起來有點奢侈，不過跟申王的禦寒方法相比還差得遠。申王生活的年代還沒有暖氣，冬天非常冷，除了火爐之外，申王還有自己的獨特禦寒法寶，每到冬月有風雪苦寒之際，申王就會讓府裡的妓女坐在他的身邊，把他團團圍住，他把這個方法稱為「妓圍」。

用人擋風禦寒，申王不是唯一的一位，在他之後還有一個人用人擋風禦寒，這個人叫楊國忠。楊國忠每年冬天出行都是一道獨特的風景，別人出行前面是雄赳赳的武士，他的身前則是一群身材肥大的婢女，開始時別人還以為是他找的女保鏢，後來才知道原來是他用來擋風禦寒的，他自己把這稱為「肉陣」。

「妓圍」和「肉陣」到底誰侵犯誰的版權就說不清了，不過相比而言，「妓圍」透著文雅，「肉陣」則免不了粗鄙。

開元十二年，一生無所事事的申王李撝走完了自己的人生路，他人生唯一的遺憾便是沒有親生兒子。

人生不得意十有八九，終難十全。

申王逝後，李隆基追諡為惠莊太子，和他的兩個弟弟一樣，他們身後都是太子的待遇。

申王之後便是岐王李範，他為李隆基的皇帝事業立下了汗馬功勞，然而在李隆基登基之後也得靠邊站，和另外兩個哥哥一樣不問政治、無所事事。

幸好他有很多愛好，這些愛好充實了他的人生。李範非常好學，而且寫得一手好字，同時有極高的鑒賞能力，一度他家的字畫都是當世的極品。

這些字畫的來歷有些傳奇。張易之當紅時，盯上了宮中的一批珍貴字畫，於是便找了一批做假畫高手，一番偷樑換柱便把宮中的這批字畫運回家中。張易之倒臺之後，這批字畫落到了初唐四大書法家之一薛稷手中，沒想到好景不長，薛稷因為站錯了隊被李隆基賜死，這批字畫便又換了主人，新主人便是岐王李範。

或許這批字畫只應天上有，人間消受不起，不久一場火災把這批字畫化為灰燼，從此與世人無緣。

除了字畫，岐王還有很多愛好，每個愛好都透著貴族的範兒，而且比寧王、申王還有範兒。

申王用「妓圍」禦寒已經有些奢侈，且看岐王如何暖手。每到冬寒手冷時，岐王並不急於找火爐，他有自己的獨特法寶：他把手伸進妙齡少女的懷中取暖，一天只暖一次，一次暖一天。

岐王暖累了還會找出自己的玉鞍，這面玉鞍很神奇，無論天氣多麼寒冷，坐上去就如同坐在溫火之上。

夜深了，岐王李範聽到院子裡玉片相碰的聲音，他知道今夜又起風了。原來他在院子裡的竹林裡懸掛了很多碎玉片子，每次聽到玉片相碰的聲音，他就知道起風了，這些玉片被他稱為「占風鐸」。

除了「占風鐸」，岐王宅中還有一樣東西可以判斷風向，這個東西叫「相風旌」。在岐王宅的庭院裡豎有一根長桿，長桿上掛有五色旌旗，旌旗的四周點綴著小金鈴，每次聽到鈴鐺響，岐王就會安排侍從去看看旌旗飄動的方向，一看旌旗飄動的風向，便知道此時此刻颳的是什麼風。

值得一提的是「相風旌」並非岐王獨有，他的兄弟家裡都有這套裝備。

開元十四年，岐王李範走完了自己的人生路，他的三哥李隆基追諡他為惠文太子。

相比於寧王、申王、岐王，趙王李業的風流要少一些，情義卻要多一些。

李業的母親和姨媽都是李旦的妃子，不幸的是李業的母親去世很早，李業的姨媽便擔負起撫養李業的重擔。李業從小就計畫著報答姨媽，長大後他做到了。開元八年，李業將姨媽接到自己的府中以母親之禮終生服侍。

與此同時，李業還把自己的愛心撒到了外甥身上，與他一母所出的淮陽、涼國兩位公主早逝，李業便把外甥們接到自己的家中，他對外甥們的寵愛超過了親生兒子。

正因為李業充滿愛心，李隆基對這個弟弟非常疼愛，一度李業患病，李隆基還親自為他祈福。或許是李隆基的祈福起了作用，李業慢慢地康復了。李隆基聞訊立刻駕臨李業家中置酒擺宴為他慶賀重生。

宴席上，李隆基即興賦詩一首：

昔見漳濱臥，言將人事違。
今逢誕慶日，猶謂學仙歸。
棠棣花重滿，鴒原鳥再飛。
德比代雲布，心如晉水清。

開元二十二年正月，李業走完了自己有情有義的一生，李隆基追謚為惠宣太子。

四個兄弟、四個貴族、一個皇帝、三個太子，他們四人與李隆基一起上演了兄友弟恭的傳奇。當然兄友弟恭的背後是無言的默契，每個人都自動各就各位演好自己的角色，不漏戲更不搶戲。

對於四位兄弟而言，人生也是有遺憾的，明明年富力強卻只能無所事事，明明能力出眾卻只能斷了從政的念想。或許對飛鳥而言最大的失落，便是明明天空就在眼前，而你卻無法展開你的翅膀勇敢去飛。

無奈，自古以來偌大的龍椅上只能坐一個人！

結髮夫妻

排行老三的李隆基在兄弟之間創造了「兄友弟恭」的傳奇，然而在夫妻關係上，李隆基沒能創造奇蹟，反而落入了與爺爺李治一樣的俗套。

更加巧合的是，他們的原配皇后都姓王。李治的王皇后出自太原王氏，李隆基的王皇后則是同州下邽（陝西省渭南市）人，跟後來的大詩人白居易算是不同時代的同鄉。

王皇后的祖上並非泛泛之輩，她的祖上是南梁的知名官員王神念，而王神念的次子則是南梁名將王僧辯，王僧辯一度在南梁風生水起，呼風喚雨，只是一不小心低估了陰謀家陳霸先，結果遭了陳霸先的毒手，陳霸先進而建立了陳國，而王僧辯則只能在另一個世界暗自歎息。

不過王僧辯的後人還是有出類拔萃的，這個人就是王珪，曾經當過太子李建成的老師，後來還當過魏王李泰的老師，在初唐政治上有他的一席之地。

這些人都是王皇后祖上的名人，而他們這一支王氏也與太原王氏有著千絲萬縷的聯繫，只是因為譜系過於龐雜，因而一般就相對簡單的認定王皇后是同州下邽人。

王皇后一家到了她父親這一輩已經相對平庸，她的父親王仁皎在李隆基登基之前只是做到了果毅都尉，果毅都尉屬於武官序列，是州裡管理府兵的副職領導，按照州人口的多少不同，果毅都尉的級別在從六品到從五品不等，相當於現在的副處到副局之間。

或許正是因為王仁皎的武官身分，王皇后從小便具備了膽大心細能做大事的素質，這個優秀素質伴隨她的一生。

長大成人後，王皇后便嫁給了李隆基，由於歷史資料不詳，我們不知道她是何年何月多大年紀嫁給李隆基，我們只知道王皇后嫁給李隆基時，李隆基還只是臨淄郡王，絲毫看不出有飛黃騰達的跡象。然而隨著時間的推移，李隆基漸漸由不起眼的臨淄郡王走上前臺，而在他走上前臺的過程中，王皇后始終堅定地站在他的身後。

從李隆基起兵誅殺韋后，到李隆基起兵剷除太平公主一黨，每一次王皇后都堅定地支持李隆基，她不僅僅口頭支持，而且還全程參與策劃，這一點與長孫皇后如出一轍。

西元七一二年八月九日是王皇后的幸運日，這一天李隆基正式冊封她為皇后，這是對於她前期策劃的回報；西元七一三年七月四日是王皇后的又一個幸運日，這一天李隆基將真正的大唐皇權收入懷中，而王皇后也就此成為貨真價實、不打折扣的大唐皇后。

如果時光能在這一天定格該有多好。

危機四伏

時光最終沒能定格，王皇后和李隆基攜手走進了屬於他倆的新時代。

步入新時代的同時，王皇后的心裡升起了一絲隱憂，這隱憂已經困擾了她數年——結婚多年膝下無子。從嫁給李隆基開始，王皇后便夢想有一個兒子，然而努力了多年她的肚子依然平平，不見聲響。

如果是普通夫妻，要做的就是調整心態、調理身體，留得青山在不愁沒柴燒，只要齊心協力就有可能開花結果，土地絕收也只能認命。偏偏李隆基和王皇后不是普通夫妻，王皇后只有李隆基一個丈夫，而李隆基卻不只王皇后一個妻子。沒有硝煙的戰爭悄悄打響。

在王皇后顆粒無收的同時，李隆基名下的子女卻在迅速增加，長子李琮、次子李瑛陸續出生，每一聲落地嬰兒的啼哭都是向王皇后拉起的警報，而王皇后便在這一聲聲警報中度日。

落地的嬰兒日復一日地長大，冊立太子提上了議事日程。按照常理太子應該是皇后的兒子，然而王皇后至今沒有生育，太子由皇后所出在現有情況下是不可能的。那麼只能在其他嬪妃生的孩子中挑選。

李隆基在現有的孩子中逡巡了一番，然後將目光鎖定在次子李瑛身上。

在中國歷史中，我們見多了的是「母以子貴」，而這一次是「子以母貴」，因為李瑛的母親趙麗妃此時正受著李隆基的恩寵。

趙麗妃受恩寵始於西元七〇八年，那一年李隆基二十三歲。當時李隆基被任命為潞州別駕，在潞州別駕任上，李隆基認識了趙麗妃。

當然那時的趙麗妃還只是趙小姐，她當時剛跟隨父親從崤山以東來到潞州，想憑藉父女倆的才能在潞州混口飯吃，趙麗妃的父親是一個樂人，而趙麗妃則能歌善舞。眼見這父女倆擅長樂曲能歌善舞，富商張暐動了心思，便把父女倆留在了自己的府中。

不久張暐府中來了貴客——潞州別駕李隆基，張暐知道該是啟用趙麗妃的時候了。果不出張暐預料，年輕貌美能歌善舞的趙麗妃一下子就打動了李隆基的心。

從此之後，識趣的張暐便頻頻給李隆基和趙麗妃提供幽會的機會，幽會的地方就在他的府中。一來二去，幽會的結果出來了，呱呱墜地的李瑛是李隆基的第二個兒子。

開元三年十二月十二日，李瑛七歲，李隆基將他扶上了太子之位。

王皇后尷尬了，尷尬的同時也有點緊張，尷尬和緊張過後她釋然了，因為她發現了自己的優勢所在：自己的父親是果毅都尉，自己是李隆基的原配，而且在李隆基起兵時全程參與策劃；趙麗妃歌女出身，她的父親只是一個樂人，而且她是後來的，只不過因為年輕貌美能歌善舞得寵而已。

兩相對比，王皇后淡定了許多，她自信自己在李隆基的心目中還是有著不可替代的地位，既然如此還是一切放輕鬆吧！

心理安慰持續了一段時間，然而隨著另外一個妃子的走紅，王皇后的內心失火了，火急火燎。

走紅的妃子是武惠妃，來自女皇武則天娘家一脈。武惠妃的父親是武則天的堂侄武攸止，在武周時期被封為恆安王。武攸止去世比較早，在他去世後武則天便把幼小的武惠妃安置在宮中撫養。後來武則天被逼宮，武惠妃還是一直留在宮中，一直留到了李隆基登基，留到李隆基不顧一切地愛上她。

按照常理，李隆基和武惠妃是不能相愛的，因為他們兩家有不共戴天之仇，武惠妃所在的武家一度將李家的王朝腰斬，如果不是狄仁傑等老臣從中策應，被腰斬的李唐王朝能否恢復還是個未知數。即使是這樣的世仇，也沒能阻擋李隆基對武惠妃的喜愛。

自此武惠妃冉冉升起，其他妃子黯淡無光，包括曾經受盡恩寵的趙麗妃。

武惠妃的恩寵一直延續，她與李隆基也在不斷地開花結果，武惠妃為李隆基前後生下了兩個兒子和一個女兒，可能是郎才女貌的緣故，這三個孩子俊秀可愛，讓李隆基喜歡得欲罷不能。然而或許是上天都嫉妒了，這三個孩子一個也沒有存活下來，都在襁褓中就夭折了。

李隆基和武惠妃緊張了起來，莫非我們兩個就不能有孩子？

兩人的緊張一直持續到第四個孩子誕生，他們的第四個孩子是個男孩。當這個男孩呱呱墜地時，李隆基決定這個孩子不再在宮中撫養，而是放到宮外養育，或許只有那樣這個孩子才能存活下來。孩子被送到了宮外，託付給了李隆基最信得過的人——寧王李憲。

李憲不敢怠慢，他知道這個孩子在李隆基心目中的分量，便和自己的王妃一起接過了這個艱巨任務，寧王妃投入得更直接，她放下了自己同時期出生的兒子，然後親自為這個孩子哺乳。

孩子便這樣挺了過來，在寧王和寧王妃的看護下，他一天天成長，長勢喜人。

李隆基給這個長勢喜人的孩子起名叫李清，後來又改名叫李瑁，為了讓李瑁健康成長，李隆基還特意封李瑁為「壽王」，寓意健康成長、壽比南山。

李瑁漸漸長大成人，然後步入婚姻殿堂，一位年輕貌美的姑娘成為了壽王妃。姑娘名叫楊玉環。

方寸大亂

李瑁的茁壯成長在李隆基和武惠妃看來是長勢喜人，而在王皇后看來便是咄咄逼人。

武惠妃的得寵，王皇后看在眼裡、亂在心裡，她已經看出這不是一般的得寵，而是普天之下獨一無二的得寵，得寵的勢頭遠遠超過了之前的趙麗妃。如果僅僅是得寵也就罷了，更要命的是人家的兒子長勢喜人。

兩者疊加到一起，王皇后感覺到無盡的壓力。

人在壓力下總是會有不同的表現，有的人更沉著，有的人卻更煩躁，遺憾的是王皇后屬於後者。漸漸地她成為一個煩躁、抱怨以及嘮叨的女人。

李隆基原本還念及結髮夫妻的情面，然而王皇后卻經常不給李隆基情面，她的煩躁、抱怨、嘮叨讓李隆基漸漸失去了耐心，昔日的感情也便隨著一次次抱怨無聲逝去，王皇后卻渾然不覺。

聰明的女人知道如何留住男人的心，而愚蠢的女人卻讓男人的心從自己的身邊溜走。

李隆基煩了，他決定要廢后。李隆基找來了秘書監（**皇家圖書院長**）姜皎，讓他幫自己找廢后的理由。

姜皎是被李隆基重新起用的。李隆基一度讓他賦閒在家，後來李隆基念及跟姜皎的感情便又將他重新起用，廢后這種事恰好只有姜皎這樣的故交可以商量。

找來找去，兩人認定了「無子」這個理由，無數的史實證明這是歷代皇帝屢試不爽的法寶。好，就是它了。

李隆基開始著手啟動廢后程序，沒想到就在這個關鍵時刻，他最信任的姜皎出問題了。他居然把他和皇帝兩個人的秘密告訴了第三個人。

炸彈提前炸了。廢后的秘密傳播開來，姜皎坐蠟（**陷入為難境地**）了。

很快一道奏疏遞到了李隆基面前，李隆基難堪了。奏疏的大體內容是這樣的：陛下，秘書監姜皎說您要廢黜皇后，我們不相信是真的，一定是姜皎在造謠。

上奏疏的人叫李嶠，是滕王閣締造者李元嬰的後人，他繼承了李元嬰的騰王爵位，因此當時的人稱他為「嗣騰王」。他另外一個身分是王皇后的妹夫。

正是這個妹夫身分推動著李嶠上了這道奏疏，畢竟這裡面關係著自己大姨姐的廢立。

幾乎與李嶠上奏疏同時，王皇后的哥哥王守一也在積極活動，王守一和王皇后是龍鳳胎，只不過因為早出生幾分鐘，因此就當了王皇后一輩子哥哥。現在看到妹妹岌岌可危，王守一也行動了起來，他沒有上奏疏，而是私下去見了時任宰相的張嘉貞。

張嘉貞平時跟王守一便有些交往，現在王守一求到頭上自然不敢推辭，因此便順著王守一的意思把矛頭指向了洩密的姜皎。張嘉貞也有自己的算盤，他算準了李隆基會怪罪姜皎，既然這樣便順水推舟，既賣王守一一個面子，也能迎合李隆基的意願。

張嘉貞的算盤打得很精，只是打得太精了。

不久，張嘉貞的奏疏遞到了李隆基手裡：秘書監姜皎曾經談論過神秘預言。

一擊中的，姜皎逃無可逃，只能當一隻沉默無言的替罪羔羊。

開元十年九月六日，曾經很紅的姜皎遭遇了人生最大的麥城，被當廷杖打六十大棍，然後逐出長安，流放欽州。曾經跟著他沾光的哥哥姜晦這回也跟著倒楣了，吏部侍郎做不了了，貶出長安出任春州（廣東陽春市）司馬。他的其他親友，有的被貶、有的被殺，家族的上空一片漆黑。

姜皎最終沒能邁過這次麥城，在去往欽州的路上，四十九歲的姜皎悲憤而死。

如果姜皎還有來生，一定要記住一個真理：領導的秘密，知道得越少越好。

第一次廢后就這樣無疾而終，王皇后迎來了難得的喘息機會。剛喘息一會，無邊的壓力又撲面而來，因為現實沒有任何改變，她依然無子，而武惠妃依然很紅。

嚴格說來，此時的王皇后是有兒子的，不過不是親生而是認養的。王皇后認養的兒子不是別人，正是後來登基稱帝的唐肅宗李亨。

李亨的生母是楊貴嬪，也是比較受寵的一個妃子，然而在李亨出生之後，也遭遇了與武惠妃一樣孩子不容易養活的難題。李隆基找人給李亨相了面，認為如果跟著自己的生母恐怕不好養活，因此李亨就被從生母的身邊抱走，轉而由王皇后撫養。

膝下無子的王皇后很疼愛李亨，把他視如己出關愛有加。然而李亨的出現並沒有改變王皇后的處境，她依然尷尬，依然生活在武惠妃的咄咄逼人之中。王皇后幾乎敗局已定，除非她能創造奇蹟，生一個兒子出來。

王皇后的眼紅了，她想兒子快想瘋了。當一個女人想兒子快想瘋的時候，做事也就不計後果了。這時王皇后的哥哥王守一極其沒有智商地摻和進來。他是來幫倒忙的。

王守一給王皇后引薦了一個和尚，和尚的名字叫明悟，據稱在治療不孕不育方面有特異功能。明悟先給王皇后講解了一下天文常識，教她認識了南斗星和北斗星，叮囑王皇后一定要按他教授的方法參拜南斗星和北斗星。

接著明悟又拿出了一塊霹靂木，所謂霹靂木就是被雷劈過的木頭，據說這樣的木頭有靈氣、有法力。明悟將霹靂木一分為二，在兩塊木頭上分別寫上了「天、地、李隆基」，然後鄭重地把這兩塊木頭交給了王皇后。

明悟對王皇后說，只要佩戴上這兩塊木頭，同時念我教給你的口訣，你就一定能生兒子。口訣是「后有子，與則天比」。意思是佩戴這個之後就一定會跟武則天一樣有兒子。

智商正常的人一般不會相信這個口訣，王皇后卻信了，因為她想兒子想瘋了，智商也就不正常了。王皇后已經不知不覺地掉進了陷阱，而這個陷阱卻是她和她的雙胞胎哥哥一起挖的。

世間的秘密就跟女人懷孕一樣，起初時世人罕知，發展到最後路人皆知。現在王皇后的秘密路人皆知，神仙也保不住她了，她踩了歷代皇帝最忌諱的高壓線：巫蠱、占卜。

開元十二年七月二十二日，王皇后與李隆基的夫妻緣分到了盡頭，皇后做不成了，被貶為庶人，等待她的只有冷宮殘月。雙胞胎哥哥王守一也栽了進去，他不但沒能幫成自己的妹妹，卻把妹妹推進了無法自拔的漩渦，而他一生的富貴也到頭了，由太子太保被貶為潭州別駕。

潭州會是王守一的終點嗎？不會。

他的終點在九泉。就在去潭州的路上，李隆基派使節追上了王守一，傳達了李隆基的進一步指示：賜死。

皇帝就是這樣，捧你時可以把你捧上九天，摔你時可以把你摔到九泉。

王皇后兄妹倆就這樣倒了，跟他們一起倒的還有一個原本算盤打得很精的人——張嘉貞。

兩年前張嘉貞一舉兩得，既賣了王守一面子，又迎合了李隆基，算盤打得劈啪響；兩年後張嘉貞兩眼發黑，他被指控與王守一結交，這下戶部尚書（**他由宰相被貶為幽州刺史，又由幽州刺史做回戶部尚書**）也做不成了，貶出長安，出任台州刺史。

這就是投機的代價。

咫尺天涯

被廢的王皇后從此進入殘宮冷月的歲月，從這時起她的心已經死了。一個人如果心都死了，活著也沒有意義了。

三個月後，王皇后鬱鬱而終。不知道在生命的最後時刻，王皇后如何評價自己的一生，如果讓她重新選擇的話，她是寧願當一輩子平平淡淡的臨淄郡王妃，還是願意當一個大起大落的王皇后呢？

在王皇后去世之後，武惠妃的日子越來越好，不僅恩寵日盛，而且冊立她為皇后已經逐步提到了議事日程。

開元十四年四月，李隆基計畫將武惠妃冊立為皇后。

事有巧合，開元十四年四月還發生了一件大事：張說罷相。

原本兩件事並無交集，然而卻莫名其妙的糾纏到一起成了一個死結。

李隆基沒有想到，立后比廢后更費勁，當初廢后時壓力重重，現在重新立后壓力依然不減。反對武惠妃立后的呼聲很高，御史潘好禮是其中最起勁的一個。

潘好禮給李隆基上了一道奏疏：

《禮》曰：父母仇，不共天。《春秋》曰：兒子不為父母復仇，就不配當父母的兒子。陛下今天想立武氏為皇后，將如何面對天下百姓？況且武惠妃的堂叔武三思、武承嗣都是干亂綱常的奸臣，天下人共同厭惡。

平常百姓娶妻還講究家庭背景，更何況天子。

再者齊桓公曾經說過：「不能把妾當作妻。」妾就是妾，妻就是妻，即使妻的位置空缺，妾也不能遞補，因為尊卑嫡庶已分。

如今外界都在盛傳，冊立武惠妃是前任宰相張說的主意，說張說想憑藉此功復相，謠傳未必可信，但陛下不要給人口實。

更何況如今太子李瑛並非武惠妃親生，而武惠妃還有自己的親生兒子，一旦武惠妃成為皇后，太子的儲位就岌岌可危。

看完奏疏，李隆基長歎一聲，本以為將武惠妃送上皇后之位是水到渠成的事，沒想到阻力還是如此之大。看來武惠妃的家庭背景成了她的負擔，一旦立她為后就很難堵住天下人的悠悠之口。

難啊，難！

思考良久之後，李隆基放棄了將武惠妃立為皇后的想法，不過武惠妃卻從此享受皇后的待遇，一切生活標準全都是皇后級別，在李隆基的後宮中她是沒有皇后頭銜的皇后。

換作一般人到這個時候也知足了，然而武惠妃的欲望已經被勾起來了，她並不滿足。母儀天下是她的夢想，她不想走了九十九步，卻卡在最後一步上。

看守內閣

第九章

清廉宰相

開元十四年四月，紅極一時的張說罷相，宰相之位再次出現空缺。

在武惠妃立后的問題上，坊間傳聞張說參與其中，然而傳聞只是傳聞，張說是否真的參與並沒有確鑿的證據。武惠妃最終沒能當上皇后，傳聞想藉此復位的張說也沒能重返宰相之位，於是兩位新宰相登上了前臺。

開元十四年四月九日，李隆基任命戶部侍郎李元紘為中書侍郎、同中書門下三品，李元紘由此成為宰相；五個月後，李隆基任命安西副大都護、磧西節度使杜暹同中書門下平章事，這樣杜暹就成為第三位宰相。

至此三位宰相各就各位，源乾曜、李元紘、杜暹，這就是新一屆的宰相班子。

前面說過姚崇管不好身邊的子女，張說喜歡收受賄賂，兩位著名宰相在個人小節方面都有污點，和他們相比李元紘和杜暹在個人品行方面都是道德模範。

李元紘祖上原本不姓李而姓丙，到他曾祖那一代前半生姓丙，後半生姓李。

李元紘的曾祖叫丙粲，隋朝大業年間擔任屯衛大將軍。大業末年民變四起，隋煬帝楊廣便派丙粲到長安以西地區平叛，丙粲不辱使命將長安以西二十四個郡一一安撫了下來，這時李淵攻進了長安城。審時度勢之後，丙粲舉二十四郡向李淵歸順，李淵大喜過望便賜丙粲姓李，從此丙粲一脈就不姓丙，改姓李了。

到李元紘已經是改姓後的第四代，他們的前三代都在李唐王朝為官，李元紘的父親還出任過武則天時期的宰相，可見能力已經得到武則天的認可。

不過李元紘並沒有沾父親的光，他的成績是靠自己一點一滴積累的，積累過程不僅艱難而且凶險，因為他一直在跟豪門大戶鬥爭。

李元紘的成名之作是一樁轟動一時的民事糾紛案。

西元七〇六年，李元紘擔任雍州司戶，在雍州司戶任上，他遇到了一個難纏的民事糾紛案：太平公主和寺廟爭碾磑。

碾磑即當時的水磨，利用水流作為動力。因為水磨有利可圖，太平公主和寺廟互不相讓，官司就打到了雍州府，司戶李元紘成為官司的主審。經過調查，李元紘認定碾磑為寺廟所有，最終判定寺廟勝訴。

判決完畢，李元紘一臉平靜，而他的上司臉都嚇白了。他的上司便是著名的皇后阿爹、公主管家竇懷貞，時任雍州刺史。看李元紘如此判決，竇懷貞急了，這種官司你還不會判嗎？能判太平公主輸嗎？趕緊推翻判決，改判太平公主勝訴。

李元紘聽罷，低頭在判決書上寫了幾個字：南山（秦嶺山脈）或可改移，此判終無搖動。

敢於堅持原則的人值得尊重。

碾磑判決案之後，李元紘繼續自己的仕途，輾轉升遷為京兆尹，在京兆尹任上他又幹了一件大事——疏浚水渠。

疏浚水渠原本不是大事，然而由於王公、豪門大戶的摻和便成了大事。

當時王公、豪門大戶為了自己方便，便在民用水渠邊搭建了一架架水車，這樣王公和豪門大戶的土地就能隨時從水渠中取水灌溉，土地收成得到了保障。這樣一來便苦了老百姓，本來水就不多，經王公和豪門大戶的水車一再截留，老百姓灌溉的水便所剩無幾，想要收穫只能靠天吃飯。

這時李元紘來了，映入他眼簾的是一架架矗立在水渠邊的水車，這些不是一般的水車，它背後的主人一個個都是當朝權貴。

打狗都要看主人，李元紘，你看不看？

不看！

李元紘一聲令下，沿線所有水車全部拆除。這個命令是需要勇氣的，因為水車好惹，水車的主人不好惹。李元紘卻不管那麼多，他把沿線的水車全部拆除乾淨，同時對水渠加以修復。不久疏浚工程圓滿結束，老百姓再也不用為澆水發愁，這一切都要歸功於李元紘。

拆掉權貴水車的李元紘並沒有因此遭難，他的仕途反而越走越寬。在京兆尹之後，他又歷任工部侍郎、兵部侍郎、吏部侍郎，他在吏部侍郎任上得到了前所未有的認可。

開元十三年，戶部領導層出缺，李隆基命令宰相和其他高官一起推薦合適人選，李元紘獲得提名最多，於是李元紘便由吏部轉到戶部。

按照李隆基的想法是準備將李元紘委任為戶部尚書，然而李元紘的資歷還有些淺，不夠出任尚書的年限。李隆基只好將他委任為戶部侍郎，待時機成熟再加以重用。

一年後張說罷相，李隆基第一個便想到了李元紘，於是這個敢跟權貴鬥爭的人當上了宰相。

好人終有好報，此言不虛。

好人李元紘當上宰相五個月後，好人杜暹也當上了宰相。

杜暹的父親叫杜承志，武則天時期擔任監察御史。杜承志在監察御史任上接到了一個任務：調查懷州刺史李文暕。

李文暕是李唐宗室子弟，由於得罪了人被人誣告。誣告他的人本以為這一下就可以置李文暕於死地，沒想到願望沒能實現，因為前來調查的杜承志是個實事求是的人。杜承志經過調查最終認定李文暕是被誣告應該無罪釋放。誣告事件就此告一段落。

然而誣告事件並沒有就此結束，一心想打壓李唐宗室的武則天還是定了李文暕的罪，杜承志也跟著連坐，由監察御史被貶為方義縣令。幾經反覆，杜承志又做到了天官員外郎，而此時誣告羅織之風四起，官場陷入恐怖之中。有過被貶經歷的杜承志索性以有病為由辭官回家，徹底避開了誣告橫行的官場，最終在家中病逝。

杜承志之後，杜暹登上歷史舞臺，有著良好家教的他從小就打下良好的底子，他家五代同堂卻和和睦睦，沒有其他人家的爭吵不休。杜暹更是一大家子中的佼佼者，不僅恭順而且侍奉繼母也孝順無比，他的孝順名聞鄉里。

和源乾曜一樣，杜暹也是通過明經考試進入仕途，第一個官職是婺州參軍。時間過得飛快，一晃杜暹任職期滿，到了告別的時候。婺州的官員們都來為他送行，州裡的小吏為他準備了一萬張紙作為送給他的臨別禮物。杜暹看了看這一萬張紙，然後從中抽出了一百張，並對小吏說：「這一百張我留下，剩下的你都拿回去吧！」

在場的人看到這一幕不禁感慨：「昔日有位清廉的太守離任，臨別只接受一枚銅錢留作紀念，今天的杜暹與清廉太守又有何不同呢？」

離開婺州之後，杜暹又出任鄭縣縣尉，在鄭縣他的清廉之名有口皆碑。然而天有不測風雲，杜暹在縣尉任上遇到了麻煩，因故要被追究責任。

負責審理杜暹案的人叫楊孚，曾經擔任華州司馬，現在擔任大理寺正。楊孚早就聽聞過杜暹的清廉之名，現在杜暹落到自己的手裡，楊孚決心幫杜暹一把。

楊孚對自己的同事說：「如果連這個清廉的縣尉也被問罪，那麼天下的清廉之士還有什麼盼頭？」

經過楊孚的努力，杜暹終於逃過了這一劫，不僅沒有被追究責任，還被擢升為大理評事，品級從八品。苦盡甘來，杜暹此後的仕途一帆風順。

開元十二年，在家守喪的杜暹被奪情（**皇帝不准守喪三年，提前起用，即為奪情**），出任中書侍郎、安西副大都護。杜暹在安西副大都護任上治理得力、深得人心，並在開元十三年平定了于闐國的叛亂，由此贏得了李隆基的信任。

開元十四年，李隆基將這個以清廉知名的安西副大都護送上了宰相之位。

這個宰相班子中，源乾曜素有清名、李元紘不畏權貴、杜暹清廉守節，三個人在做人層面都是好人，然而好人並不意味著就能當好領導。

後來的事實證明，這個三人宰相組合相當於看守內閣、過渡政府。

十字路口

時間走到開元十四年，這一年李隆基走上了十字路口。

一年前，他前往泰山封禪，盛大的儀式讓他血脈賁張，比肩漢武大帝的念頭在心底悄然而生。

一年後，來自戶部的資料讓他喜上眉梢，全國的人口已經達到了七百〇六萬戶，四千一百四十一萬人，這個數字較他的曾祖李世民、祖父李治都有大幅度的提升。

現在全國人口已經到了四千萬的規模，李隆基的心思動了。他想追求一些跟以往不同的東西，比如邊功（**對外戰爭**）。

在開元元年，姚崇提出的「十戒」第二條就是「不求邊功」，當時李隆基很爽快地答應了。姚崇之後，宋璟的做法是「不賞邊臣」，目的跟姚崇一樣是不希望李隆基追求開土拓邊。宋璟之後，張說也抱持同樣的觀點，他也不主張李隆基追求邊功。

在三大名相的制約下李隆基一直壓抑著自己的欲望，然而到泰山封禪之後有些壓抑不住了，他的心開始蠢蠢欲動。

李隆基蠢蠢欲動，根源是因為吐蕃人的刺激。

此時的吐蕃已經取代東突厥、西突厥成為唐朝最大的勁敵，儘管文成公主、金城公主先後嫁入吐蕃，但兩國的關係並沒有就此走向和平，邊境的戰爭時斷時續。

令李隆基最不能容忍的是吐蕃人的語氣，每次吐蕃人給李隆基寫信都是平起平坐的姿態，狂妄之言經常在信中流露。回想曾祖李世民被尊為「天可汗」——普天之下共同的領袖，而現在吐蕃居然妄想跟大唐王朝平起平坐，真是不知天高地厚。

泰山封禪之後，李隆基越看吐蕃越不順眼，他決定給吐蕃點顏色看看。

最先知道李隆基想法的是張說，當時他還沒有罷相。

張說一聽當即表示反對：「吐蕃無禮確實應該將他們誅滅，然而我們跟吐蕃已經連續打了十幾年，甘州、涼州、河州、鄯州都已殘破不堪，當地百姓已經支撐不住了。我們的王者之師雖然屢屢告捷但得不償失。最近聽說吐蕃有悔過求和的意思，還是允許他們求和吧，這樣邊境的百姓才能休養生息。」

李隆基聞言，知道張說不同意，便打起了太極：「哦，這事不急，等我跟河西節度使王君㚟討論後再說吧！」

李隆基如此一說，張說也不好再堅持，他知道李隆基要改弦易轍了。

張說出來便對源乾曜說：「王君㚟有勇無謀常懷僥倖心理，他是不願意看到兩國議和的。如果兩國議和，他就沒有立功機會。我預料他會鼓動皇上發動戰爭，我的話皇上恐怕聽不進去了。」

果然不出張說所料，王君㚟與李隆基見面後堅決反對議和，他建議向吐蕃發動深度攻擊。這個建議正中李隆基下懷。

從此時起站在十字路口的李隆基選定了自己的方向，以前的他克制不求邊功，之後的他不再克制，而且在追求邊功的道路上越走越遠。

你來我往

開元十四年冬，河西節度使王君㚟吹響了大唐王朝向吐蕃進攻的號角。

這場進攻，是經典的防守反擊。

這一年冬天，吐蕃大將悉諾邏恭祿率軍挺進大斗口（甘肅山丹縣南）一直打到甘州，劫掠一番後揚長而去。這是他們習慣的做法，搶一撥就走，下次還來。以前唐朝的守軍一般都採取固守的辦法，將吐蕃人趕走之後便不再追擊，這一次王君㚟決定改變慣例，要給吐蕃人一個驚喜。

王君㚟事前查看過地形，對形勢有了初步判斷：雖然吐蕃人到甘州能夠劫掠一番，但他們的戰線過長，回軍路上一定疲憊不堪。王君㚟決定在吐蕃人回去的路上下手，打他個措手不及。

人順的時候，連老天爺都幫忙。

就在吐蕃人搶劫得手回軍的路上天降暴雪，很多吐蕃士兵凍死、凍傷，戰鬥力隨著氣溫驟降。吐蕃士兵在暴雪中艱難地回返，卻不知道前方的王君㚟給他們準備了神秘的禮物。

等吐蕃人到了大非川（青海湖以南）準備原地休整放馬吃草時，他們發現了王君㚟送給他們的神秘禮物：光禿禿一片，寸草不剩。

原來就在吐蕃人劫掠甘州的同時，王君㚟已經安排人潛入吐蕃境內，把沿途可供戰馬食用的草木樹林付之一炬。戰馬無草可吃便一匹接一匹倒下，吐蕃人還沒有看到唐軍，戰馬已經餓死大半。

這還不是最可怕的，可怕的是王君㚟已經尾隨而來。

王君㚟來的時候，吐蕃人的主力部隊已經先行返回國內，殿後的輜重部隊正駐紮在青海湖邊。

氣溫正常的時候青海湖不結冰，青海湖的湖水就是吐蕃軍隊的天然屏障，根本不用防備唐軍的偷襲。偏偏這個時候氣溫不正常了，青海湖結冰了。

結冰的青海湖不再是天塹，而是一馬平川。就在吐蕃軍隊疏於防範之際，王君㚟的部隊已經踩著青海湖的冰層向他們發起了猛攻。這不是同個等級的戰爭，唐朝方面出戰的是主力部隊，吐蕃軍隊則是輜重部隊，戰爭的結果從一開始已經注定。

戰後打掃戰場，羊數以萬計，馬數以萬計。

這是一場沉甸甸的勝利，李隆基繼位以來對吐蕃的第一次大勝。

開元十五年初，大勝的消息傳到長安。李隆基龍顏大悅，頓時將當初與姚崇的約定拋在腦後，他要大賞邊臣：王君㚟升任左羽林大將軍；王君㚟老爹王壽升任少府監（宮廷供應總監），即日起以少府監職位退休，退休後待遇不變。

除此之外，李隆基還在廣達樓擺下宴席，招待王君㚟和他的妻子夏氏。

令李隆基更高興的是王君㚟的妻子夏氏居然還是一員武將，在這次與吐蕃人的大戰中立下戰功，巾幗不讓鬚眉。李隆基當即封賞，封夏氏為武威郡夫人，另外賞賜金帛若干。

至此王君㚟的戰功被放大到了極致，除了王君㚟本人受到皇帝的恩寵外，同時也向全國傳遞了一個訊息：皇帝越來越重視戰功了。

開元初期的克制正在一點點消失，取而代之的是按捺不住的戰爭野心。

受盡恩寵的王君㚟沒有想到，從天上掉到地下其實只需要一年。

開元十五年九月七日，吐蕃人又來了，為復仇而來。

帶隊的主將是上次吃過大虧的悉諾邏恭祿，這一次他直撲瓜州（甘肅省安西縣），逮到了兩條大魚：瓜州刺史田元獻和王君㚟的老爹王壽。隨後悉諾邏恭祿又向玉門發動了攻擊，很快便攻克了玉門。

攻克玉門後，悉諾邏恭祿做出了一個奇怪的舉動：下令釋放所有被俘的和尚。難道他信佛，不想為難和尚？不，他只是想讓王君㚟難堪。

被悉諾邏恭祿釋放的和尚很快回到了涼州，並把悉諾邏恭祿的話帶給了王君㚟：「將軍不是經常以忠勇報國自居嗎？今天為什麼不來跟我一戰？」

這是挑釁，赤裸裸的挑釁，目的就是逼王君㚟出兵與吐蕃軍隊決戰。然而這次挑釁並沒有收到效果，王君㚟得知父親被抓後痛哭失聲，登上涼州城牆頹然西望，人生最大的失落迎面撲來。

《舊唐書》、《資治通鑑》對此的描述很讓人氣憤，作者一致認為王君㚟是因為膽怯而不敢出戰。其實王君㚟不是膽怯，而是出於全域戰略的考慮，他不能為了自己的父親冒然出征。

打仗看起來是簡單無比的事情，實際卻是一個複雜的系統工程，如果沒有細緻的準備，貿然出征的結果多半是慘敗。而《舊唐書》、《資治通鑑》的作者卻一味指責王君㚟膽小，其實是因為他們書生意氣，不懂軍事。

在王君㚟痛苦堅守的同時，瓜州以西的常樂縣城也在艱苦地堅守。

常樂縣城是瓜州西面的一個小城，吐蕃人並沒有放在眼裡，在主力部隊進攻瓜州的同時只撥出了一部分人馬攻擊常樂縣城。他們本以為這個縣城抬腳就可以進，沒想到這是一個硬骨頭。常樂縣令賈師順率領全城百姓堅守，吐蕃的小部隊硬是沒能攻破。這時瓜州的戰事已經結束了，吐蕃主將悉諾邏恭祿將全部人馬投入到常樂縣城，沒想到還是沒攻破。

悉諾邏恭祿不禁對眼前這個小城刮目相看，看來硬攻不行，只能智取了。

悉諾邏恭祿派出了自己的使者前去常樂說降，使者對賈師順說：「瓜州已破，吐蕃大軍席捲而來，小小的常樂城怎麼擋得住呢？小人的小舅子就在常樂城中，小人很是惦記，縣令大人何不早降以保全城內百姓。」

賈師順回應道：「按照法律降賊者誅滅九族，我身為朝廷官員只能誓死抵抗，怎能背叛國家投降！」

說降也碰了硬釘子，悉諾邏恭祿只能硬著頭皮繼續攻打，又打了八天還是沒能打下來，悉諾邏恭祿決定再找賈師順談談。

使者又到了常樂城下對賈師順說道：「大人既然不肯投降也就算了，我們大軍準備班師，城中難道沒有財物送一點給我們嗎？」

見過無恥的，沒見過這麼無恥的。心裡罵過之後，賈師順還得馬上想對策，看來吐蕃人賊不走空，一定要見到甜頭再走。那就給他們一點吧。

賈師順轉身對城上正在防守的士兵說：「脫下你們的衣服，送給吐蕃人當禮物。」

這下輪到悉諾邏恭祿吃驚了，他沒想到常樂城窮成這樣，居然拿些破衣服當禮物。也罷，這個窮城不值得打。

常樂縣城真的窮成那樣嗎？其實未必。賈師順之所以這麼做，是為了盡早斷了吐蕃人的念想，要錢沒有，要衣服倒有幾件。

當夜，悉諾邏恭祿收營而去，臨走前他們還摧毀了瓜州城池。賈師順見狀，連夜打開城門，滿地揀拾可以使用的兵器，打掃乾淨之後火速關閉城門，嚴陣以待。

果不出賈師順所料，吐蕃人的騎兵並沒有走遠，他們就在附近準備殺一個回馬槍。等到吐蕃騎兵回來時，他們失望了，常樂縣城的防備更加森嚴了。眼見無機可乘，吐蕃騎兵快快而去，常樂縣城在賈師順的指揮下終於得以保全。

經此一戰，賈師順進入李隆基的視野，後來一直升遷到隴右節度使，而這一切的基石就是常樂縣城保衛戰。

意外之禍

瓜州的失利令王君㚟十分懊惱，幾天後京城傳來一個消息，這個消息讓王君㚟長出了一口氣。因為他贏得了與回紇等四部落酋長的博弈。

王君㚟與回紇等四部落酋長的博弈還得從他年輕時說起。

當時回紇、契苾、思結、渾等四部落因為不堪忍受東突厥汗國的壓迫便向唐朝投降，進而駐紮到瓜州和涼州之間。這四個部落的酋長都是世襲的，家族代代相傳。

年輕的王君㚟經常往來於這四個部落之間，然而卻不受四個部落酋長的歡迎，酋長們沒有遠見，他們想不到有朝一日王君㚟會成為他們的上級長官。王君㚟在四個酋長那裡得到的是冷臉和白眼，這深深刺痛了王君㚟的心，他把這四個酋長記在心裡，暗暗發誓一定要出人頭地，讓四個酋長知道自己的厲害。

後來王君㚟果然出人頭地，一路做到了河西節度使，四個酋長就全部變成他的下屬，王君㚟有權對他們進行直接管理。君子報仇，十年不晚。王君㚟他利用手中的權力開始報復，對四個酋長進行各種限制，總之是想法設法找茬，讓四個酋長坐立不安。

眼看王君㚟找茬，四個酋長知道這個死結已經解不開了，只能跳過王君㚟直接向李隆基告狀，然而在他們告狀的同時，王君㚟也上了一道奏疏：四個部落難以管理，他們私下有反叛的陰謀。

一邊是告狀，一邊是奏疏，一時間李隆基也分辨不清，便派宦官前往河西調查。接待宦官的是王君㚟，這個優勢注定王君㚟要贏了。

經過「調查」，四部落告狀不實，王君㚟所言極是。李隆基相信了。

不久，李隆基下詔：瀚海大都督回紇酋長藥羅葛承宗流放瀼州（廣西上思縣）；渾部落酋長大德流放吉州（江西省吉安縣）；賀蘭都督契苾部落酋長承明流放藤州（廣西藤縣）；盧山都督思結部落酋長歸國流放瓊州（海南定安縣）。

這就是四位酋長告狀的代價。

看到這個結果，王君㚟有一種復仇的快感，也正是這快感讓他興奮之餘放鬆了警惕。

開元十五年閏九月，王君㚟帶領幾十名騎兵輕裝出發，去執行一個特殊任務。在這之前，王君㚟得到消息，吐蕃使節將在肅州（甘肅酒泉）過境，前往東突厥汗國。王君㚟決定設伏讓吐蕃使節有來無回。在肅州，王君㚟果然等到了吐蕃出使東突厥的使節，一個伏擊讓吐蕃使節團全軍覆滅。

此時的王君㚟並沒有意識到有來無回的不僅僅是東突厥使節。

回軍路上，王君𡙇走到了甘州南鞏筆驛（甘肅張掖西南），伏兵四起。領頭的叫藥羅葛護輸，回紇酋長藥羅葛承宗的侄子，他早就探聽到王君𡙇的行蹤，在這裡等待多時了。王君𡙇意識到遇到了苦主，求情是不行了，只能力戰。從早上一直激戰到下午，王君𡙇的騎兵一個一個倒下，最後只剩下王君𡙇一人。

出來混，遲早要還的。但王君𡙇沒有想到還得這麼快。包圍圈越來越小，王君𡙇的空間越來越小。包圍圈合上了，王君𡙇再也沒能站起來。

復仇成功的藥羅葛護輸把王君𡙇的屍體拖到車上，然後架著馬車準備往吐蕃境內跑。跑到半路，唐軍追了上來，藥羅葛護輸扔下王君𡙇的屍體，輕車逃亡。

唐軍終於搶回了王君𡙇的屍體，與此同時面臨著一個前所未有的危局。

重建瓜州

王君𡙇身死，朝野震動，由誰來頂替王君𡙇成為迫在眉睫的問題。李隆基一番思量之後，決定把蕭嵩推上前臺。

蕭嵩出身名門，是貞觀年間名臣蕭瑀的曾侄孫。蕭嵩和陸象先是連襟，他倆娶的都是會稽人賀晦的女兒。

起初蕭嵩並不被人看好，蕭嵩跟他的連襟陸象先比差得有點遠。陸象先的父親陸元方曾經當過宰相，而蕭嵩的父親則名不見經傳，在《舊唐書》裡甚至沒有提到他的父親，很可能他的父親根本沒有做過官。

當陸象先當上洛陽縣尉時，蕭嵩還沒有走上仕途。不過也有人對蕭嵩青眼有加，這個人自稱有相面之術，在看過陸象先和蕭嵩的面相後，對陸象先說：「陸郎十年內位極人臣，然不及蕭郎一門盡貴，官位高而有壽。」當時的人都不信。

十年之內，陸象先果然當上宰相，預言驗證了一半。開元十五年，蕭嵩被李隆基推上前臺，到了驗證另一半預言的時候了。

臨危受命的蕭嵩被緊急從朔方節度使調任河西節度使，他必須在短時間內收拾王君㚟留下的殘局。經蕭嵩引薦，兩個日後在唐朝歷史上有一席之地的人進入蕭嵩的帳下：牛仙客、張守珪。

牛仙客原本是鶉觚縣（甘肅省靈台縣）小吏，憑藉自己的才幹平步青雲，一直做到河西節度判官，是王君㚟的心腹之一。蕭嵩重用牛仙客是看重他了解當地的情況，牛仙客沒有辜負蕭嵩的信任，很快就協助蕭嵩穩定了局勢。

接下來要看張守珪的表現了，他的任務很艱巨。

多數人對張守珪這個名字感到陌生，但一提安祿山大家都知道，大家不知道的是張守珪是安祿山的伯樂，正是張守珪發掘了安祿山。當然現在的張守珪還顧不上安祿山，剛剛升任瓜州刺史的他，需要盡快把瓜州城重建起來，不然吐蕃人再來就麻煩了。

怕什麼偏來什麼，吐蕃人說來就來了。他們來的時候瓜州城重建工作剛剛開始，多數地方才正建立起梁柱。形勢頓時恐慌了起來。

城中的人雖然集合了起來，然而拿著武器面面相覷。張守珪一看頓知不妙，便對眾人說道：

「敵眾我寡，而且又是在飽經瘡痍之後，與吐蕃人鬥不能硬碰硬，只能智取。」

張守珪命人在沒被破壞的城樓上擺上宴席，做出飲酒作樂的樣子，這一下鎮住了吐蕃人。吐蕃人那時的文明進化程度還不高，根本不知道有世上還有一種計策叫「空城計」，看到張守珪飲酒作樂便真的以為城裡有了防範，徘徊了一會便往後退去。

做賊的，心都虛。這時張守珪抓住機會，在吐蕃軍隊的背後一陣猛攻，吐蕃人逃得更快了，張守珪的空城計獲得成功。

順便說一句，張守珪的空城計是真的，《三國演義》裡諸葛亮的空城計則是假的，假如諸葛亮真的擺空城計，司馬懿只需要一個探馬就能把他徹底揭穿。

用空城計趕走吐蕃軍隊後，張守珪開始重建瓜州城，不久瓜州城修復。之後張守珪又把之前四散逃難的百姓找了回來，讓他們重新開始在瓜州的生活，瓜州城經過他的努力終於回到了正常的軌道。

由此張守珪也入了李隆基的法眼，他所在的瓜州也被破格升級為都督府，而張守珪則順理成章地由瓜州刺史升任瓜州都督。

瓜州重建成功，河西的秩序恢復如初，這時河西節度使蕭嵩又將目光投到了吐蕃大將悉諾邏恭祿身上，他想在這個人身上做點文章。蕭嵩知道悉諾邏恭祿是吐蕃的第一名將，這個人作戰勇敢而且很有計謀，這個人的存在必定會是自己的強勁對手。為了河西的安寧就一定要把他除掉，而且是借吐蕃人自己的手除掉。

蕭嵩啟動了反間計。不久流言在吐蕃境內廣為散播：將軍悉諾邏恭祿與唐朝勾結，將要在國內作亂。

不出蕭嵩所料，吐蕃國王果然上當，他真的相信了流言。也不能完全怪吐蕃國王智商不夠，怪只能怪悉諾邏恭祿的功勞太大了，大到連國王都感到恐懼的地步。歷來到了功高震主的地步，結局一般都很慘。

悉諾邏恭祿沒能躲過流言的中傷，他被信以為真的國王召見後秘密誅殺。從此吐蕃軍隊的攻勢開始減退，勝負的天平開始向唐朝一邊傾斜。

蕭嵩拜相

開元十六年，唐朝對吐蕃的戰爭節節勝利。

七月，吐蕃捲土重來，第一站選擇了他們曾經取得大勝的瓜州。吐蕃人沒有想到僅僅一年之後瓜州已經今非昔比，吐蕃人在瓜州城非但沒有沾到便宜，反而被瓜州都督張守珪打得滿地找牙，狼狽逃竄。

緊接著河西節度使蕭嵩、隴右節度使張忠亮也出動了，在青海湖南又給吐蕃軍隊一通痛擊，吐蕃士兵大量被殺被俘，牲畜被俘更是不計其數。

連續兩次重大失利並沒有讓吐蕃人吸取教訓，很快地他們又來了，雙方在祁連城（甘肅省民樂縣）遭遇。

嚴格說來，這是一場十分不公平的戰爭。蕭嵩的部隊在祁連城上居高臨下，吐蕃的軍隊在祁連城下需要抬著頭仰攻。這還不算，蕭嵩的部隊整整四千人，而且是清一色的強弓。

強弓部隊在祁連城上張開了弓弦，一聲號令箭如雨下。從上午八時一直廝殺到傍晚，吐蕃軍隊頭頂的箭雨一直下個不停。最後吐蕃軍隊頂不住了，一員大將被生擒，剩餘士兵則做鳥獸散，逃入附近的山中。這一夜，吐蕃士兵的哭聲震動了山野。

連續三場大勝的消息傳到長安，李隆基興奮到了極點，這是前所未有的大勝，比當年王君㚟還要大的勝利，一定要重賞。李隆基擢升蕭嵩為同中書門下三品，蕭嵩就這樣憑藉戰功成為李隆基的宰相，當年的神秘預言已經實現了一半多。

與蕭嵩的節節攀升相反，同為宰相的李元紘和杜暹卻一直在走下坡路。這兩個道德層面的好人確實不具備宰相之才，在他們任內可圈可點的事蹟寥寥無幾，唯一值得肯定的是他們恪盡職守。至於對國家有益的重大決策一樣都沒有，與之前的三位名相顯然不在一個層級之上。

到了開元十七年，李隆基對原來的宰相組合徹底失望了。三個宰相之中，源乾曜是老好人，一般不跟人爭吵，也很少表達自己的意見。而李元紘和杜暹兩個好人則發生了碰撞，他們經常爭吵，最後發展到在李隆基面前相互攻擊。

李隆基的眼中已經看不到兩個宰相，只看到兩隻鬥雞。開元十七年六月十五日，以源乾曜為首的原三人宰相班子全部被罷免。杜暹被貶為荊州長史，李元紘被貶為曹州刺史，源乾曜卸任侍中，只擔任尚書左丞相。

新宰相班子隨即上臺：蕭嵩兼中書令，同時遙領河西節度使（**名義上為河西節度使，實際工作由節度副使主持**）；宇文融為門下侍郎、同中書門下平章事；裴光庭為中書侍郎、同中書門下平章事。

屈指算來，源乾曜、李元紘、杜暹這個組合只持續了三個年頭便完成了看守內閣的任期，那麼以蕭嵩為首的新組合又能持續多久呢？

百日宰相

第十章

宇文融拜相

宇文融算是一個老熟人了，開元十四年張說罷相時，他頗為活躍。

按照常理，宇文融扳倒當朝宰相有功，應該能踩著張說的身體往上升遷，但事與願違。他非但沒能踩著張說升遷，反而在張說身上栽了大跟頭，這一切都是因為他發力太猛。

張說罷相之後，宇文融生怕張說再次復出為相，他了解張說的經歷，此人前後三次為相，誰能保證沒有第四次呢？

為了防止張說東山再起，宇文融決定在張說身上再踩上一腳。他找到了同盟軍，和他一樣痛恨張說的崔隱甫。兩人又開始在李隆基面前攻擊張說，在他們的口中、筆下的張說一無是處。

兩人說得口沫橫飛，卻沒有注意到李隆基越來越難看的臉色。李隆基煩了，而且對宇文融和崔隱甫產生了懷疑，這兩個人步調如此一致，莫非是結黨？

宇文融和崔隱甫就此栽了。開元十五年二月二日，李隆基為張說和宇文融的恩怨劃上了一個句號：張說徹底退休；宇文融貶為魏州刺史；崔隱甫免除所有官職，回家侍奉老母。

這個處理對於張說而言意義並不大，也就是說說而已。不久李隆基還是給他分配了一些工作，比如監修國史，雖然不再是宰相，但日子過得很滋潤。宇文融和崔隱甫就比較慘，崔隱甫就此免除官職，而宇文融也離開長安到魏州當刺史，兩人的人生落差比瀑布還要大。

官場上的互相中傷就是在打七傷拳，你在傷害別人的同時，其實也是在傷害你自己。

心比天高的宇文融不情不願地到魏州上任刺史，心裡卻在想著有朝一日重返長安。宇文融這個人還是有一些能力，也是一個想做事的人。

出任魏州刺史不久，李隆基又把宇文融委任為代理汴州刺史，同時兼任黃河南北治水特使。接到任命後宇文融又上書李隆基，建議在古書《禹貢》所提及的九河古河道開荒種田以增加國家糧食收入。李隆基很快同意，於是宇文融便開始動工。

然而在古河道開荒看起來簡單，做起來卻很難，在沒有大型機械的唐代，如此巨大的工程並非一朝一夕能夠完成，而宇文融雖有想法但毅力卻不足，如此浩大的工程開了頭卻收不了尾，最後便不了了之。

不過李隆基並不以為意，他知道宇文融的能力不是在開荒而是在理財，這個人對於王朝一定是有用的。此時的李隆基對宇文融充滿了期待，準確的說他是對錢充滿了期待。

富有天下的李隆基本人並不缺錢，但是開疆拓土卻缺錢，任何一項軍事行動都需要錢做後盾。時間走到開元十七年，李隆基在罷免源乾曜等人後把宇文融推上了前臺，他對這個宰相寄予了厚望。

宇文融也不含糊，上任之後便對親信說：「只要讓我在這個位置上待幾個月，準保四海平靜無事。」

話說得夠大，而話說大了不僅容易閃了舌頭，也容易閃了腰。

上任伊始，宇文融還是讓李隆基眼前一亮。

讓李隆基眼前一亮的是宇文融推薦的人選：宋璟為尚書右丞相，裴耀卿為戶部侍郎，許景先為工部侍郎。

這些人不僅在朝中有一定的聲望，而且正是李隆基想用的，宇文融與李隆基不謀而合，這讓李隆基非常高興，莫非宇文融與朕心有靈犀？

然而高興一掃而過，接下來李隆基聽到的、看到的都是宇文融的負面評價：宇文融性格急躁，話特別多；宇文融重用自己的故交和賓客，而且日夜喝酒嬉戲。

負面消息看多了，李隆基有些猶疑了，因為他看到了宇文融的兩張面孔，一張面孔是知人善任、善於理財，另一張面孔則是性格缺陷、重用故交，到底哪張面孔才是宇文融的真面孔呢？

假想之敵

在李隆基觀察宇文融的同時，宇文融也沒閒著，他正在觀察一位假想敵。假想敵的名字叫李禕。

李禕，吳王李恪之孫，受封信安王，此時正擔任朔方節度大使。宇文融之所以會將李禕當作假想敵，是因為李禕立下了赫赫戰功，這個戰功大到可以壓倒之前蕭嵩、張守珪的地步。

開元十五年，李禕出任朔方節度副大使，不久升任朔方節度大使。李禕一上任便把目光鎖定在吐蕃人佔據的石堡城。

石堡城位於今天青海省湟源縣西南，是吐蕃人的軍事重鎮，以這個重鎮為基地，吐蕃軍隊可以隨時出動騷擾黃河以西的唐朝領土，邊境百姓苦不堪言。以前的邊將也曾經想拔掉石堡城這顆釘子，但苦於對方防守嚴密不敢貿然進攻。

現在李禕又提出攻打石堡城，立刻遭到了反對意見：「石堡城依據險要，易守難攻，又是吐蕃人最倚重的重鎮，我們前去攻打，吐蕃人必定竭力死守。一旦攻不下來，想要撤退就狼狽了，不如先按兵不動，看看形勢再說。」

李禕聽罷搖了搖頭：「做人臣子怎能畏懼凶險？就算到時寡不敵眾，我李禕願意死在前面。只要有利於國家，這條命又何足惜？」

說完，李禕下令即日起開始準備，目標石堡城。

石堡城一直也是李隆基的心病，他想拔掉這顆釘子也很久了，不過他知道這並非一朝一夕之功，還得從長計議。聽說李禕準備打石堡城，李隆基便指令李禕與河西、隴右兩大戰區一起協商，爭取聯合作戰。

三大戰區坐在一起討論，河西、隴右兩大戰區都表示反對，只有李禕一個人堅持，李禕不再作聲，但心裡已經拿定了主意。回到朔方戰區，李禕開始調撥兵馬親自出征，直撲吐蕃人的軍事重鎮石堡城。

長期以來，唐和吐蕃都生活在慣性之中：唐軍一直習慣性地以為石堡城易守難攻；吐蕃人也一直習慣性地以為石堡城易守難攻。因為石堡城難攻，所以此前的唐軍不去攻打；同樣因為石堡城難攻，所以吐蕃軍隊的防守逐漸鬆懈。雙方的慣性最終演變成吐蕃守軍的惰性。

當李禕率軍向石堡城發起攻擊後，他發現原來這道門是虛掩著的，並非想像中的堅不可摧。激戰之後，李禕登上了石堡城，現在這個吐蕃人倚重的重鎮落在唐軍的手中，以這裡為基點唐朝邊境開拓了一千餘里。

勝利的消息傳到長安，李隆基大喜過望，他想不到自己的這位堂兄居然有如此的統帥能力。欣喜之餘，李隆基給石堡城改了一個名字：振武軍。

經此一戰，李禕聲名鵲起，而宇文融則在李禕的聲名日隆中暗自擔心：皇上不會把李禕扶上宰相之位吧？

宇文融的擔心並不完全是空穴來風，因為以戰功登上宰相之位並不是沒有先例，蕭嵩便是證明。

宇文融打起了自己的小算盤，算著算著，自己把自己嚇壞了。他認為如果李禕拜相就有可能得到李隆基的最大信任，這樣宇文融就得靠邊站了，他的那些宏偉計畫也就沒有實現的空間。不行，絕不能讓李禕拜相。

宇文融腦筋一轉，計上心來。計策都是現成的，套用對付張說的方法就可以了，彈劾！

在宇文融的授意下，御史李寅準備了一道奏疏，彈劾李禕圖謀不軌。彈劾李禕的時間選得很賊，專門挑李禕進京晉見時，此舉便是為了把李禕就地拿下，省得還要浪費時間去朔方戰區抓人。

宇文融算盤打得很精，只是他沒想到夜路走得多了，總有一天會遇到鬼。

在宇文融指使李寅上奏疏的同時，李禕提前得到了消息，消息來自於宇文融的親信。

親信賣主求榮究竟意圖何為史無明載，或許是為了報復，或許僅僅是為了錢。關鍵時刻的通風報信讓李禕贏得了時間差，他利用這個時間差進宮當面向李隆基做了彙報。

李禕說：「臣久在邊疆，而且又立了點戰功，這樣就免不了有人會打臣的小報告，如果有的話請陛下一定要明察，還臣一個公道。」

李隆基點了點頭，他現在很倚重這個堂兄，他不會允許別人對他造謠中傷。

第二天，李寅的彈劾奏疏來了。李隆基當即大怒，把李寅打入大獄。經過調查，李隆基發現了李寅背後藏著宇文融，頓時對宇文融的印象大打折扣，宇文融的宰相生涯就此終結。開元十七年九月二十五日，宇文融被貶為汝州刺史，此時距離他上任宰相僅僅一百天。

宇文融無意之中創造了紀錄，他成為李隆基手下任職最短的宰相，連劉幽求的任期都比他長。

眾叛親未離

百日宰相宇文融被罷免，誣告李禕實際上只是一個導火索，根本原因是宇文融不見容於整個官場，李隆基不得已為之。

宇文融不見容於整個官場，一是因為他的工作方式，二是因為他的工作理念。

當年宇文融在政治上發家靠的是清查全國人口和土地，在清查過程中他向全國委派十個勸農使，同時兼任御史。此舉對於清查工作非常有利，但同時得罪了整個官場，因為宇文融把自己凌駕於整個官場之上。十個勸農使歸宇文融直接領導，便組成了一個特別專員組，這個專員組只接受宇文融的領導，無形中就給人高高在上的感覺。

如果專員組不與現有官場交叉也罷，然而偏偏這個專員組與官場有很大的交叉，有意無意之中，宇文融就把上至宰相下到地方刺史縣令的各級官員得罪遍了，而他卻渾然不覺。其實宇文融不可能不知道，但是仗著有李隆基撐腰，他便把別人的反對視而不見。

工作方式已經得罪了整個官場，宇文融的工作理念更是與官場中人大相逕庭，因為他敢於言利。敢於言利的宇文融注定不被多數官員所容，因為多數官員都讀過聖賢書，在他們心中都有一個

「君子固窮，恥於言利」的信念。而宇文融卻千方百計從百姓和土地上找錢，這與多數官員受的傳統教育格格不入，由此矛盾已在所難免。

不過身處高位的宇文融感覺不到他與整個官場的矛盾，因為他看到的都是笑臉。下臺之後，乾坤倒轉，宇文融頓時感覺到矛盾無處不在。

開元十七年十月，宇文融的生活原本出現了一道亮光。

起因是李隆基說了一句話，李隆基對宰相裴光庭說：「你們都說宇文融不好，我就把他罷黜了。如今國庫不足，將來怎麼辦？你們就是這麼輔佐我的嗎？」

李隆基這句話算是給宇文融的一生定了調：富有理財能力，但群眾關係不好。

原本這句話對改變宇文融的處境應該有所幫助，卻沒想到結果更糟。原因很簡單，李隆基越這麼說就越不能讓宇文融回來，如果宇文融再次得到恩寵，那麼先前說他不好的人就全栽了。

不久，彈劾宇文融的奏疏又來了：宇文融貪贓枉法，交遊朋黨。

李隆基一看，那就接著貶吧！

宇文融又由汝州刺史貶為昭州平樂尉（廣西平樂縣）。這次貶黜夠徹底的，平樂尉只是從九品，副股級。在平樂過了一年，宇文融以為境遇會有所改變。

是有改變，只是變得更糟。又一封奏疏到了李隆基那裡：宇文融在汴州刺史任上曾經貪污一萬餘貫。

經過「調查」，有關官員認為情況屬實，此時屬不屬實已經不重要了，重要的是把宇文融一踩到底，不能讓他有迴光返照的機會。宇文融落魄到家了，從九品的平樂尉也做不了了，直接發配岩州

（廣西來賓縣）。這時宇文融算是看透了整個官場，伸手援助的一個都沒有，有的只是落井下石。

哎，眾叛親離。不，眾叛親未離。

就在宇文融傷心至極時，他在傳召使者的背後看到了他的兒子宇文審。

宇文審原本在家中和弟弟一起侍奉母親，聽說父親再度被貶後嚎啕大哭。他沒有驚動母親，便一個人徒步從長安前往平樂看望自己的父親。去往平樂的路上，宇文審恰巧遇到了去平樂傳詔的使者，使者見他可憐便把他拉上了車，然後一路顛簸來到了平樂。

父子相見，抱頭痛哭，宇文融老淚縱橫，傷心之餘又有些欣慰，就算全世界都拋棄了他，至少他的兒子沒有。

父子短暫團聚之後便再次分開，宇文審回到長安，後來考中進士進入官場。天寶年間，當楊國忠要誅殺嶺南流放犯人時，宇文審擔任嶺南監決處置使，手裡握著生死大權。經過他的努力，真正處決的很少，多數人在他的保護下活了下來。

然而他的父親宇文融就沒有那麼幸運了。宇文融一到岩州就病了，他受不了岩州的瘴氣。不想等死的宇文融便硬挺著到了廣州，想在廣州停留下來多活幾天。

然而最後的願望也沒能實現，廣州都督的一席話讓他打消了念頭。廣州都督說：「大人因為受到朝廷怪罪才被發配到這裡，現在卻想違背朝廷命令在廣州停留。我本人受牽連也無所謂，關鍵是朝廷一旦知道大人在這裡，恐怕也不會允許。」

聽完廣州都督的話，宇文融明白了，廣州不是他的最後一站，岩州才是。其實岩州也不是。從廣州返回岩州的路上，宇文融的人生抵達了終點。

宇文融的人生開始時是喜劇，結尾則是悲劇。

值得一提的是，宇文融即便死後也背著罵名，在湯顯祖寫的《邯鄲記》中，宰相宇文融就是一個大反派。

湯顯祖以「黃粱一夢」為故事梗概，描寫了一個盧姓書生的黃粱一夢，在夢中盧生高中狀元，娶了望族清河崔氏的女兒，後來與身為宰相的宇文融發生矛盾。幾經周折，盧生在邊塞立功，最終揭穿了宇文融的陰謀，明察秋毫的皇帝將宇文融問斬。

哎，連在夢中都是反派，悲劇！

論資排輩

百日宰相宇文融離去之後，朝堂之上又只剩下兩位宰相，一位是蕭嵩，一位則是裴光庭。

裴光庭在前面曾經出過場，當年張說建議李隆基封禪泰山後擔心東突厥入侵，正是裴光庭建議以和親忽悠東突厥，免除了張說的後顧之憂。裴光庭也是名門之後，他的祖父是隋朝名將裴仁基，一度歸降王世充，後來想誅殺王世充歸降唐朝，不料消息走漏被王世充誅殺。

裴光庭的父親叫裴行儉，高宗朝曾經出任過宰相，文武全才。文，通過明經考試；武，得到名將蘇定方的真傳。後來因西征立下大功，李治對裴行儉說過這樣一句話：「卿文武兼資，今故授卿二職。」即日拜禮部尚書（**文職**），兼檢校右衛大將軍（**武職**）。如假包換的文武全才。

不過裴光庭並沒有沾到父親多少光，由於他是家中幼子，父親在他很小時就過世了。長大後因為武則天想起了他的父親，進而召見了他，這次召見讓裴光庭從此步入仕途。步入仕途的裴光庭幾經努力升遷到太常丞，沒想到卻功虧一簣。因為他娶的是武三思的女兒。武三思受到清算後，裴光庭也跟著連坐被貶為郢州司馬。

以前的努力被抵消了不少，從此裴光庭又得繼續往上爬。到開元十三年，裴光庭做到了兵部郎中，這時機會突然降臨，中書令張說向他問計。

這次問計為裴光庭的仕途鋪平了路。從此張說開始刻意提拔裴光庭。裴光庭時任兵部郎中，品級從五品，他上面一級的官是兵部侍郎，品級正四品，兩者之間差著兩級，直接升遷的難度很大。

這難不倒張說，他準備來裴光庭來個「曲線提升」。不久張說把裴光庭調出兵部，出任鴻臚少卿，鴻臚少卿是鴻臚寺的副手，配合鴻臚卿主管藩屬事務，品級為從四品。泰山封禪之後，張說再次關照了裴光庭，又把他從鴻臚寺調回了兵部，出任正四品的兵部侍郎。

一年多的時間，裴光庭完成了原來看似不可能的飛越，這都要歸功於張說的「曲線提升」。

「曲線提升」是典型的中國式智慧，古往今來都在使用，有點意思。

在兵部侍郎任上幹了四年，機會再次垂青了裴光庭，他由兵部侍郎轉任中書侍郎，同時出任宰相，也就此與宇文融成為同僚。

同僚關係是官場中最複雜的關係，可好可壞，好可以到刎頸之交，壞可以到不共戴天。

宇文融與裴光庭表面看起來波瀾不驚，其實不共戴天。宇文融與張說是死敵，而張說卻是裴光庭的伯樂，兩條關係線一捋，宇文融與裴光庭的關係也就清晰了。

如此一來，就活該宇文融倒楣了。他擬定了李禕這個假想敵，沒事找事；他得罪了整個官場，李隆基想保他也為難；裴光庭是他的同僚，但因為張說的因素恨上了他。三個因素疊加到一起，神仙也救不了宇文融。

前面說過，李隆基在宇文融被貶後曾經質問過裴光庭，其實這次的質問表明了宇文融被貶與裴光庭有莫大的關係。而在宇文融被貶之後，彈劾宇文融的奏疏還在繼續，這幕後的黑手還是裴光庭，因為此時他正兼任御史大夫，弄幾個彈劾輕而易舉。

扳倒宇文融後，裴光庭與蕭嵩並駕齊驅，裴光庭為侍中，蕭嵩為中書令。

不久李隆基又來了一道新任命，命裴光庭兼任吏部尚書，這道任命讓裴光庭幹了一件大事。這件大事毀譽參半——他在吏部推行「論資排輩」。

在裴光庭以前，選拔官員一般只看能力，不看資格，有能力的經常破格提拔，沒有能力的數十年原地不動，白頭髮都一把了還在當著幾十年前的小官，而有的已經取得任職資格卻二十年沒有得到實缺。

除此之外，州縣的任職也沒有定規，有的由品級高的地方往品級低的地方調，有的則是先在京城附近任職，結果越調越遠，完全沒有規則。

裴光庭到任之後，他決定要改變這個現狀，一切都要有規矩地調動。論資排輩就此展開。裴光庭規定以後官職出缺就從候補官員中選，不管能力只看資歷，按照資歷往下輪，輪到誰算誰。

一石激起千層浪。官場中人頓時分成兩派，一派是長年沒得到提升的資深官員，一派是有些能力但資歷尚淺的年輕官員，結果資深官員拍手稱快，年輕官員暗自歎息。

「論資排輩」管理辦法公布之後，遭到了兩個重要人物的反對，一個是宋璟，一個是蕭嵩。

有意思的是三個人的年齡，裴光庭五十四歲，蕭嵩六十二歲，宋璟六十七歲，按道理如此老態龍鍾的管理辦法應該由年老的人提出才對，結果最年輕的裴光庭提了出來，而比他年長的蕭嵩和宋璟卻一起反對。

蕭嵩和宋璟的反對最終沒有奏效，裴光庭的管理辦法還是公布實施了，這是裴光庭宰相任期內的一件大事，同時也是讓人詬病最多的地方，甚至一度影響他的謚號。看來毀譽參半的事最好少幹。

短暫和平

推行完「論資排輩」制度，裴光庭和蕭嵩的宰相組合又遇到了一件大事：吐蕃到唐朝國境投遞國書，請求講和。吐蕃這個時候提出講和，是因為他們打不起了。他們先後在邊境上被蕭嵩、張守珪三次痛打，最近一次又被李禕攻克了石堡城，曾經不可一世的氣焰已經被唐軍打沒了。

吐蕃想和，但戰與和的主動權掌握在李隆基手裡，他猶豫了。這時忠王李亨的諮詢官皇甫惟明來了，他是主張講和的。

李隆基不同意，他說：「吐蕃國王曾經給我寫信，傲慢不已，怎麼能輕易原諒？」

皇甫惟明回應說：「開元初年時，吐蕃國王還小，他怎麼可能寫那樣的書信。這一定是下面的邊將幹的，為的是激怒陛下。一旦邊境開戰，那些邊將就可以盜用藏匿公物，而且還可以自我表功領賞，這都是奸臣的作派，不是國家之福。兩國兵火不斷，日費千金，河西、隴右由此貧窮困弊。

陛下可以派一個使節以探視金城公主的名義前往，與吐蕃國王面談讓他們俯首稱臣，這難道不是駕馭夷狄的長久之策嗎？」

皇甫惟明的話說到了李隆基的心裡，與吐蕃的戰爭不但吐蕃打不起了，李隆基也有些吃力了，況且石堡城一戰開邊一千多里，大唐是沾了便宜的，見好就收未必不可。

不久皇甫惟明前往吐蕃，吐蕃國王果然表示臣服，在給李隆基的信中一改往日傲慢，變得無比謙卑。在信中他自稱外甥，稱大唐為舅，歷來漢族政權與外族和親都是這個輩分。

吐蕃國王的信是這樣寫的：

「外甥一家兩代娶的都是公主，情同一家。不料唐朝邊將張玄表等人入侵，因此兩國交惡。外甥深知尊卑禮儀，怎麼敢失禮？正是因為邊將的離間才得罪了舅舅；屢次派遣使者到長安朝拜，結果都被邊將擋回。今天蒙舅舅派來使臣探望公主，外甥喜不自勝。倘若能重修舊好，死而無憾。」

看完吐蕃國王的信，李隆基的心情平復了許多，看來吐蕃國王已經知道尊卑了，這或多或少就達到目的了。

也罷，就准了他們的求和吧！

李隆基批准吐蕃求和，其實並非念及舅舅與外甥的情誼而是另有打算，因為此時此刻北邊的契丹部落已經成了他的心腹大患，他要進行戰略轉移把重點放到北邊。

吐蕃的這次求和並非一勞永逸，而是有有效期限的。這次求和的有效期為七年。

矛盾四伏

第十一章

奴才互鬥

當宰相們鬥得不亦樂乎的同時，李隆基的奴才們也在互鬥，他們互鬥的激烈程度一點也不遜色。互鬥的主角是以王毛仲為首的家奴和以高力士為首的宦官，他們誰也不服誰。鬥爭初期，王毛仲佔據明顯上風。因為他養馬有功。

李隆基剛繼位時，全國牧馬只有二十四萬匹，這個數量遠遠少於唐朝巔峰期的七十萬匹，無法應對將來的戰爭要求。李隆基考慮再三決定把養馬的任務交給王毛仲，這個人他用起來放心。於是王毛仲便當上了內外閑廄使，主管皇家內外的御馬飼養。

當上內外閑廄使的王毛仲就如同《西遊記》裡剛上任弼馬溫的孫悟空，做起事來盡職盡責。不同的是孫悟空只是三分鐘熱血，而王毛仲則是十幾年如一日。

在王毛仲之前內外閑廄使是一個肥缺，一年下來從飼料上就能剋扣大量錢財。王毛仲上任之後兢兢業業，不做任何手腳，一年下來同樣多的經費卻能節餘數萬斛飼料。兩相對比，王毛仲的廉潔有目共睹。

經過十幾年的發展，到開元十三年泰山封禪時全國牧馬已經達到四十三萬匹，牛和羊也具有同等規模。王毛仲不僅養馬，同時還養牛和羊。

泰山封禪時，王毛仲大大出了一把鋒頭，他把隨行的數萬匹牧馬按照毛色編隊，遠遠望上去氣勢如海、顏色似錦，馬山馬海成為封禪時的一道獨特風景。李隆基眼看此景大喜過望，他早就知道王毛仲能幹，但沒想到他這麼能幹，他當場決定給王毛仲重賞。

隨即王毛仲被任命為開府儀同三司，品級從一品。

開府儀同三司看起來是個閒職，但象徵著極高的恩寵，當年跟隨李隆基的人只有四人做到了開府儀同三司的位置：王毛仲、姚崇、宋璟、王仁皎。四人中，姚崇、宋璟是良相，王仁皎是李隆基的岳父，而王毛仲原本只是家奴。

從此之後王毛仲的勢頭更盛，他的勢力範圍不再局限於養馬，甚至滲透進了禁軍之中。開元十七年，王毛仲與左龍武將軍葛福順成了親家，王毛仲的女兒嫁給了葛福順的兒子。

除了葛福順，王毛仲在禁軍中還有朋友，左監門將軍唐地文、左武衛將軍李守德、右威衛將軍王景耀、高廣濟都是他的朋友。李守德跟王毛仲一樣曾經是李隆基的家奴，而葛福順則跟隨李隆基參加過唐隆政變，他們都是李隆基信得過的人。

現在這些人聚集到一起，王毛仲的感覺便越來越好，不經意間與高力士為首的宦官便發生了矛盾。起因是雙方都不買對方的帳，因為他們的後臺老闆都是李隆基。

原本太宗李世民規定內侍省的宦官品級最高只能是正四品，這個規定一直被嚴格執行，即使是武則天時代也沒有打破這個規定。規定在中宗李顯時被打破，在李顯的任用下七品以上的宦官達到一千多人，不過三品宦官還很少，只有楊思勗等少數幾個。

到了李隆基時代，宦官的好日子來了。很多宦官在李隆基的任用下當上了三品官，李隆基甚至委任一些宦官當三品將軍，而且允許他們家宅的門口插上長戟。長戟原本是只有朝廷高官才有資格在門口插的，這樣一來宦官在朝中的地位便急劇攀升，各地官員對宦官也越來越重視，宦官出使各地時便受到了眾星捧月的待遇。官員們不怕宦官來，就怕宦官不來，不怕宦官收禮，就怕宦官不收禮。因此宦官只要到京外辦一趟差，最少也能收一千貫，再少了回來都不好意思交流經驗。

有了錢的宦官就不是一般的宦官了，京城的房屋、郊區的田園一半都在宦官的名下。

如果說王毛仲是家奴中的領袖，那麼宦官領袖則是楊思勗和高力士。不過楊思勗比較忙，他還得經常帶兵打仗，因此負實際領導責任的是高力士，他不用出差，只在李隆基身邊待著。

時間一長，家奴和宦官的矛盾逐漸加深，因為彼此都會觸及對方的勢力範圍，矛盾便這樣累積下來。王毛仲對此不以為然，他從不把宦官放在眼裡。級別小的宦官他張嘴就罵，就跟罵他的馬童一樣。不過王毛仲對於高力士還是有所顧忌，畢竟高力士是皇帝身邊的人。

王毛仲不針對高力士，並不意味著高力士不針對王毛仲，因為王毛仲所罵的宦官跟高力士是一類人，高力士與他們同病相憐，王毛仲無意中刺痛了高力士。

誤讀高力士

一直以來，歷史書中的高力士都是反面形象，其實都是誤讀，高力士是被他所在的群體拖了後腿。

高力士並不是一個弄權鑽營的小人，而是一個有血有肉有情有義的人。原本高力士不需要當太監，原本他沒有必要去過那不男不女的生活，原本他有可能成為一個堂堂正正的朝廷命官。一切的一切，在他十歲那一年發生了改變。

高力士本不姓高，也不叫力士，他本姓馮，叫馮元一，家族在嶺南世代都有很大影響。馮元一的祖上可以追溯到高涼太守馮寶，馮寶的妻子便是赫赫有名的南北朝嶺南少數民族領袖冼夫人。

冼夫人不是漢人而是俚族人，她勤勞樸實、聰明能幹，而且善於帶兵打仗，族裡的人都願意服從她的領導。隨著中原政權的更迭，冼夫人所在的嶺南地區先後歸降了南梁、南陳和隋朝。冼夫人在歸順之後便一心一意幫助中央政權安撫嶺南的少數民族。

冼夫人活了八十多歲，歷經南梁、南陳、隋三朝，對中國的統一事業、嶺南各民族的團結融合和經濟文化的發展都有著卓越的貢獻。她曾被梁朝封為宋康郡夫人、被陳朝封為石龍太夫人、被隋朝封為譙國夫人，當她於仁壽二年（六〇二年）逝世時，隋文帝楊堅追諡她為誠敬夫人。

冼夫人的第六代孫便是馮元一（**高力士**），而馮元一的父親叫馮君衡，武則天當政時期擔任潘州（今廣東高州）刺史。如果生活不出現意外的話，身為潘州刺史兒子的馮元一也很有可能走上仕途，像父親一樣成為朝廷命官。

然而高力士十歲那年（六九三年），家裡發生了驚天變故。

這一年酷吏萬國俊奉武則天之名來到嶺南，意圖是誅殺當地的流放犯人。然而誅殺犯人是需要理由的，這難不倒萬國俊，很快萬國俊找到了理由：謀反。「謀反」的帽子一扣，流放嶺南的犯人逃無可逃，紛紛倒在萬國俊的屠刀之下。

誰都沒有想到誅殺流放犯人並不能滿足萬國俊的胃口，為了增加「業績」，他又把矛頭指向了潘州刺史馮君衡，萬國俊給馮君衡定的罪名是「參與謀反」。在那個酷吏當道的時代，馮君衡的罪名很快被坐實，災難就此向馮君衡一家撲去。馮君衡被處斬，馮家被抄家，兒子馮元一、女兒馮媛全部被罰沒成為奴隸，原本是世代官宦人家，現在家園破碎。

不久，馮元一最悲慘的日子來了，他被閹割了。五年後，馮元一和姐姐馮媛一起被當作禮物送往洛陽武則天的宮中。從此時起，馮元一已經在世上消失了，他的名字被改為「力士」，與他一起送進宮的另一位小太監被改名叫做「金剛」，這兩個名字是為了討好信佛的武則天。

聰明伶俐的力士很快得到了武則天的信任，便被留在武則天身邊。

力士的姐姐馮媛同樣聰明伶俐，而且很有才華，擅長寫詩，後人將她稱為廣東歷史上第一位女詩人。武則天很欣賞馮媛打算把她長留宮中，然而馮媛卻不願意。馮媛向武則天苦苦哀求，請求出家為尼，武則天最終答應了她，把她送到泰山庵堂落髮修行，從此馮媛遁入空門。後來她離開泰山庵堂，四處化緣修道，不知所終，力士有生之年再也沒能看到自己的姐姐。

馮媛出家不久後力士栽了一個跟頭，他因為小事得罪了武則天被痛打一頓並趕出宮中。宦官高延福見他可憐便把他收為養子，從此力士有了姓，高力士由此而來。

高延福本出自武三思門下，高力士便因為這層關係開始往來武三思府中，與武三思府中上上下下都熟絡了起來，其中便包括後來成為裴光庭夫人的武小姐**（武三思的女兒）**。

後來高力士在武三思的推薦下又回到了武則天身邊，這一次他沒有再犯錯，而是憑藉自己的機靈贏得了武則天的信任。這時高力士已經長大成人，身高達到了六尺五寸，換算成現在的標準，應該是接近兩公尺的個頭。

時間走到中宗景龍年間，大個子高力士與臨淄郡王李隆基有了接觸。在不多的接觸中，李隆基對高力士印象深刻，並從此把這個人記在了心裡。唐隆政變之後，李隆基便把高力士要到自己的府中，就此開始了主僕一生的緣分。

不同於一般宦官出身寒微不學無術，高力士有良好的家庭教育而且有膽有識，李隆基與太平公主的鬥法他也參與其中，而且還經常出謀劃策。這些不同尋常的經歷為他贏得了李隆基一生的信任。

現在家奴王毛仲氣焰熏天，高力士意識到已經到了雙方掰一掰手腕的時候了。

一擊不中

長期的宮廷生活讓高力士積累了豐富的鬥爭經驗，他知道要扳倒王毛仲需要講究技巧不能蠻幹。高力士決定找一個幫手，這個幫手不能是宦官，而應該是外廷的官員。外廷官員獨立於家奴和宦官之外，相當於協力廠商，他們的話李隆基或許會聽。於是高力士選定了一個人，這個人就是稱姚崇為「救時宰相」的齊澣。齊澣經過多年奮鬥此時已經升任吏部侍郎。

高力士找到齊澣後，兩人一拍即合，因為齊澣也看到了王毛仲的囂張。齊澣看到李隆基寵幸王毛仲，對他言聽計從，駐守皇宮北門的禁軍將軍多數依附王毛仲，很多人的升遷都由王毛仲包辦。高力士和齊澣看到了王毛仲的囂張，李隆基同樣也看到了。政變起家的他對於禁軍比誰都敏感。

齊澣帶著高力士的囑託來到李隆基的身邊，對李隆基說：「葛福順掌管禁軍，是不應該跟王毛仲結為親家的。王毛仲是小人，過於恩寵可能就會作奸犯科。不早點處理的話恐怕會成為禍患。況且委任心腹，何必一定就是王毛仲呢？高力士小心謹慎，又是宦官，在皇宮內使用其實更方便。」

李隆基回應說：「朕知道你忠誠，容我好好想想吧！」

齊澣追了一句：「君王如果不能保守秘密的話就會失去忠臣，臣子如果不能保守秘密就會喪失性命，事關重大，萬望陛下保密。」

李隆基點了點頭。

但李隆基沒有想到，他保守了秘密，齊浣自己卻出問題了。

不久，齊浣出城給朋友麻察送行，麻察原本是大理丞，因事被貶為興州別駕。送行宴上，齊浣把麻察當成朋友，而麻察卻沒有真的把齊浣當成朋友。言談之中，齊浣鬼使神差地把與李隆基的對話說了出來，說完之後叮嚀麻察千萬別告訴別人。麻察鄭重點了點頭。

不告訴別人，就告訴皇上。齊浣就此栽了。

李隆基大怒，怒向齊浣說道：「你擔心朕不能保密，你自己卻去跟麻察說，這就是你的保密嗎？麻察素來沒有德行，往日經常到太平公主的府上走動，你難道不知道嗎？」

齊浣啞口無言，只能以磕頭代替說話。

幾天後，齊浣為自己的大嘴巴付出了代價，由吏部侍郎貶為高州良德（廣東高州市）縣丞，麻察也沒討著便宜，由興州別駕貶為潯州皇化（廣西桂平市）縣尉。

看來告密有時也未必能討到好處。

貶黜齊浣的同時，李隆基還不忘放一個煙霧彈，在貶黜齊浣的詔書上這樣寫道：齊浣、麻察交構將相、離間君臣。

這是一顆專門為王毛仲釋放的煙霧彈，李隆基要讓王毛仲相信君臣二人依然親密無間。王毛仲真的相信了，他並不知道李隆基所說的「親密無間」有效期只剩下一年。

再擊致命

在李隆基的煙霧彈下，王毛仲的錯覺越來越強烈，他似乎已經忘記了自己的身分。不久他向李隆基提了一個要求：想當兵部尚書。

李隆基心中一凜，不過臉上並沒有表現出來。他沒有發作，但是找了個藉口拒絕了王毛仲。以前王毛仲被李隆基拒絕後便不會再提，就當事情沒有發生過。而這一次不同了，王毛仲的臉色有些不滿意。隨後幾天，李隆基陸續接到奏報說王毛仲對沒有當上兵部尚書有些不滿。

李隆基的不滿也隨之升級，他意識到這個家奴已經越來越不知道天高地厚了。

與此同時，高力士也沒閒著，他一直在暗中觀察。他發現儘管李隆基拒絕讓王毛仲當兵部尚書，但對王毛仲還是恩寵依舊，王毛仲的妻子生子之後，王毛仲還曾經出面借用過皇家林苑的亭子納涼，這可是天大的面子。

高力士知道，李隆基到現在為止還不準備廢掉王毛仲，這就需要找機會再燒一把火。機會說來就來了。

三天後，高力士奉李隆基之命去給王毛仲新出生的兒子送禮物，禮物很豐富，有酒席飯菜還有金銀綢緞，另外李隆基還任命這個新生兒為五品官。

高力士很快回來了，李隆基問道：「怎麼樣，王毛仲高興不？」

高力士緩緩地說道：「王毛仲高不高興我不知道，我只看到他抱著孩子對我說，這個孩子難道不配當三品官嗎？」

一擊致命。

李隆基聽後勃然大怒：「當年誅殺韋氏時，此賊首鼠兩端，我也沒怪罪他，今天他居然敢因為一個小娃娃怨恨我。」

高力士馬上趁熱打鐵：「北門那些奴才，官當得太大了，而且現在都穿一條褲子、一條心，不早點處置的話恐生大患。」

高力士這句話說到了李隆基最敏感的地方，王毛仲危矣。不過，李隆基也有些顧忌，畢竟王毛仲跟禁軍將領打成一片，如果貿然行動恐怕釀成大禍。這事還是要秘密進行。

就在李隆基決定向王毛仲下手時，太原軍器監少尹嚴挺之（對杜甫照顧有加的嚴武的父親）奏報：王毛仲曾經向我們索要鎧甲兵器。

這個奏報成為壓死王毛仲的最後一根稻草。

開元十九年正月十三日，李隆基下詔：

王毛仲行為不忠，對君王抱怨，貶為瀼州（廣西上思縣）別駕；
左領軍大將軍葛福順，貶為壁州員外別駕；
左監門將軍唐地文，貶為振州員外別駕；
右武衛將軍李守德，貶為嚴州員外別駕；
右威衛將軍王景耀，貶為黨州員外別駕；
右威衛將軍高廣濟，貶為道州員外別駕

與王毛仲一起被貶的還有他的四個兒子，他們全部被趕出京城。這是最差的結局嗎？不是，王毛仲已經難逃一死。失落的王毛仲走到永州時，李隆基的新命令追上了他，賜死！

王毛仲倒了，以他為代表的家奴勢力被一網打盡，而以高力士為首的宦官勢力此消彼長，成為了最得寵的一群人。

這時就需要說說李隆基的可憐之處了。他雖富有四海，但可以信任的人卻屈指可數。親兄弟信不過，他把他們一個一個供養起來，培養出四個不世出的貴族；親兒子信不過，以子逼父的事情歷史上常有，他自己就曾經幹過；外戚信不過，皇后的龍鳳胎哥哥已經被他逼死了；故交信不過，姜皎已經在流放的路上死去了；家奴信不過，王毛仲就是最好的證明。

把身邊所有接觸到的人排查一遍，除了信任高力士，他還能信任誰？

自此李隆基養成了對高力士的依賴，他說：「高力士在外面值班，我才能睡得踏實。」

此後高力士經常被李隆基留在宮中，很少去自己的外宅。時間一長規矩便形成了，全國各地來了奏表一律先呈送高力士，然後由高力士呈送李隆基，事情較小的高力士處理便可以了，不需再奏報李隆基。這樣一來高力士更忙了，更是少有機會去自己的外宅。

或許有人會說，高力士反正也沒有家，去不去外宅無所謂。其實高力士在長安有家，家中有老母麥氏，還有他的妻子呂女士。

一般而言太監都不結婚，也就是找個宮女作伴，是為「對食」。高力士不同，他結婚了，娶的是瀛洲人呂玄晤的女兒。這筆有勇氣的投資很快得到了回報，呂玄晤被擢升為政府直屬部副部長（少卿），呂家的子弟也當上了親王的師傅。

有呂玄晤做榜樣，朝中很多人迅速向高力士靠攏，金吾大將軍程伯獻（程咬金之孫）、少府監馮紹正是其中最典型的，他們沒有機會給高力士當老丈人，便努力做了高力士的兄弟，「一奶同胞」的兄弟。

高力士姓高，這兩位一位姓程，一位姓馮，如何當「一奶同胞」的兄弟呢？主要看表現。

高力士母親麥氏去世給了兩位兄弟機會。程伯獻和馮紹正以親兒子的身分，披頭散髮接受各界朋友的弔唁，哭天喊地、歇斯底里，傷心程度甚至超過自己的至親去世。

這一切都是高力士的權勢惹的禍。

不過高力士這個人非常精明，儘管他有權勢但不濫用，始終保持著李隆基可以容忍的程度，終其一生他與李隆基的關係真正做到了親密無間。相比於後世權大欺君的宦官，高力士是貨真價實的忠臣。

宰相出缺

王毛仲與高力士的奴才內戰結束，該說說外廷宰相的鬥爭了。

說來也怪，開元年間的宰相組合除了姚崇的班子、宋璟的班子，其餘的宰相班子從來都沒有停止過爭鬥。張說的班子裡，張說和張嘉貞鬥；源乾曜的班子裡，李元紘和杜暹鬥；宇文融短短一百天的班子裡，他既跟整個官場鬥，同時還跟心屬張說的裴光庭鬥。

到了裴光庭和蕭嵩搭班子，兩人其實也鬥，裴光庭提出的「論資排輩」法就遭到了蕭嵩的強烈反對，最後還是李隆基支持，裴光庭才勉強推行了這套方法。

可見，要想宰相班子不鬥，必須保持一強一弱的配置，比如姚崇和盧懷慎，宋璟和蘇頲。如果同時放兩個有個性的人在宰相班子裡，那就不是宰相班子了，而是鬥雞班。

時間走到開元二十一年三月，蕭嵩和裴光庭的宰相班子終於和諧，他們再也不鬥了。裴光庭於三月七日停止呼吸，再也鬥不了了。

在裴光庭身後，關於他的諡號發生了爭論，起因是他推行的那套「論資排輩」法。負責議定諡號的太常博士說：「裴光庭用人只看資格，失去了獎勵之道，因此他的諡號應該定為『克』。」

諡法規定愛民在刑為「克」，意思是道之以政，齊之以法，往好了理解是循規蹈矩，往差了理解是墨守陳規。裴光庭的兒子隨即提出抗議，後來李隆基一錘定音「忠獻」，對於文官而言算是美諡。

裴光庭去世之後，宰相班子只剩下蕭嵩一人，由誰來和蕭嵩搭班子提上了議事日程。盯上相位空缺的人很多，其中一個便是李林甫。

李林甫在前面出過場，開元十四年彈劾張說時他是三大主力之一。不過李林甫的眼光比宇文融獨到，他在扳倒張說之後沒有繼續與宇文融並肩作戰，而是巧妙地閃開了。這一閃很關鍵，躲開了開元十五年李隆基對宇文融和崔隱甫的貶黜，如果不是及早閃開，李林甫恐怕也得栽跟頭。

避開宇文融之後，李林甫的仕途越走越寬，先後擔任刑部侍郎、吏部侍郎。在吏部侍郎任上，他上下翻飛、公私兼顧，手腕不是一般的高明。

在一次官員審核任命中，寧王李憲找到了他，遞給他一份十人名單。這十個人求到李憲那裡，李憲不好拒絕，便列了十人名單來找李林甫。李林甫接過名單掃了一眼，然後對李憲說：「大王吩咐，下官自然照辦。不過這十人中得挑出一人來，公開處理一下以示公正。」

李憲很快圈出最不重要的一個，李林甫點頭同意。

不久其餘九人全部得到了安置，唯獨一人被通報：此人政績尚可，然而請託寧王，意圖走後門。為了保證公正，本期不予安排，下期視情況再定。

既徇私舞弊，又標榜公正，這就是李林甫的手腕。

吏部侍郎幹了一段時間，李林甫已經不滿足於當吏部侍郎了，他想當宰相。然而當宰相談何容易，你李林甫只是一個吏部侍郎，既沒有姚崇那樣的宰相之才，也沒有宋璟的剛正不阿，更沒有張說的才華橫溢，跟蕭嵩的軍功更是沒法比，你憑什麼當宰相呢？

李林甫再三思考，他想到了，他可以表忠心。

很快地李林甫與想表忠心的對象接上了頭，他對這個人說：「願護壽王為萬歲計。」

沒錯，他表忠心的對象是武惠妃，這句話意思是說願意擁立壽王為太子，將來當皇帝。一句話讓武惠妃對李林甫產生了好感，從此把這個人牢牢地記在心裡，武惠妃知道李林甫在投機，但她不拒絕這樣的投機，因為這會對她的兒子壽王有利。

走通了武惠妃這條線，李林甫並沒有在家坐等，他同時啟動了另一條隱藏多年的線——裴光庭的妻子武氏。原來裴光庭的妻子武氏早與李林甫有舊情，裴光庭不知不覺之中已經戴了多年的綠帽子。現在裴光庭歸天，武氏心急了起來，不是為裴光庭，而是為李林甫，她要幫李林甫去填補丈夫留下的空缺。

武氏也啟用了多年沒有啟用的線——高力士。前面說過高力士曾經多次前往武三思家中，跟武氏相當熟悉，現在武氏以裴光庭遺孀的身分找到他，請求他向李隆基推薦李林甫。

這時高力士的政治素質顯現了出來，他機警地避開了，沒有答應，因為他知道宰相人選不是他可以推薦的。高力士這一避開，李林甫的宰相夢就只能暫時擱置了，眼下武惠妃還不便替他說話，由此李林甫還得耐心等上一段時間。

在李林甫上竄下跳的同時，蕭嵩也在苦苦尋找。因為這一次宰相出缺，李隆基沒有直接指定人選，而是讓蕭嵩自己推薦。有過與裴光庭搭班子的經歷，蕭嵩太知道一個好搭檔的重要了，這次一定要找一個像盧懷慎、蘇頲那種相對容易控制的。

蕭嵩第一個想到了右散騎常侍王丘，他和王丘是好友，他了解王丘的性格。令蕭嵩意外的是王丘堅決拒絕了，可能是不想由朋友變成宰相同僚。王丘轉而推薦了一個人，尚書右丞韓休。

蕭嵩尋思了一下，印象中韓休性格恬淡，很少與人爭名奪利，這個人或許是個合適人選。

就是他了！

蕭嵩不會想到這次推薦一方面給自己埋了個雷，一方面讓李林甫鑽了空子。

李林甫能鑽空子，還是得益於他的人脈。當任命韓休的詔書還在起草時，高力士第一時間得到了消息，他隨即把消息傳遞給裴光庭的妻子武氏，武氏又將消息傳遞給李林甫，同時建議李林甫立刻去給韓休報喜，賺韓休一個人情。

聽到李林甫的報喜，韓休果然對李林甫感激不盡，似乎推薦他當宰相的不是蕭嵩而是李林甫。李林甫就這樣白賺一個人情，為自己將來的拜相埋下關鍵的伏筆。

開元二十一年三月十六日，李隆基任命韓休為門下侍郎、同中書門下平章事，這樣韓休便正式成為蕭嵩的同事。

鞋合不合適，只有腳知道。穿上韓休這雙鞋後，蕭嵩才發現壞了，擠腳！

天下必肥

蕭嵩之前被韓休的外表蒙蔽了，他看到韓休的恬淡只是表面，骨子裡韓休是一個倔人，這一點有家族的遺傳基因。

韓休的伯父叫韓大敏，武則天時期擔任中書舍人。當時正趕上梁州都督李行褒被下屬誣告，武則天便派韓大敏作為特使前去審理。

這時有人提醒韓大敏說：「李行褒是李唐宗室子弟，太后想除掉他，此行你得仔細掂量，一旦違反了太后的旨意，就可能闖下大禍，你可得為自己考慮啊！」

韓大敏回應道：「哪有為求自己平安就誣陷別人的？」

從梁州回來後，韓大敏如實奏報：「李行褒無罪。」

武則天看了韓大敏一眼，暫且按下不表。

不久武則天又把李行褒的案子翻了出來，辦成了鐵案。韓大敏倒楣了，他被認定為審案不力，與知反不告同罪，在家中被賜死。

這就是韓休的伯父，寧可自己遭禍，也不誣陷他人，骨子裡有一股剛正不阿的勁。韓休的骨子裡同樣有這樣一股勁。

張說當中書令時，韓休正擔任虢州刺史，韓休在虢州刺史任上與張說有過一次交鋒。

虢州正好位於長安和洛陽之間，無論李隆基在長安還是在洛陽，虢州都是相對比較近的州。如此一來朝廷便經常向虢州徵收飼料稅，用於飼養皇家御馬。時間長了，韓休受不了了，便向中書令張說要求：「別再向虢州徵飼料稅了，還是平均分配給別的州吧。」

張說自然不會同意，他反駁韓休說：「如果單獨免除虢州的稅，就得轉向其他州郡，你這個刺史只是為了自己向百姓顯示恩惠而已，你的請求我不同意。」

眼看張說不批准，韓休便準備再次上奏，這時州裡的官員勸道：「再上奏可能就會冒犯宰相了。」

韓休不為所動，說道：「我身為刺史不能救百姓於困弊之中，還有什麼臉當刺史。就算會因此冒犯宰相受到刑罰，我心甘情願。」

韓休執著的勁頭跟他伯父一脈相承。

不久，京城傳來消息，虢州的飼料稅從此免徵。

後來韓休輾轉做到了尚書右丞，他正是在尚書右丞任上被蕭嵩推薦為宰相。上任宰相後韓休江山不改，剛正不阿的勁頭變本加厲。

不久韓休便跟李隆基唱了一個反調。長安萬年縣尉李美玉犯了事，盛怒之下李隆基要把李美玉流放嶺南。李隆基沒有想到這次流放居然被韓休頂了回來。

韓休對李隆基說：「李美玉只是小官，所犯的也不是大事，現在朝中有大奸尚不能去，怎能捨大而取小呢。臣看到金吾大將軍程伯獻依仗陛下的恩寵貪贓受賄，房子車馬全都超出應有標準。臣建議先處理程伯獻然後再處置李美玉。」

李隆基看了看韓休，沒有同意。

韓休繼續說道：「李美玉犯小罪都不能容忍，程伯獻犯那麼大的事怎能不問責。陛下如果不處理程伯獻，臣便不敢奉詔流放李美玉。」

堅持到最後，韓休還是把李美玉保了下來，不過程伯獻也沒被扳動，畢竟那是高力士的「一奶同胞」。

「李美玉事件」算是韓休的一個完美亮相，蕭嵩對於他的這次亮相還比較滿意。然而接下來蕭嵩發現自己找錯人了。韓休太倔了，倔得讓人無法忍受。

每次蕭嵩提出議案，韓休就會提出意見，而且會一直堅持，絲毫不給蕭嵩面子，甚至在李隆基面前直接攻擊蕭嵩的議案，於是李隆基又看見了兩隻鬥雞。

不過韓休的倔並不是沒有道理，多數情況他是在堅持真理，老資格宰相宋璟在聽說韓休的事後感慨地說道：「想不到韓休能如此堅持，真是仁者之勇。」

這是兩個剛正不阿的人惺惺相惜。

時間一長，不光蕭嵩怕了韓休，李隆基也怕了韓休，因為他的進諫往往不留情面。

每次李隆基在宮中飲酒作樂或者在皇家林苑中打獵，興高采烈之餘都會不無擔心地問一句：「韓休不會知道吧？」想什麼偏來什麼，往往李隆基問完這句話不久韓休的勸諫就到了，幾次下來弄得李隆基有些鬱悶。

有一次李隆基在照鏡子時悶悶不樂，左右知道是因為韓休進諫的緣故，便對李隆基說：「韓休當宰相以來，陛下比以往都瘦了，何不把他趕走呢！」

李隆基歎了一口氣：「我的容貌雖然瘦了，天下老百姓卻會因此肥起來。蕭嵩奏事經常順著我，他退下之後我寢食難安。韓休經常跟我爭執，但他退下之後我寢食都很好。我用韓休是為社稷，不是為我自己。」

說這話時，李隆基四十八歲，頗有明君的胸懷。

這一刻如果能夠定格該有多好！

然而一個人年齡在變，胸懷也隨著年齡在變。

雙雙罷相

就在韓休幹勁十足的同時，蕭嵩已經在考慮隱退了。

與韓休共事九個月來，蕭嵩感覺到極大的壓力，他沒有想到這個看起來恬淡的人，一起共事竟是如此之難。不僅私下經常跟他唱反調，而且還經常在皇帝面前指責他的缺點，幾次皇帝已經不高興了，而韓休還在自說自話。

此時的蕭嵩六十五歲，奮鬥了一輩子的他想歇歇了。如果換成別人可能還會跟韓休繼續鬥，但蕭嵩不準備鬥了，因為沒有意義。鬥來鬥去，大家打的都是七傷拳，傷了對方的同時也傷了自己。蕭嵩決定向李隆基請求退休。

李隆基說：「朕並沒有厭棄你，你為什麼要走呢？」

蕭嵩回答說：「臣蒙受厚恩當上宰相，富貴已經達到頂點。現在陛下還沒有厭棄臣，所以臣還能從容退休。如果陛下已經厭棄臣了，性命尚且不保，又怎能得償所願。」

說完，蕭嵩淚流滿面。

李隆基也為之動容，便對蕭嵩說：「你先回去吧，容朕考慮考慮。」

話說到這個地步，李隆基其實已經准了蕭嵩的退休申請，只是他還需要時間考慮一下宰相人選。

李隆基又想到了韓休，這個人是不是跟蕭嵩一起罷免呢？

考慮再三，李隆基決定罷免韓休，他不是不知道韓休的能力，但是跟韓休相處太累了。試想身為一國之君，誰願意讓一個道德先生天天在自己的面前說教？

連一向有容人之量的太宗李世民都有忍受不了魏徵的時候，因為說教多了會讓人難受。

這就解釋了為什麼多數皇帝喜歡小人，因為小人不講原則，而君子太講原則。不講原則的小人如同潰爛的堤壩，任由洪水肆意流淌；講原則的君子則如同完好的堤壩，要把洪水攔截在堤壩之中。皇帝的欲望，正是那滔滔洪水。

開元二十一年十二月二十四日，李隆基下詔：免去蕭嵩宰相職務，改任尚書左丞；免去韓休宰相職務，改任工部尚書；任命京兆尹裴耀卿為門下侍郎、同中書門下平章事；任命張九齡為中書侍郎、同中書門下平章事。

詔書一下，開元天寶年間最後一個良相張九齡緩緩走來，良相時代即將結束。

卸任的蕭嵩則繼續著傳奇，雖然後來一度遭到李林甫的打壓，但總體而言生活悠哉樂哉、家財豐厚、地位崇高，閒雲野鶴十幾年後於天寶八年病逝，享年八十餘歲。

在蕭嵩身後，他的家族與宰相的緣分還在繼續。他的孫子蕭復，德宗朝官拜宰相；曾孫蕭俛，大和年間官拜宰相；曾孫蕭仿，咸通年間官拜宰相。

蕭嵩所在的蕭氏一門，從貞觀年間的蕭瑀開始，前後八人出任唐朝宰相，由此蕭氏一門有一個極為榮光的稱呼：「八葉宰相」。

到此時，當年給他和陸象先相面的預言全部實現：「陸郎十年內位極人臣，然不及蕭郎一門盡貴，官位高而有壽。」

真是活神仙！

雖然蕭嵩和韓休都就此淡出了歷史前臺，但他們對唐朝後續的歷史發展還有貢獻。在蕭嵩的關照下，曾經的小吏牛仙客一直升遷到河西節度使，進而成為宰相。韓休相比於蕭嵩也不含糊，卸任之前他鄭重向李隆基推薦了心目中的宰相人選：李林甫。

一年後，李林甫拜相，與韓休的推薦不無關係。

九齡時代

第十二章

張九齡其人

開元二十一年，一紙詔書將「海上生明月　天涯共此時」的詩人張九齡推上了歷史前臺。

張九齡在前面章節有出場過，封禪泰山之後，張說大肆提拔親信官員，張九齡竭力規勸，後來張說與宇文融互鬥，張九齡也曾經提醒，可惜張說沒有聽進去。

張九齡，字子壽，一名博物，唐時曲江人，按照今天的行政規劃是正宗韶關人。他是中國歷史上第一個擔任宰相的嶺南人，有「當年唐室無雙士，自古南天第一人」的美稱。

張九齡原名不叫張九齡，而叫張九鯪，這個名字背後有一個傳奇故事。

張九齡的父親張弘愈是個漁夫，常年以打漁為生，有一天打漁收網時感覺撈到了大傢伙，然而張弘愈用盡渾身力氣也沒有把網拉上來。這時天已經黑了，張弘愈決定先回家吃飯，吃完飯再回來收網。他順手把漁網繫在河邊的樹上，然後便回了家。

吃完飯後，張弘愈拉著妻子一起來到河邊，打算夫妻合力把漁網拉上來。沒想到沒等他動手，妻子輕輕一提就把漁網收了上來，仔細一看不得了，一條幾十斤的九鯪魚在網裡待著呢。

張弘愈有些興奮，自己入行以來還沒有逮過這麼大的魚呢。

這時妻子說話了：「我看還是把它放了吧！」

張弘愈疑惑地看著妻子，妻子說：「我感覺它在流眼淚。」

張弘愈看了九鯪魚一眼也產生了同樣的感覺，如此大的九鯪魚或許已經有了靈氣，還是不傷害牠為妙。張弘愈一抖漁網讓九鯪魚重回水中。

不久張弘愈的妻子懷孕了，懷胎十月之後生下了一個男孩。張弘愈的妻子抱起男孩一看竟然有似曾相識的感覺，仔細一想跟那條九鯪魚的眼睛有些相似，或許是九鯪魚投胎報恩來了。夫妻倆一商議，既然如此這個孩子就叫「九鯪」吧。

張九鯪由此而來。

張九鯪叫了一段時間，一個偶然的機會，張九鯪一家遇到了六祖慧能。慧能問過張九鯪名字後說：「九鯪是水生動物，再怎麼蹦躂也上不了岸，不如改名叫九齡吧。九齡，久齡的諧音，將來能做大官。」

張弘愈夫婦一想確實有道理，便把張九鯪的名字改為張九齡。順著這個思路，張九齡的三個弟弟也有了新名字：張九皋、張九章、張九賓。

上面的故事來自民間傳說，傳奇的色彩重了一些，故事聽起來很有味道，但有一個致命漏洞：六祖慧能其實不識字。

六祖慧能雖然是傳世大師，但他不識字卻是不爭的事實，我們熟知的「菩提本無樹，明鏡亦非臺，本來無一物，何處惹塵埃」是慧能自己悟出來，然後委託識字的人寫出來。試問，一個不識字的人還會指點張九齡父母將「鯪」改成「齡」嗎？

在我看來，張九齡原來的名字叫張九鯪符合漁夫之家的特點，而後來改名張九齡可能出自文化人的指點。

類似的例子有很多，比如明朝萬曆首輔張居正。

張居正出生時，他的曾祖夢見月亮落到水塘裡，一隻白龜浮出水面，因而取名為張白圭。十二歲那年張白圭遇到了荊州知府李士翱，深得李士翱喜歡。李士翱覺得「白圭」這個名字不雅，便給他起了新名字「居正」。

和張居正一樣，張九齡也是年少成名，十二歲那年，他投書干謁廣州刺史王方慶，王方慶對他大為賞識，稱讚道：「此子必能致遠。」

不久張九齡遇到了他一生的貴人——張說。

張說當時正處於人生的低谷，他因為不肯順從張易之的意思誣陷魏元忠，因此被貶到嶺南，張說與張九齡的人生第一次有了交集。初見張九齡，張說深深喜歡上了這個小神童，對他頗為欣賞。張說當時並沒有想到這個小神童居然與自己的一生有那麼多淵源。

長大後的張九齡一舉考中進士，進入仕途，第一份工作是秘書省的校書郎。校書郎是基層文職官員，整天跟筆桿子打交道，這很對張九齡的胃口。

不久更大的機會來了，太子李隆基向天下招聘有用之人，躍躍欲試的張九齡也報了名。張九齡憑藉自己的獨到見解在這次考試中脫穎而出，給李隆基留下了深刻印象，李隆基當場拍板，給張九齡定了最高級別的甲等。隨後張九齡便升官了，由校書郎升任左拾遺，後來又升任左補闕。

時間進入開元十年，張九齡的好日子來了，他的伯樂張說又回長安當宰相了。張說對張九齡非常器重，不僅與張九齡攀談家族譜系（論本家），而且對張九齡的詩詞也大加讚賞，張說對他的評價是「後來詞人稱首也」。物以類聚，英雄相惜，眼見張說如此抬舉，張九齡便投入張說門下，從此仕途一帆風順。

開元十年，張九齡做到了從六品的司勳員外郎。開元十一年，在張說的提攜下，張九齡當上了正五品的中書舍人，行政級別相當於現在的司局級。

時間走到開元十三年，張九齡跟隨張說一起登上泰山頂峰，此時的張說已經登上了仕途巔峰，不經意中便有些翩翩然，他竟然利用泰山封禪的機會大肆提拔自己的親信。

張九齡對於張說的做法有些擔心，便提醒張說：「官爵是天下公器，首先需要有德望，然後得有功勞，如果顛倒進退的次序，諷刺和誹謗就會隨之而來。這次泰山封禪千年一遇，然而多數有聲望的高官都沒有得到進一步升遷，一些小官卻得到了機會，只怕詔書公布之後會讓天下失望。現在詔書還只是起草階段，想改還來得及，但願大人深思熟慮免得將來後悔。」

張說不以為然，回應說：「事情都定了，就算有議論也無須擔心。」

張九齡的建議是正確的，可惜張說並沒有聽進去。

一年後，張說被宇文融等人扳倒，張九齡跟著倒楣，由中書舍人改任太常少卿。不久太常少卿也做不了，張九齡被貶出長安，出任冀州刺史。

這一次張九齡拒絕了，因為他的母親還在曲江（今天韶關），如果他去冀州，離母親太遠了。經過請求，張九齡又被委任為洪州（江西南昌）都督，不久又轉任桂州（廣西桂林）都督兼嶺南道按察使，這一回總算離母親近一些。

或許張說注定是張九齡一輩子的伯樂，連他的去世都能給張九齡帶來機會。

開元十八年，燕國公張說病逝。

張說的病逝讓李隆基想起了張說的種種好處，進而想到了張說生前說過的一些話。他記得張說在擔任集賢院院長時曾經推薦過張九齡，說此人足以當集賢院學士，是一個合格的顧問。

李隆基就此想起了張九齡，他決定重用這個人。於是張九齡便從桂州都督離任，到長安出任秘書少監、集賢院學士、集賢院院長。

李隆基如此安排是有深意的，他因為張說想起了張九齡，然後又讓張九齡承擔起張說當宰相時的部分職務，這說明李隆基準備把張九齡當成張說的替身，也就是從此時起李隆基已經把張九齡當成宰相苗子培養了。

不久張九齡又遇到了一個機會。

李隆基準備給渤海國下一道奏疏，奏疏要用漢語和渤海國語兩種文字，然而問題來了，沒有人懂渤海國的語言。李隆基想起了張九齡，或許他會。張九齡沒有辜負李隆基的希望，他果然會，一會兒的工夫便完成了詔書，這讓李隆基對他更加刮目相看。

此後張九齡的仕途越走越寬，歷任工部侍郎、中書侍郎。

在中書侍郎任上，張九齡遭遇了人生一大痛事：母親去世。張九齡回鄉為母親守喪，本來準備為母親守喪三年，想不到開元二十一年的詔書把他推上了歷史前臺。

九齡拜相

開元二十二年正月，張九齡從曲江出發抵達洛陽，在這裡他見到了東巡於此的李隆基。

按照張九齡本人的意思，他想完成為母親的守喪，然而李隆基並不同意，國家正是用人之際，哪能讓你張九齡守喪三年呢？

不行，你必須出來當宰相。

眼看李隆基如此重用，張九齡不好再推辭，只能收拾起傷痛的心情，返回朝廷為人民服務。

四個月後，張九齡的宰相班子配齊了，還是三人：

中書令張九齡、侍中裴耀卿、禮部尚書同中書門下三品李林甫。

野心家李林甫終於如願以償。

如果說別人當上宰相都有些意外驚喜，那麼李林甫則是望眼欲穿很多年了。這些年他一直在努力，他不僅巴結宦官，而且還巴結宮中嬪妃的家人，經過努力他織成了一張龐大的關係網，這張關係網裡的所有人都是他的眼線。

通過這張關係網，李林甫對李隆基的喜好以及一舉一動瞭若指掌。一番努力下來果然奏效，他完全掌握了李隆基的心理，他所做的每一件事都能保證李隆基滿意，因此他在李隆基心中的地位也日漸提高。

與此同時，李林甫也沒有放棄「夫人路線」，宮中正當紅的武惠妃是他常年表忠心的對象。三番五次之後，武惠妃便認定了李林甫，她決定幫李林甫吹吹枕邊風。

如果放在以前，夫人路線是不管用的，然而現在不同了，因為李隆基已經不再是當年那個剛登基的李隆基。開元二十二年的李隆基四十九歲，他的心態已經隨著歲月的改變而改變了。以前的他勵精圖治，以天下蒼生為己任，現在的他有些懈怠了，畢竟已經當了二十年皇帝，總是約束著自己的欲望是一件很痛苦的事情。

李隆基在悄悄改變，武惠妃察覺到了，於是她在適當的機會推薦了李林甫。李隆基在腦海中思索了一下，一直以來他對李林甫的印象非常好，而且前任宰相韓休還推薦過他，或許是個不錯人選。就此李隆基把李林甫推上了前臺，與張九齡、裴耀卿組成了新一任宰相班子。

這個宰相班子以張九齡為主，裴耀卿和李林甫為輔，李林甫因為是後來的，因此算第三宰相。張九齡並沒有意識到自己將遭遇一個怎樣的敵手，就算他和裴耀卿綁到一起都不是李林甫的對手。

人各有所長，張九齡是文學大家，裴耀卿在行政、軍事方面都是高手，而李林甫似乎什麼都不是，但他在一個領域無人能敵，他是吏術高手。

當然，剛剛當上宰相的李林甫很低調，他知道自己的當務之急是站穩腳跟，在站穩腳跟之前，還是讓張九齡去唱主角吧。

張守珪拜相？

在張九齡拜相的同時，在幽州一位名將也在書寫自己的傳奇。

這位名將便是安祿山的伯樂張守珪。

張守珪聲名鵲起是在瓜州刺史任上，瓜州經過他的治理迅速從戰亂中恢復，瓜州也由此升級為都督府，張守珪成為第一任瓜州都督。以瓜州都督為跳板，張守珪升任隴右節度使，在吐蕃與唐簽訂和平條約之後，西線平靜下來，李隆基便把張守珪調到了形勢更吃緊的北線——幽州（今北京一帶）出任幽州長史。

在這裡，張守珪面對的是契丹和奚部落。契丹和奚部落在邊境作亂已經很多年，歷任幽州長史都不能平息，就連薛仁貴的兒子薛楚玉也無能為力，現在重擔落到了張守珪肩上。

張守珪知道契丹王李屈烈現在只是一個傀儡，真正的大權掌握在衙官可突干手裡，這是一個強人，對這個強人必須狠狠打擊。張守珪到任一改以往的防守戰略，頻頻主動出擊，這一下讓可突干有點受不了了。

以往都是可突干進攻，唐軍防守。現在張守珪先下手為強，頻頻主動出擊，可突干疲於應付，形勢便有些被動了。可突干決定改變戰略，他派出使節，向張守珪投降，但是是詐降。

可突干低估了張守珪，張守珪一眼便看出了可突干的詐降，但是他接受了。他準備假戲真做，因為他知道契丹部落並非鐵板一塊，這裡面有文章可做。張守珪派出自己的管記（**副參謀長**）王悔前去受降，同時見機行事。

王悔到了契丹王李屈烈的大帳，他發現契丹人對他虛與委蛇，言談之間還帶有一絲傲慢，看得出並不是真的想投降。王悔同時注意到一部分契丹人的帳篷正在向西北移動，這跟大唐正好是反方向，這表明契丹人確實在詐降。

不久王悔又得到一個驚人的消息，契丹人正在跟東突厥聯繫，準備聯手東突厥把他殺掉然後叛亂。王悔知道不能再等了，他必須馬上行動。然而王悔的人馬寥寥，就算他想行動又拿什麼跟契丹人拼呢？

用契丹人拼契丹人。

出使之前，張守珪和王悔已經研究了對策，這次假戲真做的關鍵在於策反契丹內部反對可突干的人，讓這些人與可突干內鬥，唐軍就能漁翁得利。

很快地王悔拜會了「假戲真做」計畫的關鍵人物——李過折。李過折是契丹部落的另一名衙官，手裡也掌握著一部分兵權，因為權力爭奪跟可突干有著很深的矛盾，張守珪要做的文章就在此人身上。一番遊說，李過折動心了，畢竟沒有人能拒絕權力的誘惑。

當夜李過折率領所部人馬突襲契丹王李屈烈、衙官可突干的營帳，李屈烈和可突干死於亂軍之中。隨後李過折率領契丹所有人馬向唐朝投降，雙方各取所需。唐朝要的是契丹人投降的姿態，李過折要的是契丹內部的實際統治權，這是一筆公平交易。

勝利的消息很快傳到了李隆基駕幸的洛陽，與消息一起傳來的還有李屈烈和可突干的人頭，李隆基想這兩個人已經很久了。心中歡喜的李隆基下令將李屈烈和可突干的人頭掛到洛陽城南洛水橋上，以展示大唐的軍威。

與此同時，李隆基的心中又萌生了一個念頭，他想給張守珪一個宰相名分。李隆基沒有想到這個提議居然遭到了張九齡的強烈反對。

張九齡說：「宰相代表天子處理國事，不是賞賜功臣的官職。」

李隆基試著問道：「只是給他名分，不讓他擔任實際職務，這樣可不可以？」

張九齡回應說：「不可！只有名分和官位是不能隨便給人的，這是皇帝的責任所在。張守珪擊破一個契丹，陛下就任命他為宰相，如果他把奚和東突厥都滅了，陛下拿什麼官賞賜他呢？」

張九齡把話說到這個地步，李隆基便不好再說什麼，只能在心中按下了讓張守珪當宰相的念頭。

李隆基對於這個結果感到遺憾，因為給有功的大將宰相名分早有先例，薛仁貴的兒子薛訥就曾經因為戰功被授予同中書門下三品，有過戰功的王晙也曾經兼任過宰相。李隆基張羅著給張守珪宰相名分其實是在延續慣例，沒想到這個慣例在張九齡這裡碰了釘子。

幾個月後，張守珪到洛陽呈送捷報，李隆基擢升他為右羽林大將軍兼御史大夫，算是對他打擊契丹的回報。

張守珪拜相事件便這樣過去了，看起來是張九齡佔了上風，將李隆駁斥得基啞口無言。實際上張九齡輸了，他高估了李隆基的度量，因為此時的李隆基已經不習慣宰相與他針鋒相對了，要不然他也不需要趕走韓休。

堅持原則是張九齡一生的優點，同時也是最大的缺點。

跟皇帝堅持原則？得看時機，得看皇帝的年齡。

第三隻眼

作為一代名相，張九齡不僅是文學大家，而且風度翩翩、品格高尚，更讓人信服的是他居然具有預見未來的第三隻眼。

他一眼看透了安祿山。

安祿山，營州（今遼寧朝陽）柳城的胡人，本不姓安，而姓康。安祿山的母親阿史德是一名巫師，居住在東突厥汗國，與丈夫結婚幾年還沒有孩子，便前往軋犖山進行祈禱。軋犖山是突厥的神山，傳說是鬥戰神的化身，安祿山的母親到那裡祈禱，便是希望得到神的保佑。可能是得到了神的保佑，不久安祿山的母親懷孕了，十個月後安祿山出生了。

安祿山出生時出現了靈異現象，有一道光沖出他所在的帳篷直刺蒼穹，野獸頓時跟著嚎叫，似乎在迎接一個新狼王的誕生。擅長望氣的人看到這一幕後不禁感歎這個帳篷將出貴人。

靈異現象之後，危機隨之來臨。

得到消息的范陽節度使張仁愿來了，他是來斬草除根的，然而任憑張仁愿把帳篷裡裡外外搜了個遍，還是沒有找到安祿山，張仁愿只能作罷。經歷了這一場虛驚，安祿山的母親認定這不是一個普通嬰兒，於是便給安祿山起了一個響亮的名字：軋犖山（**鬥戰神化身**）。

從此你就叫康軋犖山，你就是戰神的化身。

以上是關於安祿山出生前後的記載，有點神乎其神，按照我的推測其中演繹的成分多了一些，我權且一寫，你權且一看。

儘管安祿山一出生便與眾不同，但他的童年還是很苦的，在他很小的時候父親便去世了，不久安祿山便跟隨母親改嫁到突厥人安延偃家。

時間走到開元初年，安延偃所在的突厥部落也破落了，沒有辦法便前去投奔唐朝。投奔路上遇到了唐朝將軍安道買的兒子，因為這個緣故安延偃一家便住進了安道買家。

由於安延偃和安道買都姓安，因此便讓兩家的子弟互認為兄弟，也就是在這個時候，康軋犖山改姓為安並更名為祿山，安祿山由此而來。

漸漸地安祿山長大了，並找到了一份職業：互市牙郎（**貿易往來中間人**）。

安祿山所在的地區有多民族聚集，多民族間貿易往來非常頻繁，不過在貿易往來時有一個難題很難解決：彼此間語言不通。

安祿山出現後所有難題迎刃而解，因為他懂六蕃語，放在現在相當於六門外語。他靠著語言的優勢，再加上足智多謀、善解人意，他的互市牙郎當得還不錯，日子過得相當滋潤。然而滋潤的日子沒過幾年，安祿山栽了。

栽在一隻羊身上。

安祿山一時性起偷了一隻羊，結果被人發現報了官，這下問題嚴重了。此時管轄安祿山所在地區的是幽州節度使張守珪，張守珪嚴格執法，準備殺雞儆猴將安祿山一刀兩段。如果這一刀砍下去，或許就沒有後面的「安史之亂」了。

明晃晃的大刀片已經舉了起來，這時安祿山大呼一聲：「大人難道不想消滅奚和契丹嗎？那麼又為什麼要殺我這樣的壯士呢？」

這聲大喊引起了幽州節度使張守珪的注意。張守珪聞言，仔細端量了一下安祿山，他發現此人身材魁梧、皮膚白皙、相貌不凡，而且又是胡人，懂得六門外語，或許真是個人才。不妨便把這個人才留下吧。這一留便留出了千古禍害。

在這之後，安祿山就與自己的髮小史思明一起成為張守珪手下的捉生將（類似於偵察排排長）。

史思明，名字聽起來像漢人，實際上也不是漢人，而是突厥人的後代。史思明原名史窣幹，「思明」是他發達以後皇帝李隆基賜的名。相比於安祿山的相貌不凡，史思明就沒臉見人了，他骨瘦如柴、氣胸、駝背、眼睛突出、鼻子歪斜、頭髮稀少。

名人馬雲有一句名言：男人的智商與相貌往往成反比。這句話適用於馬雲，同樣適用於史思明。長相歪瓜裂棗的史思明，智商超出常人數倍。

史思明與安祿山兩人從小是鄰居，巧合的是史思明比安祿山早出生一天。長大後，兩個掌握六門外語的髮小便當上了互市牙郎，憑藉著自己的語言優勢混口飯吃。然而好景都不長，安祿山因為偷羊栽了一個跟頭，史思明則因為欠政府的錢還不起被迫遠走他鄉，流落到奚部落。

沒想到一進入奚部落，史思明就被巡邏的騎兵當作奸細抓住了，按照規矩殺無赦。

高智商的史思明馬上開動自己的大腦，瞎話張嘴就來：「我是大唐使臣，如果大唐聽說你們殺了大唐使臣，對你們沒好處，不如帶我去見你們大王，如果你們大王留下我，自然就少不了你的功勞。」

巡邏的騎兵智商也不高，一下子就被史思明給忽悠住了，便領著史思明來見奚王。見到奚王，史思明依然擺著「唐朝使節」的譜故意不拜，嘴中振振有辭：「天子使節見到小國國君不必參拜，這是禮數規定的。」

奚王頓時大怒，然而轉念一想，禮儀中確實有這樣的規定。再看史思明，奚王有點懷疑自己的眼睛，唐朝沒人了？派這麼一個歪瓜裂棗的傢伙。再轉念一想，或許唐朝天子不以貌取人，眼前這人沒準還真是使節，那可得罪不起。

就這樣，欠款不還的史思明便被當成了唐朝使節，在奚部落結結實實過了一把使節癮。臨近告別，奚王準備派一百人跟隨史思明前往唐朝朝見，史思明馬上意識到這是自己的一個機會，他要利用這個機會為自己賺一個向政府表功的投名狀。

史思明知道奚部落裡有一個能人名叫瑣高（**奚部落的高級官員**），此人非常有名，唐朝很多官員知道他的名字，如果把此人詐進陷阱就將是自己的投名狀。

史思明便對奚王說：「跟隨我入朝的人雖多，但沒有一個配朝見天子的，唯有瑣高可以與我一同前往。」

奚王哪裡知道史思明的算盤，一揮手，瑣高就加入了奚部落使節團。

使節團一行三百多人來到了平盧城（遼寧朝陽），臨近城門時史思明說：「你們先等候一下，容我進去通報。」進城之後，史思明便對平盧守將說：「這次奚部落來了好幾百人，名義是入朝晉見，實際是想偷襲平盧城，請大人提前做好準備。」

一眨眼的工夫，史思明就把三百多人的使節團給賣了，接下來就是鴻門宴的俗套了。奚部落三百餘人遭遇伏擊，除了名聲在外的瑣高，他們全都成了史思明的投名狀。

經此一戰，史思明今非昔比，幽州節度使張守珪接到彙報，對這個其貌不揚的傢伙產生了興趣，一高興便把史思明收入帳下，與安祿山一起出任捉生將。

至此「安史之亂」的兩大主角閃亮登場，他們的伯樂都是張守珪。

事實證明張守珪的眼光很精準，他所提拔的史思明和安祿山都沒有辜負他的期望，尤其是安祿山。安祿山不僅精通六門外語，而且對轄區的地理環境非常熟悉，憑藉著對地形的熟悉，他創造了以五名騎兵生擒契丹數十人的經典戰例。

之後張守珪有意給安祿山創造機會，又給他增加了一部分兵力，結果安祿山再接再厲，戰果不斷。安祿山憑藉戰功被擢升為偏將，而安祿山與張守珪的關係也越走越近。

安祿山是一個有心計的人，他知道張守珪對自己人生的重要性，因此他處處陪著小心，以博取張守珪的信任。安祿山知道張守珪嫌自己胖，於是他便控制自己的食量，在張守珪的手下他從來沒吃飽過，不是飯不夠吃，而是有飯不敢吃，怕胖。

在安祿山的苦心經營下，安祿山和張守珪的關係越走越近，最後一步到位，升級為父子關係：安祿山認張守珪為乾爹。有了這層父子關係，安祿山的仕途就被裝上了螺旋槳，一路直升，從偏將一直升遷到平盧兵馬使、幽州節度副使。

開元二十二年（**一說開元二十四年**），一直順風順水的安祿山遇到了一道生死坎。這一年安祿山奉張守珪命令出擊奚部落和契丹部落，本想藉此建立戰功，沒想到卻因為輕敵冒進遭到慘敗。

安祿山得對這場慘敗負責，按律當斬。安祿山到了生死關頭，張守珪坐立不安，按照軍法安祿山必死無疑，然而張守珪卻捨不得，因為他知道安祿山的能力，這麼有能力的一員大將就這麼殺掉太可惜了。張守珪不甘心，他想做最後的努力，於是張守珪命人將安祿山押解長安，安祿山是死是活由李隆基親自決定。

這次押解是張守珪使出的勝負手，同時也增加了安祿山的活命機率。如果繼續留在幽州，安祿山必死無疑，而到了長安，安祿山是生是死各有一半可能。

張守珪一度失算了，因為安祿山面對的宰相是張九齡。這是安祿山與張九齡的第一次面對面，也是唯一的一次，這次見面讓張九齡一眼看透了安祿山。張九齡在處理意見欄上寫上了自己的處理意見：殺！

張九齡隨後寫道：「昔日田穰苴誅殺莊賈、孫武斬宮嬪都是為了保證軍令暢通，張守珪軍令如果要保證暢通，安祿山就不能免死。」

遺憾的是張九齡的真知灼見並沒有得到李隆基的認可。一直以來，李隆基在張守珪的奏章裡屢屢看到安祿山的戰功，在他眼中這是一個有才幹的將領，僅僅因為一次戰敗就處死，他捨不得。

李隆基給出了自己的意見：免死，但免除官位，以白丁身分代理現有職務。

說白了，這是給安祿山一個立功贖罪的機會。

這下張九齡不幹了，他爭執道：「安祿山違反軍令導致軍隊覆沒，按照軍法不可不誅。況且臣觀察他的容貌中有反相，不殺必為後患。」

張九齡說完這話，李隆基便到了一個生死攸關的十字路口，這個決定攸關他一生的命運，就看他能不能抓住。遺憾的是李隆基沒有抓住，千載難逢的機會便在他手邊溜走，這一錯過就是一輩子。

李隆基回應說：「卿勿以王夷甫識石勒，枉害忠良。」

「王夷甫識石勒」說的是慧眼識珠的故事。

王夷甫（王衍）是西晉的宰相，在石勒還是少年的時候，兩人曾有一次偶遇，王夷甫一看石勒的面相便大吃一驚：「將來亂天下者必是此人。」

為了將禍患消滅在萌芽之中，王夷甫派人去抓石勒，然而石勒已經消失得無影無蹤。後來石勒果然造反，建立了「後趙」國，大規模入侵中原，導致西晉亡國。

這時「慧眼識珠」的王夷甫也落入了石勒手中，他不再宣稱「石勒將亂天下」，而是反過頭來向石勒獻媚，勸他早日稱帝。石勒並不待見這個以清談聞名的高官，他把王夷甫關到一個石屋裡。半夜石屋被人推倒，那個有著驚人遠見的王夷甫便無聲無息地從世間消失了。

回過頭再來說張九齡這次慧眼識珠，他跟王夷甫、羊祜一樣都有著精準的預言，並因為他們的預言被後世推崇不已。

這時要說說一個人的面相，一個人的面相裡真的包含著未來的命運嗎？為什麼古往今來，神乎其神的相面史不絕書？

在我看來，相面其實是對一個人的綜合判斷。羊祜、王夷甫、張九齡之所以能斷定對方將來「誤天下」、「亂天下」，或許是因為他們本身了解對方的能力，又從面相上看出了對方的性格，進而得出了神乎其神的判斷。也就是說張九齡了解安祿山的能力，但同時從面相上看出了安祿山的性格以及若隱若現的野心，因此得出「此人將亂天下」的結論。

這個結論原本只是一個模糊的判斷，然而卻不幸言中。

漸行漸遠

如同夫妻一樣，張九齡與李隆基合作初期也充滿甜蜜，在那段甜蜜的日子裡，張九齡就是李隆基眼中的西施，無論是風度還是文章，李隆基認定張九齡天下無雙。

張九齡身體瘦弱，但依然風度翩翩，異於眾人，於是李隆基經常對左右說：「朕每見九齡，使我精神頓生。」

張九齡在保持翩翩風度的同時還引領著時尚的潮流。在張九齡之前，官員們上朝都是直接手拿笏板，退朝回家則是將笏板插在腰帶上，然後翻身上馬，久而久之已成習慣。張九齡就任宰相後，習慣漸漸發生了改變。

因為張九齡身體瘦弱，腰裡插著笏板他上不了馬，於是他想了一個折衷的辦法，製作了一個專門用來裝笏板的笏囊。上朝的時候，張九齡夾著笏囊上朝，退朝以後，他把笏囊交給等候在外的僕人，然後自己翻身上馬，徹底解決了腰中有板上不了馬的窘況。

本來這只是張九齡個人的討巧，沒想到久而久之則成了時尚。從此之後笏囊開始流行，早期的公事包就此誕生。

除了風度，張九齡的文章也是天下無雙。李隆基經常對侍臣曰：「張九齡文章自有唐名公皆弗如也。朕終身師之，不得其一二，此人真文場之元帥也。」

然而也有人不同意李隆基的評價。

誰？張九齡。

因為張九齡有自己的偶像——曾與宋璟搭班子的蘇頲。張九齡經常看蘇頲的文章，他對蘇頲的評價是「蘇生之俊贍無敵，真文之雄帥也。」

除了風度、文章，張九齡還有一樣本事別人沒法比，那就是口才。

李隆基在勤政務本樓用七寶裝飾成一座小山，這座小山相當高，足足有七尺。每次李隆基召集學士們講解經旨以及時事時都會要求與會的學士相互辯論，辯論的最後勝者就坐上這座高七尺的小山，象徵著高高在上已無對手。而每一次登上這座小山的都是張九齡。由於張九齡善於辯論，每次與人談論經旨都是滔滔不絕，如同下阪走丸，時人都對他佩服得五體投地，稱之為「走丸之辯」。

不僅如此，張九齡的能力還體現在他的辦案效率上。

因為張九齡審理過很多案件，不僅能夠提綱挈領，而且還能細緻入微，於是一有案件一般官員都不敢先審理，而是先交給張九齡。張九齡直接提審犯人，然後直接口述形成案卷，結果無論重刑犯還是輕刑犯全部低頭認罪，於是張九齡又有了新的稱謂——「張公口案」。

風度翩翩、文章無敵、巧言善辯、公正嚴明，作為賢相的張九齡已經接近完美。然而人無完人，張九齡也有缺點，他的缺點是性格過於執著，而且缺少察顏觀色的能力，他與李隆基從初期的甜蜜到漸行漸遠，與這兩者有著莫大的關係。

開元二十四年八月五日，李隆基五十一歲生日。

數年前，經張說等人提議將每年的八月五日定為「千秋節」，於是八月五日這個原本普通的日子便升級為國家重要節日。按照慣例，大臣們在千秋節這一天要給李隆基獻上寶鏡，可能是圖個吉利。張九齡也獻了，他獻的是紙做的金鏡。

在張九齡看來，一般的鏡子只能自照看出一個人的容貌，而如果以人為鏡則可以看出個人乃至國家的吉凶。於是張九齡自己動手精選前朝興廢故事，編成五卷，稱之為《千秋金鏡錄》，這就是張九齡的金鏡。

金鏡呈上後不久，張九齡接到了李隆基的回信，在信中李隆基對張九齡大加讚美，張九齡心裡也樂開了花。張九齡沉浸於皇帝信中的讚美之詞，卻沒有看透讚美之詞背後的李隆基，他沒有意識到此時的李隆基已經五十一歲，他的耳朵已經不像登基之初那般兼容並蓄了。

張九齡渾然不覺。

不久，張九齡又讓李隆基感到不爽，起因還是張九齡的直言。

開元二十四年十月二日，李隆基準備從東都洛陽返回長安。

李隆基之所以長安、洛陽兩地跑，不是他喜歡跑，而是不得不跑，因為長安的糧食供應不足。

長安地處帝國腹地，但糧食產能並不高，需要從洛陽轉運大量糧食進行補充。然而從洛陽轉運代價非常昂貴，因此為了降低長安糧食的壓力，李隆基經常帶領文武百官由長安遷移到洛陽辦公，以降低長安糧食的供應壓力。

糧食轉運的難題經過裴耀卿的大規模整合才得以緩解，李隆基不再需要長安洛陽兩地奔波當一個「就糧天子」了。但開元二十四年的李隆基還是一個「就糧天子」，按照原定計劃他準備住到來年二月二日。然而住到十月一日，李隆基住不下去了，因為他產生了幻覺，感覺洛陽宮中有妖怪出現。李隆基頓時心生厭惡，便想早點返回長安。

十月二日這天，李隆基把三位宰相召來商量，張九齡和裴耀卿是反對派，李林甫則保持沉默。張九齡和裴耀卿說：「現在秋收還沒有結束，陛下如果返京恐怕會耽誤秋收，還是請陛下等到十一月再出發吧！」

李隆基一聽心裡不爽，不過他不動聲色。張九齡和裴耀卿以為李隆基就此答應，君臣說過一些話後便告辭出宮。

三位宰相原本一起往宮外走，這時李林甫突然顯得腿腳不便落在了後面。眼見張九齡和裴耀卿已經走了出去，李林甫一扭頭又返了回來。這時他說話了：「長安、洛陽不過是陛下的東宮西宮，兩宮往來哪裡還需要擇時出發。就算返回長安途中會耽誤秋收，只要免除所過州縣的租稅就可以了。臣懇請現在就下令給相關部門，即日起程。」

李林甫一席話便把奸臣和忠臣的區別展現得淋漓盡致。聽完李林甫的話，李隆基頓時大喜過望，還是「皇叔」知道朕的心意。准奏，即日起程！

經過這次返京事件，李隆基對張九齡漸漸產生了不滿，而李林甫則在節節攀升。不久，李隆基對張九齡的不滿又升級了，這一次是因為牛仙客。

牛仙客原本是一個小吏，經過自己的努力再加上蕭嵩的提拔做到了河西節度使，後來李隆基將牛仙客調任朔方節度使，同時又提拔了一位新河西節度使。正是這位新任河西節度使發揚了勇於表揚他人的精神，上任伊始就把自己的前任牛仙客狠狠地表揚了一通。

這位節度使在奏章中指出，牛仙客在河西節度使任內厲行節約、勤勤懇懇、倉庫充實、武器精良，實在是大唐節度使之楷模。奏章遞到李隆基手裡，李隆基龍顏大悅，便起了賞賜的念頭，他準備擢升牛仙客當一個部的尚書。這個想法又遭到了張九齡的反對。

張九齡說：「陛下不可。尚書是古代納言的位置，有唐以來只有擔任過宰相以及在中外都有德望的人才能擔任。牛仙客原本只是河湟小吏，現在要把他放到尚書的職位上，這恐怕會對朝廷造成羞辱。」

李隆基已經有些不滿，但依然耐著性子問道：「那麼給牛仙客封爵加采邑如何？」

張九齡又搖了搖頭，「不可。封爵是為了酬庸功勞。牛仙客作為邊將，充實倉庫、整修器械只是他分內的事，不足以成為功勞。陛下如果要賞賜他忠於職守，賜予金帛就可以了，如果封爵外加采邑，恐怕不太合適。」

李隆基被噎住了，心中更加不爽。不爽的心情一直延續到張九齡離開，李林甫到來。

李林甫與張九齡的態度相差一百八十度。李林甫說：「牛仙客，宰相之才，當一個尚書又算得了什麼。張九齡書生一個，拘泥於古法，不識大體。」

李隆基的心情頓時多雲轉晴，心也更貼近了李林甫。

第二天，李隆基舊話重提，張九齡再次表示反對，固執程度與昨天一樣。

李隆基動了肝火，變了臉色：「難道事事都由你說了算嗎？」

張九齡知道李隆基動了怒，但他依然不卑不亢：「陛下不認為臣愚鈍而把臣擢升到宰相之位，因此遇有事情有不合適的地方，臣不敢不進言。」

李隆基看著油鹽不進的張九齡，頓時起了挖苦之意：「你嫌牛仙客出身寒微，那麼試問你自己有何門第？」

張九齡一板一眼地答道：「臣的確出身嶺南貧賤之家，不如牛仙客生於中原大地。然而臣出入中央機關處理文件、起草詔書已經有很多年頭。牛仙客只不過邊塞小吏且目不知書，如果重用他恐怕不會讓眾人信服。」

李隆基再一次被噎住了，張九齡說的確實有道理。

就在李隆基要放棄對牛仙客的賞賜時，李林甫的話又從宮外傳入李隆基的耳朵裡：「如果一個人有才能，何必局限於文學呢。天子想重用他，有何不可！」

這就是李林甫，一個察顏觀色、見縫插針的高手。當皇帝渴時，他知道送水；當皇帝餓時，他知道送乾糧；當皇帝瞌睡時，他知道送枕頭；當皇帝手足無措時，他知道給皇帝送一個自說自話的理由。

李林甫表面上為牛仙客，實際上也是為自己，因為他與牛仙客同病相憐。他的文化水準也不高，文章更提不起來了，張九齡的文章名垂千古，李林甫的唐詩水準連打油詩都算不上，在人人都是半個詩人的唐代，李林甫算是「不學無術」了。

不過值得一提的是李林甫是個不錯的畫家，繪畫水準具有一定的造詣，著名詩人高適對他的繪畫水準讚譽有加，當然不排除有拍馬屁的成分。

李林甫如此幫牛仙客，其實是在拋磚引玉，拋出牛仙客這塊磚，引出自己這塊若隱若現的玉。

開元二十四年十一月二十三日，李隆基下詔封牛仙客為隴西縣公，采邑實封三百戶。

李林甫獲勝，張九齡慘敗。

張李角力

從開元二十四年的「返京事件」開始，張九齡和李林甫的角力露出冰山一角。

表面上張九齡貴為中書令處於明顯優勢，實際上這根本不是一場公平的角力，原因在於兩人對待這場角力的態度。張九齡向來對事不對人，儘管他對李林甫沒有好感，但他從不刻意針對李林甫，更不去研究李林甫，李林甫則不同，他從上任的第一天起就開始琢磨張九齡。

雙方的鬥爭注定不在一個層面之上，張九齡無欲無求，李林甫卻處心積慮，因為張九齡擋了他的道。李林甫恨張九齡不是一天兩天了，時間可以追溯到李林甫出任宰相之前。

當時李隆基經過武惠妃的推薦，想要重用李林甫，便詢問張九齡的意見。

張九齡說：「宰相關係國家安危，陛下卻想重用李林甫，臣只恐他日李林甫會成為江山社稷的隱患。」

張九齡原本以為李隆基會就此將李林甫排除在宰相集團之外，沒想到李隆基吃了秤砣鐵了心，還是讓李林甫成了他的宰相同僚。張九齡不甘心與李林甫這樣的人做同僚，因此便想找機會把李林甫踢出去。

一天，李隆基在皇家禁苑宴請群臣，君臣數人來到了魚池前，李隆基興致很高，便用手指了指魚池：「這幾條魚真夠鮮活可愛的。」

李林甫馬上接過話頭：「全是仰仗陛下皇恩浩蕩。」

這時張九齡接言：「盆池裡的魚就跟陛下任用的人一樣，只能裝飾景致、為兒女情長助助興而已！」

話裡有話，意有所指。

李隆基沒有回應，但心中不悅，李林甫更不用說，從此對張九齡懷恨在心。

張九齡呢，說過了也就說過了，他絲毫不以為意，絲毫沒有意識到他已經把李林甫得罪到家了。張九齡與李林甫的矛盾在張九齡不知不覺間逐漸升級，不久武惠妃也加入張九齡與李林甫的矛盾之中，形成了複雜的三角關係。三方在廢立太子的問題上，糾纏到一起。

前面說過，武惠妃的恩寵在後宮等同於皇后，但美中不足的是太子李瑛並非自己所生，因此她一直在為扳倒太子而努力；在武惠妃陰謀扳倒太子的同時，太子李瑛、鄂王李瑤、光王李琚的抱怨也在升級，他們都看到了自己母親的失寵，而武惠妃則把所有的恩寵據為己有。

古代的皇子是可悲的，他們雖然是物質上的貴族，但卻是情感上的棄兒。他們雖然有母親，但是按照皇家的管理規定並不能與母親長期生活在一起，普通人家的朝夕相處對於他們而言則是奢望；他們雖然有父親，但是他們的父親卻有很多兒子、女兒，平均分配是不可能的，遇到重大節日能看到父親一眼就是天大的榮幸。

現在他們三個湊在一起不斷抱怨，而在抱怨的同時卻忘了隔牆有耳，他們的妹夫、駙馬楊洄已經刺探他們很久了。

楊洄，李隆基的女婿，咸宜公主的駙馬，而咸宜公主則是武惠妃的親生女兒，這麼論起來李瑛、李瑤、李琚則是楊洄的掛名舅哥。

經過楊洄的刺探，武惠妃總算在雞蛋裡找到了骨頭，她要在李隆基面前發出致命一擊：太子陰謀結黨，將要加害賤妾母子，而且他們還指斥陛下。

李隆基被點中了腰眼，他怕的就是太子結黨。如果換做別人說「太子結黨」，李隆基還會表示懷疑，然而這是她最寵愛的武惠妃說的。廢立之心油然而生。

李隆基把張九齡等三位宰相召來說出了自己的想法，結果又遭到了張九齡的反對：「陛下登基近三十年，太子諸王也不離深宮，每日都接受陛下的教導，天下人都慶幸陛下享國久長，子孫繁茂。如今三位皇子都已成人，從沒聽說他們有什麼大的過失，陛下為何要聽信謠言，在憤怒之際廢黜太子。況且太子是天下之本，不可輕動，以往歷朝歷代都有廢太子導致社稷動盪的事例。由此觀之，不可不慎重。陛下必欲廢太子，臣不敢奉詔！」

張九齡又一次把李隆基噎住了，李隆基啞口無言生悶氣。

不久李林甫的話又晃晃悠悠地傳到了李隆基的耳朵裡，他的態度與當年明哲保身的李勣一樣：「此陛下家事，何必問外人。」

家事？其實是國事。身為一國之君的李隆基當然知道廢立太子的利害，一時間他也拿不定主意。

在李隆基猶豫不決的同時，武惠妃也在積極努力，她讓自己的親信宦官給張九齡帶話：「有廢必有興，宰相大人如果這一次肯施以援手，宰相之位就可以長久。」

這表明武惠妃想跟張九齡做交易。而張九齡不想跟任何人做交易。他當即怒斥傳話的宦官，然後把這件事情奏報給李隆基。

李隆基五味雜陳，對張九齡充滿了複雜的情感。一方面，這位宰相風度翩翩，文章天下無雙，能力無人出其右；另一方面，這位宰相過於執拗，甚至沒有察顏觀色的能力。

為天下計，需要這樣一個宰相；為自己計，與這樣的宰相相處太累了。

對於這樣一個人，是趕還是留呢？

天注定

第十三章

九齡罷相

張九齡已經不知不覺走到了罷相的邊緣，他之所以會走到這一步，一方面是因為李隆基的忍耐接近了極限，另一方面是因為李林甫落井下石。

原本張九齡沒有把李林甫放在眼裡，在張九齡看來李林甫就是一個不學無術的傢伙，與他談論公事如同癡醉之人，沒有半點回應。而如果談論公事以外的事情，李林甫則對答如流。因此張九齡對自己的左右說：「李林甫議事，如醉漢語也，不足言。」

然而就是這個「醉漢」一步一步將張九齡逼進了死角。因為「醉漢」李林甫抓住了張九齡的「把柄」。

「把柄」是一個人，名叫嚴挺之，後來對杜甫照顧有加的劍南節度使嚴武便是嚴挺之的兒子。嚴挺之時任中書侍郎，與張九齡交情非常好，李林甫在張九齡身上找不到破綻，便從張九齡的屬下兼好友嚴挺之身上找。巧合的是，嚴挺之還得罪過李林甫，拆過他的臺。

事情還得從「錯別字風波」說起。

之前李林甫提拔過一個人，這個人叫蕭炅。蕭炅頭腦靈活、辦事得力，深得李林甫賞識，於是李林甫便提拔他擔任戶部侍郎。然而蕭炅也有一個致命缺點，那就是書讀不多，認識的字也不多，時間一長便鬧出了「錯別字風波」。

有一次蕭炅和嚴挺之出現在同一個場合，蕭炅恰巧鬧出了笑話，他把「伏臘」讀成了「伏獵」，嚴挺之當場就快笑噴了，身為戶部侍郎居然連「臘」和「獵」都分不清，這也太搞笑了。

回來之後，嚴挺之便跟張九齡說：「朝廷怎麼能容忍一個『伏獵侍郎』存在呢？太兒戲了！」

張九齡聞言，頓時把蕭炅記在了心裡，不久蕭炅的「伏獵」侍郎做不成了，只能到岐州出任刺史。

僅此一件事，嚴挺之便跟李林甫結下了樑子，李林甫認為這是嚴挺之不給自己面子，故意讓自己難堪。不久嚴挺之與李林甫的矛盾升級了，起因還是嚴挺之不給李林甫面子。

當時張九齡有意把嚴挺之拉入宰相行列，但是僅僅自己一個人說話分量還不夠，還需要裴耀卿、李林甫共同推薦，畢竟三個宰相一起推薦要比張九齡個人推薦效果更好。張九齡授意嚴挺之去走一下李林甫的門路，至少應該登門拜訪一下。

嚴挺之呢？

他死活看不上李林甫的為人，終其一生沒登過李林甫的門。李林甫氣壞了，別人往自己的家裡一天跑八趟，嚴挺之八年都不跑一趟，這人太不把自己這個宰相當回事了，必須給他點顏色看看。

皇天不負有心人，有心的李林甫終於抓住了嚴挺之的破綻：企圖干預司法公正。

這一抓很致命，進而引發了蝴蝶效應。

嚴挺之「企圖干預司法公正」的起因是他的前妻。

原本嚴挺之結過一次婚，後來不知什麼原因一紙休書把妻子休掉了。被嚴挺之休掉的前妻又嫁給了蔚州刺史王元琰，王元琰後來因為貪贓枉法被打入大獄，由大理寺、刑部、御史臺三大衙門共同審理。這時嚴挺之的前妻找到了嚴挺之，希望他能幫王元琰一把。受前妻之託，嚴挺之勉為其難去撈王元琰，結過王元琰沒撈出來，他自己掉進去了。

他的所作所為被李林甫偵察得一清二楚。李林甫很快通過宦官把小報告打到了李隆基那裡，李隆基動了肝火，準備收拾一下嚴挺之。

李隆基對張九齡說：「嚴挺之為犯罪的人開脫，這是嚴重地干預司法公正。」

張九齡急忙為嚴挺之辯護：「對方是嚴挺之已經休掉的妻子，這中間應該沒有什麼偏私。」

李隆基接了一句：「雖是前妻，但這裡面一定還有偏私。」

張九齡啞口無言，他知道李隆基已經掌握了充足的證據。嚴挺之完了，張九齡也完了，因為他急於替嚴挺之辯護，李隆基就此認為張九齡、裴耀卿、嚴挺之結黨。

「結黨」的帽子一扣，便扣掉了張九齡的宰相生涯。其實張九齡的疑似「結黨」並沒有嚴重到不可救藥的地步，只是李隆基已經對張九齡失去了耐心，而疑似「結黨」便成了壓垮張九齡的最後一根稻草。

不久，張九齡收到了李隆基賞賜的一件特殊禮物：白羽扇。

張九齡下意識看了一下外面的天氣，已是深秋時節，在深秋時節賞賜一把白羽扇，白羽扇背後隱藏著什麼呢？

白羽扇是夏天用的，深秋一般人都不用。張九齡明白了，他讀懂了白羽扇背後的深意：張九齡，你過時了。張九齡頓時悲從心來，然後把滿腹悲傷注入自己的筆下，寫下了《白羽扇賦》：

> 當時而用，任物所長。彼鴻鵠之弱羽，出江湖之下方，安知煩暑，可致清涼？豈無紈素，彩畫文章？復有修竹，剖析毫芒。提攜密邇，搖動馨香，惟眾珍之在御，何短翮之敢當？而竊思於聖後，且見持於未央。伊昔皋澤之時，亦有雲霄之志，苟效用之得所，雖殺身之何忌？肅

肅白羽，穆如清風，縱秋氣之移奪，終感恩於篋中。

大致意思是說，為了做一把白羽扇，鳥兒付出了自己的生命。可是如果能對君主有用，付出生命又算得了什麼呢？到了秋天，扇子便沒用了，難免被扔進筐裡。但是即便如此，它仍然會感激陛下曾經的知遇之恩。

這哪裡說的是鳥和扇子，分明說的是張九齡自己。

《白羽扇賦》呈送到李隆基那裡，李隆基很快做出了回覆：

答張九齡進白羽扇賦批

朕頃賜扇，聊以滌暑，卿立賦之，且見情素。詞劉理妙，朕詳之久矣。然佳彼勁翮，方資利用，與夫棄捐篋笥，義不當也。

李隆基的意思是說，我之前賞賜給你扇子，是讓你消暑納涼的，沒想到你還寫了一篇《白羽扇賦》，寫得不錯，我看了很久。不過你有點誤會，扇子是讓你用的，而不是拋棄的，別多想，別多想。李隆基話雖然這樣說，但心中已經下定了決心，在他的心中張九齡就是那把白羽扇，用不上了，該收進箱底收藏了。

順著《白羽扇賦》延伸一句，當初張九齡寫《白羽扇賦》時只是因為心中悲傷急於表明自己的心跡，沒想到寫就了千古名篇。數百年後，明朝著名書畫家董其昌用自己的筆寫下了《張九齡白羽扇賦》，這一寫就成了中華文化永久的瑰寶。至今董其昌的《張九齡白羽扇賦》還收藏在臺北故宮博物院，張九齡、董其昌遠隔數百年卻相得益彰。

在《白羽扇賦》後，張九齡意識到自己的宰相日子不多了，他必須為自己的未來打算。他決定向李林甫妥協。於是他又寫了一首《歸燕詩》：

海燕何微渺，乘春亦暫來。
豈知泥滓賤，只見玉堂開。
繡戶時雙入，華軒日幾回。
無心與物競，鷹隼莫相猜。

張九齡在這首詩中把自己比作海燕，把李林甫比作比自己大的鷹隼，他借用海燕的口告訴李林甫，我已經無心跟您爭，您就別猜忌了。《歸燕詩》很快送到了李林甫府中，李林甫接過一看微微一笑，張九齡，你也有今天。

開元二十四年十一月二十七日，開元年間最後一位良相張九齡的宰相生涯劃上了句號，他被免去宰相職務出任右丞相（**尚書右僕射**），他的搭檔裴耀卿則出任左丞相（**尚書左僕射**），此時的尚書左僕射、右僕射已經成了一個沒有具體職務的閒職，只保留了行政級別。

伴隨著張九齡和裴耀卿的下臺，開元天寶年間執政時間最長的宰相李林甫成為大贏家，他兼任中書令出任第一宰相。與李林甫搭班子的是張九齡看不起的牛仙客，牛仙客出任工部尚書、同中書門下三品，同時兼任朔方節度使。

嚴挺之呢？

中書侍郎做不成了，被貶出長安，出任洺州刺史。嚴挺之前妻的現任丈夫王元琰也沒能逃過懲罰，最終被流放嶺南。

至此，因為王元琰的貪贓枉法，引發了嚴挺之、張九齡、裴耀卿的連鎖倒臺。

落井下石

雖然張九齡以《歸燕詩》向李林甫妥協，但李林甫並不準備就此放過張九齡，因為落井下石是李林甫的強項。不久李林甫就撿起了一塊石頭，然後朝張九齡身上狠狠砸去。

石頭的名字叫周子諒。周子諒成為李林甫的石頭，起因是一次失敗的彈劾。

身為監察御史的周子諒彈劾的對象是牛仙客，他在彈劾的奏疏中指出，牛仙客小吏出身，不學無術，不具備宰相之才。

如果僅僅是這些，也沒有什麼大不了，要命的是周子諒引用了民間流傳的神秘預言，這一下觸動了李隆基敏感的神經。身為皇帝最討厭的就是神秘預言，那是一個誰都不能碰的禁區，而周子諒偏偏碰了。

李隆基大怒，當即命人在金鑾大殿上用亂棍將周子諒暴打一頓，周子諒昏死了過去。不久，命大的周子諒甦醒過來，又一頓亂棍打了下來。

兩次亂棍加身，周子諒奇蹟般挺了過來，但追加的懲罰接踵而至：流放瀼州（廣西上思縣）。這一次周子諒沒能挺住，剛剛走到藍田（陝西藍田縣）便告不治，死在了流放的路上。

周子諒一死倒給了李林甫靈感，這個已經再也不能說話的周子諒就是最好的石頭。趁著李隆基火氣未消，李林甫說話了：「周子諒是張九齡推薦的。」

一擊中的，惱怒的李隆基頓時將火氣撒到了張九齡身上。開元二十五年四月二十日，李隆基將張九齡貶出長安，出任荊州長史，從此張九齡的人生與長安再無交集。

人生的落差讓詩人的靈感油然而生。以前的張九齡雖然文采飛揚，但顧影自憐的味道比較濃，即便是最有名的《望月懷遠》亦如此：

海上生明月，天涯共此時。
情人怨遙夜，竟夕起相思。
滅燭憐光滿，披衣覺露滋。
不堪盈手贈，還寢夢佳期。

被貶到荊州之後，張九齡將自己的情感傾注到詩裡，他的詩在不經意中再次得到昇華，以前夢寐以求的高度在荊州不期而至。他在荊州創作了《感遇》十二首，與陳子昂的《感遇》遙相呼應，成為唐詩中不可多得的精品，其中《感遇》第二首最為知名：

感遇十二首（其二）

蘭葉春葳蕤，桂華秋皎潔。
欣欣此生意，自爾為佳節。
誰知林棲者，聞風坐相悅。
草木有本心，何求美人折？

中國的文人就是這樣，當仕途順利時，他們只是帝國大廈中一個個面孔模糊的官員，當仕途起伏、人生起落時，他們文人的一面才顯現出來，成為一個個面孔鮮活的人。

對於他們而言，人生究竟是得意好，還是失意好呢？或許沒有答案。

沒有答案的張九齡在荊州日復一日，他的心中充滿了苦悶，唯一可慰藉的是在荊州他與唐代兩位著名詩人的人生有了交集。兩位詩人一位是詩佛王維，一位是山水詩人孟浩然。

相比於孟浩然，王維與張九齡的緣分更深，王維一生視張九齡為恩師，因為他仕途的二次起步得益於張九齡。

王維於開元九年高中進士，憑藉自己的音樂才能當上了大樂丞。天有不測風雲，大樂丞幹了沒幾年王維就栽了，栽在獅子身上。他手下的伶人鬼使神差地舞起了獅子，而偏偏獅子的顏色是黃色的，跟李隆基身上的龍袍顏色一樣，這下王維麻煩了。不久王維被追究領導責任，大樂丞幹不成了，被貶到地方出任司戶參軍。

如果沒有張九齡，王維的司戶參軍不知道要幹多久，而隨著張九齡拜相，王維的機會來了，他以一首詩「干謁」張九齡。

「干謁」是當時非常流行的一種自我推薦方式，有才華的人一般用詩詞歌賦作為自己的敲門磚，去投向那些身在高位能對自己仕途有所幫助的官員。張九齡就是高官中的一個，王維干謁過他，孟浩然也干謁過他。相比之下，孟浩然干謁詩的水準更高，至今流傳很廣：

望洞庭湖贈張丞相

八月湖水平，涵虛混太清。
氣蒸雲夢澤，波撼岳陽城。
欲濟無舟楫，端居恥聖明。
坐觀垂釣者，徒有羨魚情。

孟浩然在詩中含蓄地表示了自己的「臨淵羨魚」之情，話裡話外渴求張九齡給自己一支「舟楫」讓自己從此步入仕途。可能是孟浩然太含蓄了，也可能是張九齡嫌孟浩然年齡太大，那一年的孟浩然已經四十歲，此時再步入仕途有些晚了。

孟浩然的干謁詩沒有起作用，王維的卻起了作用：

寧棲野樹林，寧飲澗水流。
不用坐粱肉，崎嶇見王侯。

鄙哉匹夫節，布褐將白頭。
任智誠則短，守仁固其優。
側聞大君子，安問黨與讎。
所不賣公器，動為蒼生謀。
賤子跪自陳，可為帳下不。
感激有公議，曲私非所求。

在今天看來，王維的干謁詩水準沒有孟浩然的高，但他的詩敢於表揚領導「所不賣公器，動為蒼生謀」，這是王維給張九齡的極高評價。同時王維的詩也很直接，直截了當說出自己的想法：「賤子跪自陳，可為帳下不。」目的一目了然。

王維的詩很快地收到效果，張九齡將王維由司戶參軍提拔為右拾遺。從此王維將張九齡視為一生的恩師，他不僅佩服張九齡的文采，更佩服張九齡的為人，而張九齡對王維的一生影響很大。

開元二十四年，張九齡罷相，這讓先前充滿抱負的王維頓時產生失落，不久張九齡被貶往荊州，王維對仕途心灰意冷，他從恩師身上看到了自己的未來。自此之後，本就向佛的王維意興闌珊，開始了「半官半隱」的生活，張九齡罷相既是張九齡人生的分水嶺，同時也是王維人生的分水嶺。這道分水嶺讓大唐王朝少了兩個銳意進取的官員，卻多了兩個青史留名的著名詩人。

在張九齡被貶荊州之後，鬱悶的王維給張九齡寄了一首詩：

所思竟何在，悵望深荊門。
舉世無相識，終身思舊恩。
方將與農圃，藝植老丘園。
目盡南飛鳥，何由寄一言。

詩中充滿了苦悶，而王維的退隱之心也躍然於上。不久張九齡回信了：

荊門憐野雁，湘水斷飛鴻。
知己如相憶，南湖一片風。

人生得一知己，足矣！

和王維與張九齡紙上唱和不同，孟浩然更為直接，因為此時他的距離張九齡更近。被貶的張九齡在荊州想起了孟浩然，便邀請孟浩然出任自己的幕僚，這本是孟浩然進入仕途的大好機會，然而與張九齡唱和幾個月後孟浩然告辭離去。沒有人知道孟浩然離去的真正原因，後人推測可能孟浩然散淡慣了，適應不了官場的氛圍。從此之後孟浩然與官場絕緣，數年後死於食物中毒。

伴隨著孟浩然的離去，張九齡的人生也抵達了終點。開元二十八年二月，張九齡在荊州病逝，享年六十七歲，開元年間最後一個良相撒手人寰，只留下世人的唏噓不已。

在張九齡身後，李隆基追贈他為荊州大都督，諡號文獻。

從此每逢有人向他推薦宰相，李隆基都會追問一句：風度趕得上張九齡嗎？（風度得如九齡不）由此可見風度翩翩的張九齡在李隆基心目中的位置，可惜那個最有風度的張九齡已經去了。

至此，開元年間的賢相一一唱罷謝幕，他們各具才能，各有千秋。姚崇崇尚變通，宋璟崇尚法治，張嘉貞崇尚向基層負責，張說崇尚文學，李元紘、杜暹崇尚節儉，韓休、張九齡崇尚耿直，他們一起輔佐李隆基開創了開元盛世。

寫到這裡或許有人會說，感覺歷任宰相並沒有做太多的事，他們何以開創開元盛世？其實在中國古代想要開創盛世，說複雜也複雜，說簡單也簡單。複雜是因為一個國家事情繁雜、千頭萬緒，簡單是因為只要抓好兩件事情，一是吏治，二是農業生產。只要做到吏治清明，農業生產正常有序進行，一個王朝就會蒸蒸日上。

開元年間的數任宰相，無論是姚崇、宋璟，抑或是張說、張九齡，雖然他們有各的優缺點，但在他們的任內做到了政治清明、百姓安居樂業，由此也就逐步開創了開元盛世。

然而到了開元二十四年張九齡罷相，開元年間的最後一個良相結束使命，取而代之的是奸相李林甫，大唐王朝到了一個分水嶺。在這個分水嶺之前，李隆基勵精圖治、政治清明；在這個分水嶺之後，李隆基意興闌珊，政治開始混濁不堪，大唐王朝在李隆基的帶領下進入「偽高潮」。

看似高潮，其實已經是下坡路。或許這一切都是上天注定。

咫尺天涯

花開兩朵，爭芳鬥豔。

外廷宰相們起起伏伏、來來往往，與此同時李隆基的後宮也沒閒著，爭儲的鬥爭正在逐日升級。此時後宮的主角依然是武惠妃，這個心比天高的女人已經折騰了很多年了。

開元十四年李隆基原本想冊立武惠妃為皇后，沒想到卻遭到了大臣的群起反對，時光荏苒，到開元二十四年已經過去了十年。

這十年中，武惠妃一直對皇后之位望眼欲穿，但她知道今生今世皇后之位已經與她絕緣，她所能做的便是將自己的兒子李瑁扶上太子之位，而她自己成為一人之下萬人之上的皇太后。

十年中外廷換了幾任宰相，最近的一任就是張九齡。就是這個張九齡壞了她的好事，一度就快要把太子扳倒了，沒想到張九齡硬是扶住了太子搖搖欲墜的儲君之位，這個南方蠻子成事不足敗事有餘。現在張九齡靠邊站了，外廷宰相已經換成了自己的貼心人李林甫，此時動手勝券在握。

不久武惠妃又一次啟動了廢立計畫，衝在前面的還是駙馬楊洄。楊洄給李隆基上了一道奏疏：太子李瑛、鄂王李瑤、光王李琚，與太子妃兄駙馬薛銹圖謀不軌。

「圖謀不軌」就是一頂神奇的帽子，套在誰的頭上都有可能生效，這一切就取決於皇帝是否明察秋毫。如果皇帝英明，這頂帽子生效的機會就會比較低，如果皇帝已經混沌，那麼這頂帽子扣在誰的頭上，最終就是一頂「血滴子」。

不幸的是開元二十五年已經五十二歲的李隆基不再耳聰目明。接到奏章的李隆基把李林甫和牛仙客找來商量，想聽聽兩位宰相的意見。這時李林甫上前一步，他此時像是一隻把頭埋進沙子裡的鴕鳥。

李林甫說：「這是陛下的家事，不是臣等能跟著出謀劃策的。」

這就是李林甫，一個吏治高手。李林甫這麼做說穿了是明哲保身。原本他應該是一道約束皇帝行為的防火牆，然而他卻主動關閉，任由李隆基在大唐王朝肆意作為。

如此一來，便把當了二十三年太子的李瑛推向了萬丈深淵。

這時的李瑛其實是一個孤兒，因為他的生母趙麗妃已經在開元十四年去世了。

當年因為生母得寵，他得立為太子，後來生母失寵，他也失去了往日的光芒，開元十四年生母的去世更讓他失去了可以遮風擋雨的避風港。張九齡在位時還能用倫理道德給他披上一件防彈衣，現在張九齡不在了，李瑛失去了最後的依靠。

開元二十五年四月二十一日，李隆基派宦官在宮中宣布：廢李瑛、李瑤、李琚為庶人，駙馬薛銹流放瀼州。

這是最後的結果嗎？

不是，因為有唐以來的廢太子從來沒有好下場。不久他又接到了新的詔書：賜死。

詔書一下，三位原本金枝玉葉的皇子自殺於長安城東的驛站，駙馬薛銹自殺於藍田，四條鮮活的生命葬送於李隆基一紙詔書之下。

至此開國一百餘年的唐朝就形成了一個奇特定律：歷任皇帝的第一任太子都沒能成為繼位的皇帝。

高祖李淵的第一任太子李建成死於李世民發動的玄武門之變；太宗李世民的第一任太子李承乾

被魏王李泰拱倒，最後幽禁而死；高宗李治的第一任太子李忠被武則天扳倒，最終賜死；中宗李顯的四個兒子全部非典型死亡；睿宗李旦的第一任太子李成器最終將儲君之位讓給了李隆基；李隆基的第一任太子李瑛當了二十三年太子之後被李隆基賜死。

六任首席太子，六齣人生悲劇。

隨著李瑛人生的悲劇謝幕，準皇后武惠妃無限接近了成功。但無限接近並不等於最後成功。就在武惠妃自覺成功在望時她患病了，而且產生了幻覺，她總感覺太子李瑛、鄂王李瑤、光王李琚在她的眼前走動，他們是來索命的。武惠妃的幻覺越來越強烈，身體每況愈下。七個多月後，武惠妃病逝。

開元二十五年十二月七日，心比天高的武惠妃走完了自己的人生路，她的人生定格在三十八歲，定格在太子李瑛向她索命的幻覺之中。回望武惠妃的一生，她曾經兩次接近成功，一次在開元十四年，一次在開元二十五年，然而兩次機會她都沒能抓住，雖近在咫尺，但對她而言咫尺就是天涯。

出人意料

武惠妃走了，難題卻留下了，誰來當新太子？

如果武惠妃健在，這個難題不是問題，順理成章把壽王李瑁扶上皇位就可以了。現在不同了，承受李隆基寵愛最多的對象已經消失，壽王李瑁這個武惠妃的附屬品還有當年的價值嗎？子憑母貴，母都不在了，子還能貴嗎？李隆基陷入猶豫之中。

這時一個熱心人卻積極運作起來，他要奮力將壽王李瑁扶上皇位，這個人就是李林甫。李林甫如此做不是因為他對武惠妃有多忠心，而是開弓沒有回頭箭，他已經回不了頭了。一直以來他都抱著武惠妃的大腿，站在壽王李瑁這條線上，現在他想改弦易轍也來不及了，因為他的身上已經蓋上了武惠妃的戳，誰都知道他是武惠妃的人，想擁立的皇子是壽王李瑁。為了達到擁立李瑁的目的，李林甫三番兩次在李隆基面前推薦李瑁，然而李隆基始終舉棋不定。

這時李隆基回想起不久前賜死三子，心突然揪了起來，畢竟他們的身體裡流淌著自己的血，畢竟他們的母親都曾經是自己寵愛的嬪妃，而自己一紙詔書就剝奪了他們的生命。李隆基鬱悶了起來，經常沒有食欲，原本良好的睡眠也悄悄離他遠去。李隆基的鬱悶被高力士看在眼裡，作為多年的貼身宦官他知道李隆基苦悶的根源。

高力士試探著問道：「陛下近日茶飯不思，所為何事啊？」

李隆基回應說：「你是我家老奴，難道不知道我的心思嗎？」

高力士試著問道：「是不是因為儲君之位空缺，太子人選未定啊？」

李隆基點了點頭：「是的。」

高力士壯著膽子說道：「陛下何必如此費心勞神，只要選一個年長一點的，誰還敢再爭。」

李隆基眼睛一亮：「你說的有道理，有道理。」

開元二十六年六月三日，李隆基下詔：冊立忠王李亨為皇太子。

二十多年平平淡淡的李亨就這樣被推上了太子之位，而武惠妃費了二十多年心機，到頭來為李亨做了一件嫁衣。

其實在李隆基冊封李亨為太子時，還有一位皇子比李亨年長，這位年長的皇子叫李琮，是李隆基的長子。

李琮的一生是非常背的，開元二年冊立太子時，他身為長子，但他的母親劉華妃沒有趙麗妃受寵，結果李琮敗下陣來，李瑛成為太子；開元二十六年，如果嚴格執行高力士的建議，首席太子人選是李琮而不是李亨，但這一次李琮又敗了，他敗給了自己。

他有兩個難言之隱：他的臉毀容了，打獵時被野獸抓破了臉；他的生育能力存疑，到開元二十六年時依然膝下無子。

兩相對比，李琮完敗，李亨贏得最後的勝利，成為李隆基的新任太子。雖然李琮前後兩次完敗，但最後他也當上了皇帝，不過不是生前，而是死後由他的弟弟李亨追贈的。

至此明爭暗鬥十幾年的爭儲大戰終於結束，前太子李瑛慘敗，武惠妃功敗垂成，鬥了十幾年讓原本無欲無求的李亨坐收漁翁之利。

開元二十六年的爭儲失敗是壽王李瑁人生中遭遇的第一次重大打擊，但不是最後一次。數年後李瑁遭遇了人生中的第二次打擊，他的父親李隆基送給他一頂碩大的綠帽子。

太阿倒持

第十四章

名將落馬

一提起李隆基的人生敗筆，世人就會想到他對安祿山的過度寵幸，寵幸安祿山只是李隆基人生敗筆之一，從開元二十四年開始的諸多敗筆疊加到一起，才釀成了最終的「安史之亂」。

風起於青萍之末，李隆基的第一個錯招是於開元二十四年打壓李禕。

在前面的章節中，信安王李禕曾經出過場，正是他力排眾議一舉攻克吐蕃軍事重鎮石堡城，使得唐朝開邊一千餘里。攻克石堡城之後，李禕成為李隆基倚重的重將，於開元十九年被李隆基推上了前臺。

這一年奚和契丹一起投降突厥，讓李隆基大為惱火，他便任命忠王李亨為河北道行軍元帥討伐奚和契丹。這個任命其實是虛的，按照慣例，李亨只是掛名元帥並不隨軍出征，真正領兵的重任落到了李禕肩上。

李禕不負眾望，率軍出征大破奚和契丹，契丹軍隊向北狼狽逃竄，奚部落酋長則帶領五千頂帳篷向唐朝投降，遠征取得大勝。凱旋之後，李禕憑藉戰功加封開府儀同三司，同時兼任關內支度使、營田使等職。三年後，李禕升任兵部尚書兼朔方節度大使，人生達到了巔峰。

然而在重用李禕的同時，李隆基對李禕不放心，因為李禕是宗室子弟，他的祖父是吳王李恪，按照輩分是李隆基的堂叔。對於這樣一位有能力、有戰功的堂叔，李隆基左右為難。如果繼續重用李禕，李隆基擔心將來尾大不掉，而如果棄之不用又覺得有些可惜。權衡再三，李隆基決定放棄李禕，他不能坐視一個宗室子弟坐大。開元二十四年，李隆基的打壓開始了。

武溫昚是武則天的侄孫，曾經擔任過連州司馬。李隆基的一系列打壓就是從武溫昚開始。李隆基給武溫昚扣的帽子是「結交權貴」。這個帽子跟「圖謀不軌」類似，一旦扣上就在劫難逃，最終武溫昚沒能逃過劫難，他被亂棍打死。在他嚥氣的同時，一根打壓鏈條隨之誕生，李禕便這樣毫無徵兆地被拉下馬。

以武溫昚為起點的鏈條上，朔方、河東節度使李禕、廣武王李承宏（**邠王李守禮之子**）、涇州刺史薛自勸全部被牽連進去，他們的罪名是與武溫昚有交往。經過這次近乎無中生有的牽連，李禕被貶為衢州刺史，後來又做過懷州、滑州刺史，雖然還在仕途，但已經是苟延殘喘再無作為，一位準名將便這樣在打壓下無聲無息地湮沒於歷史之中。

在李禕之後，又一位名將落馬了，這位名將也是一個熟人，幽州節度使張守珪。張守珪的落馬有點冤，他沒有倒在槍林彈雨之中，而是倒在了宦官的相互傾軋之下。

開元二十七年，幽州境內進行了一場「狐假虎威」的戰役。說這場戰役狐假虎威，是因為這場戰役並沒有得到張守珪同意，而是他屬下的將領假借他的名義打了一場沒有多大意義的戰役。

張守珪手下有兩位將軍，一位叫趙堪，一位叫白真陁羅，兩人不知是哪根筋搭錯了，硬是要平盧軍使（**平盧軍事基地司令**）烏知義出兵攻打叛逃的奚部落殘餘部隊，並且聲明這是張守珪的命令。

久在邊塞的烏知義對奚部落知根知底，他知道這些叛逃的殘餘部隊看起來是烏合之眾，但仍然具有很高的戰鬥力，貿然出擊很有可能遭遇慘敗。烏知義拒絕了，就算是張守珪的命令也堅決不出兵。

令烏知義沒有想到的是白真陁羅又來了，這回傳的不是張守珪的命令，而是皇帝李隆基的命令。烏知義沒辦法了，他可以硬著頭皮不聽張守珪的命令，但是他不能不聽李隆基的詔令，那麼做就是拿自己的腦袋開玩笑。

烏知義從始至終都不知道不僅張守珪的命令是假的，連李隆基的命令也是假的。「奉命」出征的烏知義與契丹叛軍遭遇，先勝後敗，被契丹部落打得丟盔卸甲，慘不忍睹。

戰敗的消息傳到張守珪那裡，張守珪驚呆了，他沒有想到手下的將軍居然能幹出這樣的蠢事，八成是想戰功想瘋了。然而事已至此只能想辦法補救，如實上報是不可能了，那樣只能讓皇上添堵，讓自己坐蠟。為今之計只能把「敗」改為「勝」，把「慘敗」當作「大捷」，或許山高皇帝遠，這次慘敗也就遮掩過去了。

張守珪自以為做得神不知鬼不覺，然而戰敗的消息還是洩露了，傳到了李隆基的耳朵裡，麻煩就此向張守珪襲來。

為了調查戰敗真相，李隆基派出頗為信任的宦官牛仙童，責令牛仙童將事實調查清楚。張守珪決定在牛仙童身上做文章，只要堵住牛仙童的嘴，事情還有轉寰的餘地。

張守珪雙管齊下，他用兩隻手同時堵住了兩張嘴。一張是牛仙童的嘴，張守珪用的是讓牛仙童眼暈的賄賂；一張是白真陁羅的嘴，張守珪逼他承擔了戰敗責任，勒令自殺。兩張嘴都堵上了，白真陁羅再也不能說話，而且死無對證；牛仙童拿了賄賂，自然該說的說，不該說的不說。張守珪安下心來，他以為事情到此就結束了。牛仙童也這樣以為。

然而他們的判斷都錯了。儘管張守珪堵住了牛仙童的嘴，但堵不住宮中其他宦官的嘴，這些宦官因為牛仙童受寵心中充滿嫉妒，又輾轉聽說牛仙童得到巨額賄賂，他們的內心更加不平衡了。幾經調查得知了真相，他們決定在牛仙童的背後狠狠捅上一刀，誰叫你紅，讓你拿那麼多賄賂。

小報告很快打到了李隆基那裡，牛仙童、張守珪的厄運隨之來臨。

李隆基把牛仙童交給了大宦官楊思勗。楊思勗是一個多棲發展的宦官，既能進宮服侍，又能帶兵打仗，出刀時疾如閃電，下死手時從不眨眼。楊思勗先把牛仙童綁了起來狠狠打了數百杖，然後用刀把牛仙童的心剜了出來，最後把牛仙童的肉割了下來放進嘴裡吃了幾口。

有了牛仙童墊底，張守珪得到什麼樣的處罰都算輕的了。開元二十七年六月十三日，張守珪被貶為括州（浙江省麗水市）刺史，這還是李隆基念在他過去有功網開一面，不然他的下場比牛仙童好不了多少。但張守珪的餘生注定是一個悲劇，到任不久便背上生疽，鬱鬱而死。原本他有望成為大唐王朝的北方長城，結果因為一場「狐假虎威」的戰役而前功盡棄。

在張守珪之後，幽州節度使又換了兩任，直到換上了安祿山。如果張守珪一直鎮守幽州，或許安祿山就沒有發動「安史之亂」的機會。

如果僅僅是如果，歷史終究不可更改。

戰吐蕃

從開元二十四年到開元二十七年，準名將李禕被打壓落馬，名將張守珪鬱鬱而終，李隆基在不經意中已經自毀兩道長城。

在此期間，唐朝與吐蕃之間的和平共處也被打破了，起因是兩個立功心切的人。

原本邊境在唐朝與吐蕃簽訂和平友好互不侵犯條約後平靜了下來。河西節度使崔希逸派人對吐蕃邊將乞力徐說：「兩國通好，現在都成了一家人，何必還在邊境駐軍警備，這樣駐軍不僅徒勞無功，而且還妨礙農耕和放牧，不如咱們兩家都撤回邊境駐軍吧！」

乞力徐說：「我知道崔大人忠厚，肯定不會欺騙我們。然而朝廷未必會一直讓您鎮守這裡，萬一有奸臣在皇帝面前進讒言，進而趁我們沒有防備發動進攻，那可是後悔莫及啊！」

崔希逸一聽，吐蕃人這是信不過我。這好辦，咱們殺白狗盟誓。殺白狗盟誓之後，崔希逸和乞力徐同時撤走了邊境駐軍，他們都以為這次白狗盟誓能夠管用一輩子，沒想到只有幾年。

在這平靜的幾年中，吐蕃人的畜牧事業迅速發展，牛羊漫山遍野，一幅和諧共處的祥和景象。然而在祥和景象的背後，一場危機正在醞釀。

當時吐蕃在西方進攻勃律國，勃律國分大勃律國和小勃律國，小勃律國位於喀什米爾吉爾吉特市，大勃律國則位於吉爾吉特市東南二百公里。勃律國被吐蕃打得無力招架，便派使臣前往長安求援。

按說勃律國與長安相隔遙遠，李隆基沒有必要管勃律國的死活，但是勃律國到李隆基那裡求援，李隆基便想管上一管，畢竟他是大國皇帝，還得擔負起國際責任。李隆基隨即給吐蕃下詔，命令吐蕃停止攻打，想不到吐蕃外甥沒理他那套照打不誤，持續進攻勃律國。

李隆基舅舅惱了，這個吐蕃外甥又不聽話了。

事有湊巧，就在李隆基惱怒於吐蕃時，河西節度使崔希逸的侍從官員孫誨前往長安奏事，聽說了李隆基的煩惱。孫誨眼前一亮，自己立功的機會到了。到了李隆基面前，孫誨給李隆基提了一個建議：目前吐蕃毫無防備，我們這時發動襲擊必能取得大勝。

按常理說，唐朝是泱泱大國以誠信為本，孫誨這種雞賊式建議是不會被採納的。然而被憤怒佔據心胸的李隆基已經顧不了那麼多了，他居然動了心。

李隆基派出內給事（宦官總管府秘書）趙惠琮與孫誨一起回河西戰區，這個安排是讓趙惠琮前去實地查看，何時發動進攻回長安再議。想不到趙惠琮一出長安就把雞毛當成了令箭。他向崔希逸下達了李隆基的「口諭」：「向吐蕃發動閃電襲擊。」

在那個沒有手機、電話的年代，想要驗證這個「口諭」至少需要十天半個月。再者崔希逸知道趙惠琮是李隆基身邊的人，這樣的人得罪不起。如此一來，只能委屈吐蕃兄弟了，可惜了那條殺身成仁的白狗。

懷著愧疚，崔希逸發兵突入吐蕃境內兩千餘里，在青海湖西與吐蕃軍隊大戰一場，有備而來的唐軍將沒有防備的吐蕃軍隊打得大敗，斬首兩千餘人。當初與崔希逸殺白狗盟誓的吐蕃守將乞力徐狼狽逃脫，臨走時留給崔希逸一個哀怨的眼神。這個眼神讓崔希逸終生難忘，最終他便因為這個眼神愧疚而死。

在崔希逸飽含愧疚的同時，兩個立功心切的人卻受到了重賞，他們得到了想要的東西，但從此打破了唐朝和吐蕃的平靜。從此西線戰事又起，綿延不絕。

兵制改革

隨著西線戰事又起，李隆基將兵制改革提上了議事日程。

唐朝初期原本沿用府兵制，兵民合一。國家無事時則耕種於田野，另外按照排班順序輪流前往長安拱衛京師。如果邊境有事則授命大將領兵出征，戰罷士兵回家、大將還朝，各就各位。這樣的好處在於士兵不存在失業和無家可歸的情況，而將帥平時手裡無兵，即便想作亂也是無米之炊。

隨著時間的推移，府兵制已經跟不上時代發展，於是在開元十年張說便建議李隆基改革兵制，改徵兵為募兵，一舉招募了十餘萬精兵，是為「彍騎」。

時間進入開元二十五年，「彍騎」也不夠用了，於是李隆基下詔：各地節度使根據軍、鎮的重要程度，審計兵員額度，可以在現有各兵種以及流動人口中招募壯丁，用以充當長期戍邊的士兵。這些士兵除享受正規士兵待遇外，另外給予田宅，一切待遇從優。

這紙詔書看起來簡單，實際卻是一道兵制改革的分水嶺。

在此之前唐朝的兵制以府兵、彍騎為主體，府兵是「兵民合一」，「彍騎」相當於準職業化。而在此之後戍邊士兵全部由招募而來，不再由全國各地府兵輪流鎮守，這就讓戍邊的士兵走向了職業化。

這次軍隊的職業化，對於唐朝而言是一把雙刃劍，節度使和方鎮由此漸漸成為主角。

方鎮即節度使手下的兵鎮，起源是邊將的屯防區。在唐朝初年，戍邊的兵鎮大的叫軍，小的叫守捉、城、鎮，這些整合到一起便稱為道（**相當於現在的大軍區**）。

唐朝開國到李隆基天寶年間之前一直採用這種體制，軍、城、鎮、守捉的長官叫做使，而道則設大將一人，叫做大總管，後來改叫大都督。高宗永徽年間以後，有的大都督官銜中就出現了「使持節」字樣，意思是在本道代表皇帝行使職權，這就是節度使最早的雛形，不過那時還不叫節度使。

景雲二年（七一一年），睿宗李旦任命賀拔延嗣為涼州都督、河西節度使，唐朝節度使由此正式發端。也有一種說法是，景雲元年（七一〇年）由薛仁貴的兒子薛訥出任幽州節度使，是為唐朝第一個真正意義的節度使。不管是薛訥還是賀拔延嗣，總之唐朝已經開始有了節度使，再經過數十年的發展，到了李隆基天寶元年，節度使已經成為絕對的主角。

天寶元年，唐朝直接統治的州達到三三一個，名義上歸唐朝統治的州達到八百個，在邊境上共分九個節度（戰區）、一個經略（軍事指揮區）：

安西節度，主要安撫西域，總部在龜茲城（新疆庫車縣），兵力兩萬四千人。

北庭節度，防禦突騎施、堅昆，總部在北庭都護府（新疆吉木薩爾縣），兵力兩萬人。

河西節度，隔斷吐蕃和突厥的聯繫，總部在涼州（甘肅武威），兵力七萬三千人。

朔方節度，防禦突厥，總部在靈州（寧夏靈武），兵力六萬四千七百人。

河東節度，與朔方成犄角之勢，防禦突厥，總部在太原府，兵力五萬五千人。

范陽節度，安撫奚、契丹，總部在幽州（北京），兵力九萬一千四百人。

平盧節度，鎮撫室韋、靺鞨，總部在營州（遼寧朝陽），兵力三萬七千五百人。

隴右節度，防禦吐蕃，總部在鄯州（青海樂都縣），兵力七萬五千人。

劍南節度，西抗吐蕃，南撫蠻獠，總部在益州（四川成都），兵力三萬零九百人。

嶺南五府經略，安撫夷、獠，總部在廣州，兵力一萬五千四百人。

此外還有長樂經略，總部在福州，兵力一千五百人。

東萊守捉，總部在萊州；東牟守捉，總部在登州；兵各一千人。

邊境所有兵力達四十九萬，馬八萬餘匹。

開元之前，每年供給邊境士兵衣服糧食所需費用不過二百萬；天寶之後，每年用衣一千零二十萬匹，糧食一百九十萬斛，在國防史無前例得到加強的同時，國家的軍費開支與日俱增。

至此李隆基完成了對邊境的布局，他自認為這是一個有唐以來最為龐大堪稱完美的國防體系。然而他卻沒有意識到九個節度加一個經略的兵力已經達到了四十九萬人，如此龐大的邊兵規模已經與京城形成本末倒置之勢。

末大本小，太阿倒持。

當這個國防體系運行通暢時，李隆基可以通過這個體系去開疆擴土，比肩漢武；而當這個體系運行受阻，局部病毒發作時，這套關係李唐江山社稷安危的國家安全體系便到了崩潰的邊緣。

原本太阿倒持就是授人以柄，偏偏李隆基在張守珪落馬之後又鍾情於那個叫安祿山的胡人，正是這個胡人最終成為李隆基國防體系的最大病毒。

兩隻老虎

第十五章

安祿山崛起

開元二十七年，名將張守珪意外落馬，從此退出歷史舞臺。

在張守珪之後，他一手提拔的安祿山迅速崛起，安祿山的崛起過程簡單地說就是「巴結」兩個字。可能是因為年輕時當過互市牙郎，安祿山練就了察顏觀色的本事，平常他處事圓滑、為人討巧、精於諂媚，見人說人話、見妖說妖話。久而久之，凡是跟他接觸過的人都說他的好話。

在處理好群眾關係的同時，安祿山也進行重點突破，他重點突破的對象就是李隆基的左右侍從。每逢李隆基的左右侍從到安祿山的防區，安祿山都會熱情地招待，熱情招待之餘還會送上讓人眼暈、無法拒絕的賄賂，這樣一來安祿山便做足了人情。這些左右侍從在別人眼裡不過是一群奴才，而在安祿山看來卻是他的貴人，因為這些人離皇帝更近。想接近領導，就必須從接近領導身邊的人下手。

時間一長，安祿山的「優秀品質」讓眾人交口稱讚。得到安祿山好處的人回到長安後，更是為安祿山打起了廣告，一來二去，安祿山在李隆基心中佔據了一席之地。

不久，又一個大人物從長安而來，大人物名叫張利貞，時任御史中丞，同時兼任河北巡查特使。安祿山知道這是一條大魚，他是御史臺的二號人物，一句話可能頂別人一萬句，如果這個人能幫自己美言幾句，效果可能就會立竿見影。安祿山下了血本，他不僅用賄賂砸暈了張利貞，同時也用賄賂砸暈了張利貞的手下，此時的他就是一個散財童子，不斷地往張利貞以及他的手下手裡塞錢，他堅信一分耕耘一分收穫。

回到長安，張利貞果然把安祿山的「優秀品質」報告給李隆基，這次報告給安祿山插上了夢想的翅膀。開元二十九年八月十七日，李隆基委任安祿山為營州都督，同時兼任平盧軍使以及兼任契丹、奚、渤海、黑水靺鞨四府經略使。此時的安祿山與節度使還有一步之遙。

在這之後，安祿山加大了投入力度，他讓每個從長安來的使節都樂得合不攏嘴。投桃報李，心情大好的使節回到長安繼續給安祿山造勢，一年下來安祿山在李隆基心目中紮了根。李隆基決定重用安祿山，他想讓安祿山當節度使。

新的問題隨之而來，現有的節度使崗位已經滿員，該把安祿山往哪放呢？李隆基靈機一動，孫悟空變戲法一般變出了一個節度使崗位。他把安祿山所在的平盧軍從幽州分了出來，將平盧軍升級成戰區，這樣安祿山就成為第一任平盧節度使。

安祿山躍上了人生的關鍵臺階。出任平盧節度使後，安祿山並不就此止步，他想要的還有很多。他把目標鎖定范陽節度使。范陽由原來的幽州改名而來，是全國最大的戰區，兵力達到九萬一千四百人。而安祿山所在的平盧戰區兵力只有三萬七千五百人，僅僅相當於范陽的三分之一。

如何才能把范陽節度使弄到手呢？安祿山再次開動腦筋。

久在官場的安祿山知道，范陽節度使是全國最重要的位置，僅靠送禮是不夠的，要想拿到這個職位就必須打動一個人，這個人就是李隆基。

如何才能打動李隆基呢？安祿山自有妙計。

西元七四三年，安祿山入朝晉見，這次晉見讓李隆基歡喜不已。

寫到這裡，很多人會疑惑，為什麼李隆基會對安祿山這個胡人充滿好感，莫非他們前世有緣？

其實不是前世有緣，而是因為開元二十二年那次刀下留人。當時宰相張九齡力主殺掉安祿山，而李隆基考慮到安祿山是個人才硬是留了下來，這次刀下留人讓安祿山大難不死，也就此開始了與李隆基一生的「緣分」。

古往今來，中國的一些領導都有一種微妙的心理，我把這種心理叫做老母雞心理。

何謂老母雞心理？就是把自己當成老母雞，把自己看重的下屬當成小雞。老母雞對小雞呵護有加，而這些老領導對老下屬同樣呵護有加，久而久之就會形成一種「雞犬升天」現象，老領導高升，老下屬也隨之高升，二者的關係如同捆綁式火箭。

究其原因是因為領導對自己的眼光充滿自信，因此一旦認定某個下屬就會不遺餘力地提拔，儘管有時提拔不完全符合原則。

李隆基對安祿山同樣如此，他對安祿山不斷地提拔就是為了證明自己眼光獨到、慧眼識珠。再者李隆基不是一般皇帝，他是一個骨子裡有著浪漫基因的皇帝，凡是這樣的皇帝一般都不按常理出牌，他敢冒天下之大不韙把兒媳升級為貴妃就可見一斑。一個不按常理出牌的皇帝，做出什麼出格的事都是可以理解的。

安祿山入朝之後，李隆基給了他一個特別許可權：隨時進出皇宮，朕的大門隨時為你敞開。安祿山大喜過望，忙不迭地謝主隆恩。

謝完恩後，安祿山說：「去年營州發生了蟲災，蟲子在田地裡啃食青苗，臣就焚香禱告，如果臣居心不良、事君不忠就讓蟲子啃噬臣的心；如果臣沒有辜負神靈，那麼請求上天把蟲子趕走。臣剛祈禱完，就有一群鳥從北方飛來，一會兒工夫就把蟲子吃光了。臣懇請陛下恩准，將這件事寫進國史。」

但凡智商正常的人都能聽出安祿山話語裡的荒謬，哪有那麼巧，剛祈禱完鳥就來了，難道鳥是你們家自己養的？

李隆基智商正常，他也知道安祿山滿嘴跑火車，但此時的他對安祿山太喜愛了，即便知道安祿山說謊，他也覺得安祿山說謊說得很可愛。安祿山謊話說完，李隆基當即批准，於是安祿山「禱告驅蟲」就被寫進了國史。

「蟲子事件」為安祿山打響了第一炮，不久安祿山又開了第二炮。他把炮口對準了一件荒唐的考試舞弊案。

當時宰相李林甫兼任吏部尚書，由於李林甫本身是宰相，業務非常繁忙，因此吏部的很多工作就由吏部侍郎宋瑤和苗晉卿負責，這一年的候補官員選拔考試也是由這兩人負責。

這次考試出了亂子。參加這次選拔考試的候補官員數以萬計，他們都已經具備了做官資格，參加這次考試就是為了更早獲得一個職位。考試的錄取比例非常低，而最終的錄取名額只有六十四人。

原本以成績說話，大家都願賭服輸，然而考試結束公布榜單讓考生傻眼了，名列榜首的居然是御史中丞張倚之子張奭。

眾人傻眼的原因是因為張奭「官二代」的身分，據他們所知張奭幾乎目不識丁，大字都不認得幾個。這一下就炸了鍋。

吏部侍郎宋瑤和苗晉卿眼看群情激昂，卻只能心裡叫苦，當初他們認為張倚正受李隆基恩寵，想藉此機會拍一下張倚的馬屁，沒想到用力過猛引起了公憤。

宋璟和苗晉卿試圖把這件事壓下去，千萬不能讓李隆基知道。

李隆基起初並不知道，但安祿山知道了，安祿山意識到這是自己的機會，此時不報，更待何時？安祿山顛顛地將此事彙報給李隆基，李隆基大吃一驚，自己委任的吏部侍郎居然幹出這種以權謀私的事情，必須查一查了。

李隆基查案的方式很特別，他沒有直接調查宋璟和苗晉卿的以權謀私，而是把六十四個錄取的考生都召了進來，他親自對他們進行考試。發完試卷，其餘六十三個考生開始答題，榜首張奭則低著頭發呆，整整一天過去了，張奭的考卷比他的臉都白，他居然一個字都沒寫。

哪怕把自己的名字寫上也好啊！

白卷英雄就此誕生。從此張奭有了一個響亮的綽號：「曳白」。

不久參與舞弊的官員都遭到嚴懲，宋璟被貶為武當太守，苗晉卿被貶為安康太守，御史中丞張倚被貶為淮陽太守，連陪同擔任考官的禮部郎中也被貶到嶺南。所有的人都是失敗者，勝利者只有安祿山一個。

經過「蟲子事件」、「舞弊事件」，李隆基對安祿山更加刮目相看，這個安祿山不僅有軍事才能，而且忠心可嘉，這樣的人一定要重用。一年後，安祿山的努力得到了回報。

西元七四四年三月五日，李隆基發布了一紙詔書，將范陽節度使裴寬調回長安，出任戶部尚書。讓裴寬出任戶部尚書，其實是為了給安祿山騰位置。

緊接著，李隆基又下了一道詔書：安祿山兼任范陽節度使，同時平盧節度使保留。安祿山夢想成真。

此時安祿山手握范陽、平盧兩鎮，手中的兵力達到了十二萬八千九百人，佔唐朝邊境兵力的四分之一。

如果說李隆基讓安祿山出任平盧節度使是為安祿山這隻老虎插上了一隻翅膀，那麼現在李隆基又給這隻老虎插上另一隻大翅膀。醉心於自己慧眼識珠的李隆基絲毫沒有意識到眼前的這隻老虎插上翅膀是會飛的。

李隆基的錯覺還在繼續，因為他的身邊布滿了一群為安祿山說好話的人。禮部尚書席建侯時任河北擢升罷黜特使，他對安祿山交口稱讚，安祿山在他的口中是公平正直的化身。與此同時宰相李林甫、前范陽節度使裴寬也順著席建侯的話頭對安祿山稱讚不已。

難道他們都看到了安祿山的能力？不是。

他們三人看到的東西並不一致。席建侯看到的是安祿山的賄賂，因此他幫安祿山說話；李林甫看到了李隆基對安祿山的寵愛，因此他順桿爬；前范陽節度使裴寬既看到了安祿山的八面玲瓏，也看到了李隆基對安祿山的寵愛，因此他也幫安祿山說話。

三人可以成虎，三人就此成就了安祿山。從此安祿山的恩寵穩如泰山，不可動搖。

李林甫掌權

李隆基注定是可悲的，因為他在罷免張九齡後就開始養老虎，一養就是兩隻。一隻老虎在邊塞，名字叫安祿山；一隻老虎在長安，名字叫李林甫。

正是這兩隻老虎讓李隆基的開元盛世走上了茫茫未知的歧途。

相比於安祿山，李林甫這隻老虎更加凶猛。接替張九齡出任第一宰相後，李林甫就下定決心絕不走張九齡的老路，絕不幹直言進諫的傻事。不僅自己不能幹，也不准別人幹。

上任伊始，李林甫召集所有有權上諫的官員開了個會，在這個會上，李林甫與各位官員推心置腹：如今明主在上，群臣迎合聖意還來不及，還需要多說什麼廢話呢？諸位難道沒看見那些儀仗馬嗎？那些馬吃的可是相當於三品官員俸祿的草料，待遇不可謂不高，可是如果在參加儀仗時亂叫立刻就會被趕走，永遠失去當儀仗馬的資格。真到那時，悔之晚矣！

與會官員面面相覷，他們知道李林甫這是在借馬說事，意思是讓他們從此閉口不言，裝聾作啞。大多數官員保持了沉默，他們知道他們的大腿還沒有李林甫的胳膊粗。

經過這次會議，直言上諫基本絕跡，不過也有例外——左補闕杜璡。杜璡沒有聽從李林甫的指示，他執著地給李隆基上了一封奏疏，針對最近發生的一件事情提出自己的建議。

在以前這種事情是司空見慣，而在李林甫開會之後性質就嚴重了。李林甫決定給杜璡點顏色看看。

杜璡上完奏疏的第二天，效果立現：他的品級由從七品升為從六品。

品級升了，杜璡卻沮喪起來，他知道這是李林甫針對自己，給自己來了個明升暗降。杜璡本來是從七品的左補闕，現在李林甫把他升為從六品的下邽縣令，表面看杜璡升了官，其實相當於被貶，因為那個時代京官比地方官含金量高得多。

杜璡被「明升暗降」之後，朝中直言上諫的風氣幾乎絕跡。

人注定是複雜的，官員同樣也是複雜的，中國歷史習慣用忠臣和奸臣來區分大臣，其實這個區分方法並不科學，因為過於一刀切、過於臉譜化。細讀歷史就會發現，忠臣和奸臣都是歷史的組成部分，而且並沒有純粹的奸臣和忠臣。

有一個現象值得注意，忠臣不等於能臣，歷史上的很多忠臣其實是庸臣，不幹事；奸臣也不等於庸臣，歷史上的很多奸臣其實本身是能臣，辦事能力很強。

是不是有些矛盾？

歷史本身就是這麼矛盾。

歷史一直給李林甫戴著奸臣的帽子，我也把他叫做奸臣，但不可否認這個奸臣是個能臣，是個能幹事的人。嚴格說來，他能履行好自己的職責算個準好官，卻是個私德很差的小人。

就是這麼一個小人，出任宰相不久就遇上了天大的好事。

開元二十五年七月，大理少卿徐嶠給李隆基上了一道奏疏，奏疏是這樣寫的：今年全國處以死刑的犯人總共五十八人，人數之低為歷年之最。大理寺監獄向來有殺氣重的說法，鳥雀都不在大理寺附近棲息。今年不一樣了，已經有鳥雀在大理寺的樹上築巢。

徐嶠之後，其他官員紛紛行動起來，既然有徐嶠拋磚，眾人趕緊引玉：這說明陛下治國有方，全國已經達到幾乎沒有刑罰的盛世了，可喜可賀。

看著文武百官的奏章，李隆基心花怒放，一直以來他知道國家正在蒸蒸日上，但沒有想到已經到了幾乎不用刑罰的盛世，確實值得慶賀。

高興之餘，李隆基體現了高風亮節：「這不是朕的功勞，而是宰相的功勞。」

李隆基這一謙虛，李林甫和牛仙客的好事就來了。

開元二十五年七月八日，李林甫被封為晉國公，牛仙客被封為邠國公。以晉國公為起點，李林甫上下其手，他試圖用自己的兩隻手捂住李隆基的眼睛。在這個過程中，三位官員不知不覺掉進了李林甫的圈套。

第一個掉入李林甫圈套的是兵部侍郎盧絢，他掉入圈套是個意外。

有一天李隆基前往勤政務本樓欣賞音樂，為了保持安靜便命人把門簾放了下來。兵部侍郎盧絢原本知道李隆基在勤政務本樓欣賞音樂，然而等他騎馬路過時，看見門簾已經放了下來，便以為李隆基已經起駕回宮了。盧絢便沒有下馬，只是垂下馬鞭、拽著韁繩緩緩地走了過去。馬背上的盧絢風采卓然、氣度不凡，引起了李隆基的注意，李隆基一直目送盧絢離開自己的視野。

這時李隆基感歎了一句：「盧絢真是淵博厚重啊！」

李隆基心裡頓時起了重用盧絢的念頭。看得出這時的李隆基注重以貌取人。

李隆基的一舉一動被左右看在了眼裡，而這些左右都收了李林甫好處，他們就是李林甫的第三隻眼。聽說李隆基想重用盧絢，李林甫有些著急，他知道此時的李隆基不按常理出牌，說不定一重用就會把盧絢推上宰相之位，那樣自己就多了一個對手，不行，不能讓盧絢得到重用。

眼睛一轉，李林甫有了主意。

李林甫找來盧絢的兒子，對他說：「令尊素有德望，而今交州（越南河內）、廣州正缺刺史，皇上想讓令尊出任，你看這事可不可行？如果令尊以路途遙遠為藉口拒絕的話，恐怕會被貶；我倒有一個辦法，不如讓令尊主動要求擔任太子賓客或者太子詹事，到時在洛陽上班也是不錯的位置，你看怎麼樣？」

盧絢聽了兒子的傳話頓時慌了。交州、廣州與長安相隔數千里，除非被貶，不然誰願意去那裡。還是退而求其次，當個太子賓客、太子詹事也行。

事情發展到這一步，一切盡在李林甫的控制之中。不過李林甫還不著急，他不想一下把盧絢從兵部侍郎送上太子賓客的冷板凳上，那樣過於明顯。他先把盧絢委任為華州刺史做個過渡，不久李林甫又以盧絢有病在身不能主持工作為由將盧絢調離華州，然後委任為太子詹事。

一番閃轉騰挪，盧絢掉進了李林甫挖好的坑裡，從此再沒有被重用的機會。

盧絢之後，李林甫的老冤家嚴挺之也掉進了坑裡，起因還是李隆基意圖重用。

有一天李隆基突然想起了嚴挺之，便問李林甫：「嚴挺之現在什麼地方？這個人值得重用。」

李林甫一聽，不好，千萬不能讓這個老冤家回來。

他故技重施，按照對付盧絢的方法照方抓藥。

這一回李林甫找的是嚴挺之的弟弟嚴損之，李林甫對嚴損之說：「皇上對尊兄很看重，應該盡快安排尊兄與皇上見一面，說不定馬上就能重用。我看就讓尊兄自稱患有中風，懇請回長安就醫，這樣不就能跟皇上見面了嗎？」

嚴損之和嚴挺之都是實在人，他們以為李林甫一片好心。嚴挺之隨後按著李林甫的建議上了一道「請求到京城就醫」的奏疏，這道奏疏讓嚴挺之一下掉進坑裡。

李林甫拿到奏疏，不無傷感地對李隆基說：「哎，嚴挺之已經衰老中風了，應該給他安排一個清閒的官職，方便他求醫養病。」

李隆基聞言感歎不已，歲月不饒人啊。

不久嚴挺之被任命為太子詹事，提前進入養老生涯。

嚴挺之之後，又一位老資格官員掉進了李林甫的套裡，這個人就是稱姚崇為「救時宰相」的齊澣。

齊澣被李林甫算計是因為他的資歷和威望，李林甫擔心李隆基有朝一日會重用齊澣，索性一步到位把齊澣委任為太子少詹事。太子少詹事是閒職，一旦到了這個職位離退休也就不遠了，李隆基總不會重用一個快退休的人。

經過一系列的上下其手，李林甫基本將朝政掌握在自己手中，他的搭檔牛仙客則扮演著與盧懷慎、蘇頲一樣的角色：領導點頭我點頭，領導畫圈我畫圈。

這是李林甫努力的結果，也是李林甫想要的結果。

不過好景不長，幾年後挑戰不期而至，李林甫意識到以前的自己太溫柔了，以後必須狠一點！再狠一點！

貴妃醉酒

第十六章

曾經滄海

開元二十五年十二月七日，曾經紅極一時的武惠妃走完了自己的人生路，武惠妃從此一了百了，而李隆基卻陷入無盡的寂寞之中。李隆基感覺後宮空了。他找不到與自己心心相印的人。

曾經滄海難為水，除卻巫山不是雲。百無聊賴的李隆基只能在後宮的佳麗中勉強挑選一兩個以慰藉自己空虛的心靈，生性浪漫的他挑選佳麗的方法也很特別。每逢春天，李隆基都會在宮中舉辦宴席，與此同時他讓參加海選的嬪妃們都插上嬌豔的花朵，然後等待評委的評判。

不一會評委出現了。評委是一隻粉色的蝴蝶。

李隆基親自放飛這隻粉色的蝴蝶，然後目不轉睛地看蝴蝶飛往何處，如果蝴蝶在哪枝花朵上落下了，那麼佩戴此花的嬪妃就是贏家，她獲得的獎品是「侍寢」。

這就是李隆基，一個浪漫的皇帝，連選擇嬪妃侍寢都能玩出花樣。

儘管李隆基想出了用粉色蝴蝶做評委的方法，但是這個方法不能老用，只能在草長鶯飛的春天用，其他時節用不上，一是蝴蝶和花不一定應景，二是重複多了便不浪漫了。

李隆基還會想出新辦法嗎？

他沒想出來，只能看自己的心情了。

久而久之，後宮中流行起一種遊戲：賭錢。

由於李隆基沒有特別鍾情的妃子，因此被他臨幸對每一個妃子而言機率都很小，難度之大相當於中彩票。於是妃子們就在這上面做起了文章，她們湊在一起開始賭錢，規矩是這樣的：每人拿出相同數額的錢，交給信得過的人保管，如果誰當晚得到臨幸，那麼這筆錢就歸誰所有。

賭錢的遊戲流行了一段時間，妃子們參與得不亦樂乎，也算是她們蒼白的後宮生活中的一點寄託、一點點綴。

平淡地生活就這樣一天天過去，李隆基心中總覺得少了一點什麼，就像經常喝的湯裡忘記了放鹽。雖然只是一點點。但差的就是那一點點。

神秘梅妃

在現有的文學作品裡，提到楊貴妃就會提起另外一個女人——梅妃，因為她是武惠妃去世後、楊貴妃進宮之前最受寵的嬪妃。

梅妃是誰？她又是怎樣一個女人？

據《梅妃傳》記載，梅妃名叫江采萍，福建莆田人，開元年間被選入宮中。她生性不喜鉛華，唯愛淡妝雅服，崇尚自然明秀，擅長歌舞以及詩賦，因為酷愛梅花，李隆基戲稱她為「梅精」，梅妃由此而來。

原本梅妃在李隆基的後宮中算是比較得寵的，然而隨著楊貴妃的入宮，梅妃地位一落千丈，往日恩寵一去不返，反而被遷往上陽東宮，過上了殘宮冷月的生活。

據民間傳說，有一次李隆基想起了梅妃，當晚便派宦官把梅妃召來寵幸。臨近天明，忽然有侍從驚慌失措地進來報告：「貴妃來了。」李隆基頓時慌了，急忙將梅妃藏了起來。

楊貴妃一進門便問：「梅精在哪裡呢？請陛下叫她出來，今天我要跟她一同到溫泉沐浴。」

李隆基趕忙遮掩：「她不是早就被驅逐了嗎？我到哪裡叫她啊？」

楊貴妃怒道：「桌上都是酒菜，床下還有女人的鞋，昨夜是什麼人為陛下侍寢呢？」

楊貴妃說完便氣呼呼地走了。

這件事的後果是嚴重的，自此李隆基再也不敢與梅妃接近。

不久梅妃看到皇宮外不斷有驛馬走動，似乎是在往皇宮運送什麼東西，便問左右：「是給我送梅花的嗎？」

左右支支吾吾，終於還是道破實情：「不是，那是來自嶺南的荔枝，專門送給楊貴妃的。」

梅妃的心跌落到谷底。

後來備受煎熬的李隆基派人偷偷送了一斛珍珠給梅妃，令他沒想到的是梅妃拒絕了。梅妃不但拒絕，而且還讓人給李隆基帶了一首詩：

柳葉雙眉久不描，殘妝和淚濕紅綃。
長門自是無梳洗，何無珍珠慰寂寥。

李隆基看罷感傷不已，便叫樂工譜成新曲，曲名叫做《一斛珠》，此後成為流行的宮廷名曲。

西元七五五年，安史之亂爆發，長安淪陷，梅妃死於亂兵之手。李隆基重返長安後找到了梅妃的一幅畫像，他親自為這幅畫像題了一首詩：

憶昔嬌妃在紫宸，鉛華不御得天真。
霜綃雖似當時態，爭奈嬌波不顧人。

後來李隆基在溫泉池畔梅樹下找到了梅妃的屍首，傷感之後便命人以嬪妃之禮將梅妃安葬。好一番兒女情長。可惜都是編的。

歷史上的梅妃是否真的存在，史學界存在較大爭論，多數認為梅妃並不存在，因為《舊唐書》、《新唐書》、《資治通鑑》都沒有相關記載。試想一個能跟與楊貴妃爭寵的女人，難道在正史中連個名字都不留下嗎？

後來眾人追根溯源，發現關於梅妃的傳說基本都是從《梅妃傳》衍化而來的，《梅妃傳》又是什麼人寫的呢？相傳是唐朝一個叫曹鄴的人寫的，但證據也不充分。至於《梅妃傳》的抄錄者後人知之甚少，只知道此人是北宋、南宋之交的人。

綜合種種蛛絲馬跡，魯迅先生和鄭振鐸先生都認為梅妃其實是不存在的。

或許因為李隆基太有名了，所以後人喜歡往他的身上編排。

坦白地說，《梅妃傳》編排得不錯，很唯美、很傳神，如同羅貫中寫的《三國演義》，因為過於精彩，有些時候甚至被當成了正史。

其實演義不等於正史，而正史必定不是演義。

貴妃出場

終於輪到楊貴妃出場了。

楊貴妃，名玉環，隋朝國子祭酒（國立大學校長）楊汪的四世孫，父親名叫楊玄琰，曾經擔任過開元年間的蜀州司戶。

雖然楊玉環在天寶年間享盡了恩寵，但總體說來她的前半生比較苦。

楊玉環很小的時候，父親楊玄琰便去世了，失去依託的她被叔叔楊玄珪收養。楊玄珪時任河南府士曹，在洛陽上班，因此楊玉環便跟著叔叔在洛陽長大。

如果沒有奇蹟發生，楊玉環這種寄人籬下的女孩很難有出頭之日。可能命運覺得之前對這個女孩太不公平，因此命運在楊玉環十五歲時垂青了她，她幸運地成為了壽王李瑁的王妃。

壽王李瑁是當時李隆基最寵愛的兒子，榮立太子的呼聲非常高，楊玉環這個小門小戶出身的女孩能嫁給壽王李瑁算是天大的幸運。

據說壽王李瑁是在一次婚禮上發現了楊玉環，從此一見鍾情，經過他不斷央求李隆基和武惠妃同意了這門親事，開元二十三年十二月二十四日，李瑁與楊玉環喜結連理。

此時的李瑁做夢也想不到，僅僅在幾年之後，他的王妃將成為父皇的貴妃。

結婚之後，楊玉環與李瑁便開始了琴瑟和鳴的幸福日子，他們以為這次牽手會是一生一世。然而隨著開元二十五年武惠妃的離世，李瑁和楊玉環的婚姻生活開始潛伏危機，因為從那時起李隆基開始在尋找武惠妃的替代品。

李瑁知道父皇在尋找，但是他沒有往自己頭上想，天下那麼大，怎麼可能盯上自己的兒媳呢？不可能！

由於史書的隱晦，我們不知道李隆基從何時起盯上了自己的兒媳，我們只知道開元二十三年楊玉環成為李隆基的兒媳，這一年兩人第一次見面。

有人說李隆基與楊玉環第一次見面是在開元二十八年以後，其實是不對的。按照皇家禮儀規定，親王的王妃結婚後是要拜見公婆的，楊玉環這個壽王妃自然不會缺了這個禮數，因此在開元二十三年她就見過李隆基。

第一次見面時李隆基是否動了念頭？史無明載。

關於李隆基與楊玉環的結合，史書是這樣寫的：

> 或奏玄琰女姿色冠代，宜蒙召見。時妃衣道士服，號曰太真。既進見，玄宗大悅。（《舊唐書》）
>
> 或言妃姿質天挺，宜充掖廷，遂召內禁中，異之，即為自出妃意者，丐籍女官，號「太真」（《新唐書》）

以上兩條記載，《舊唐書》說的是假的，《新唐書》說的是真的。

《舊唐書》記載，有人向李隆基奏報楊玄琰的女兒姿色絕代，值得召見。當時身為壽王妃的楊玉環已經穿上了道士服，法號「太真」。這次召見，李隆基龍顏大悅。

按照這個說法，召見之前楊玉環已經出家當道士了，而且法號「太真」。其實這是胡扯，楊玉環與李瑁琴瑟和鳴，出的哪門子家呢？

相比而言，《新唐書》說的基本是實情。有人跟李隆基說壽王妃楊玉環資質很好，值得納入後宮。李隆基召見之後對楊玉環一見傾心。為了掩人耳目，李隆基決定先做一個緩衝，便安排楊玉環「自願」出家當道士，法號「太真」。也就是說，在李隆基傾心於楊玉環後，楊玉環才從壽王妃搖身一變變成了法號「太真」的女道士。

嚴格說來，從壽王妃到女道士也不是一瞬間完成，中間可能隔了將近一年。

開元二十八年正月，李隆基前往驪山溫泉，這時楊玉環可能已經到了李隆基身邊，此時她的身分還是壽王妃，而她陪伴的不再是她的丈夫，而是她的公公。

開元二十九年正月初二（陳寅恪先生考證），李隆基向天下發布了《度壽王妃為女道士敕》：

> 聖人用心，方悟真宰。婦女勤道，自昔罕聞。壽王瑁妃楊氏，素以端懿，作嬪藩國。雖居榮貴，每在精修。屬太后忌辰，永懷追福。以此求度，雅志難違。用敦宏道之風，特遂由衷之請。宜度為女道士。

李隆基的大致意思是說，正值他的生母竇太后忌辰，楊玉環願意出家修道為竇太后祈福，特此批准，昭告天下。

話說得冠冕堂皇，事做得無比齷齪。這道敕書說白了是李隆基自說自話的一塊遮羞布。

這一年李隆基五十六歲，楊玉環二十二歲，一段跨越三十四歲年齡差距的曠世畸戀就此拉開帷幕。

恩寵無雙

開元二十九年十一月二十四日，寧王李憲走完了自己的人生路，享年六十二歲。

李隆基對於大哥的去世非常悲痛，悲痛的同時他接到了一封奏疏，看完奏疏他的臉一陣紅，一陣白。奏疏是壽王李瑁上的，他想為養父寧王李憲守孝三年。

守孝三年是兒子應盡的義務，然而壽王李瑁只是李憲的養子，按道理沒有這個義務，如果能夠守孝那是孝心可嘉，如果不能也無可厚非。偏偏李瑁提出了守孝三年。

這是仁孝的表現，也是讓李隆基難堪的表現。

或許在經歷了競爭太子失利、王妃被撬一系列打擊之後，李瑁在心中已經宣判了李隆基的死刑，只是他不能表現出來，只能用為養父守孝的方式發洩自己心中的不滿。

李隆基同意了，同時也非常惱火，因為這樣一來李瑁就將了他一軍：想要跟楊玉環名正言順，至少還得再等三年。

三年之期從何而來？從李瑁的守孝三年而來。

楊玉環之前是壽王妃，李隆基讓楊玉環「自願」出家，這樣楊玉環成了李隆基的女人，而壽王妃的位置卻空了出來，極其扎眼地空在那裡。當務之急是必須盡快把壽王妃的空缺補上，不然普天下都知道李隆基撬了自己的兒媳。

李瑁守孝三年，這三年內便無法娶妻，壽王妃的位置便一直空缺。礙於最後的顏面，李隆基和楊玉環也只能跟著等。這三年中他們之間沒有任何名分，有的只是見不得光的地下情。這三年中三個人都在煎熬，李瑁頂著父親給的綠帽子煎熬，李隆基頂著扒灰的帽子煎熬，而楊玉環則在兩個男人的夾縫中煎熬。

在煎熬中的李隆基決定改元，他決定從明年起放棄已經使用了二十九年的「開元」年號，改用「天寶」。

為什麼要改為「天寶」，李隆基並沒有給出明確的解釋，或許是因為使用開元的年號太長了，或許是出於道教養生的考慮，或許是帝國日益強盛取「物華天寶」的含義。總之李隆基毅然決然地改元，從此開元成為過去，天寶來到李隆基的面前。

改元之後，日子依舊在一天天的煎熬中度過，雖然楊玉環已經能陪伴左右，但名分一直是最大的問題，名不正則言不順，兩人總有偷情的感覺。煎熬的三年終於過去了，李隆基和楊玉環迎來了曙光。

守孝期過後不久，天寶四載七月二十六日，李隆基以迅雷不及掩耳之勢又為李瑁娶了一位王妃，新王妃是左衛軍郎將韋昭訓的女兒，這樣韋姑娘成了楊玉環的替身。至於李瑁喜不喜歡這個替身，李隆基已經顧不上了，二十天後，他給了楊玉環夢寐以求的名分：貴妃，待遇與皇后相同。

楊貴妃從此正式登上歷史舞臺。

儘管楊貴妃和李隆基結合的方式有些荒誕，但事實證明他們確實有緣，因為他們有太多的共同愛好。

李隆基生性浪漫，愛好廣泛，通音律、懂歌舞、機智過人，楊玉環呢？她資質豐豔、擅長歌舞、通曉音律、智算過人，每每與李隆基相處總能迎合李隆基的心思，即便武惠妃再生也無法與她相提並論。如果武惠妃地下有知，或許還得暗暗慶幸。

說起李隆基的文藝才能，值得說道說道。

早在西元六九〇年，六歲的李隆基便有過一次贏得滿堂喝彩的表演，當時他男扮女裝，表演了一曲古代舞劇《長命西河女》，令武則天叫好不已，當場加以賞賜。李隆基長大後的音樂才能與日俱增，甚至與同時代最有名的音樂家李龜年相比，李隆基也不遑多讓。

李龜年擅長打羯鼓，李隆基便問李龜年：「你打斷過多少羯鼓槌？」

李龜年回應說：「臣打斷過五十根。」

按照常理，打斷五十根已經不少了。

李隆基搖搖頭說：「才這麼點？跟我差遠了，我打斷的鼓槌已經有三豎櫃了。」

數年後，李龜年向李隆基彙報：「臣打斷的鼓槌已經有一豎櫃了。」

李隆基這才點點頭，隨即賞賜李龜年一枚精緻的羯鼓槌。

羯鼓不是中原本土的樂器，據說是羯族常用的樂器，它兩面蒙皮，腰部細，用公羊皮做鼓皮，因此叫羯鼓。羯鼓發出的音主要是古時十二律中陽律第二律一度，龜茲、高昌、疏勒、天竺等地的居民都使用羯鼓。

李隆基認為羯鼓是八音的領袖，其他樂器不可與之相比，他自己便創作了鼓曲《秋風高》，每逢秋高氣爽即奏此曲。

值得一提的是，宰相宋璟也是羯鼓發燒友，而且很有心得。

宋璟對李隆基說：「擊鼓時，如果能夠做到『頭如青山峰，手如白雨點』，便是擊羯鼓的能手。」

宋璟的意思是說，擊鼓時頭不能動，而且下手要急促，就像急雨一樣，估計打斷三豎櫃鼓槌的李隆基應該已經到了這個境界。

有一年，正逢二月初，李隆基心情大好，在小殿內庭準備舉行宴會。此時宿雨初晴，景色明麗，柳樹將要發芽，杏樹將要開花，略顯遺憾的是都處於含苞待放的狀態，離完美差了一點點。

李隆基微微一笑，令高力士取來羯鼓，他親手演奏了一曲《春光好》，演奏完畢回頭再看，柳樹發芽，杏樹開花。於是李隆基笑著對嬪妃們說道：「僅此一事，你們不叫我天公行嗎？」

後來李隆基的羯鼓便有了「催花鼓」的美譽。

說完羯鼓，再來說戲曲。

說起戲曲，李隆基與戲曲有著不解之緣，我們現在經常提起「梨園行」，李隆基是名副其實的「梨園老祖」。梨園起初不過是皇家禁苑中與棗園、桑園等並存的一個普通果園，經過李隆基的改良，梨園有了特別含義。

在李隆基主持下，三百餘名具有音樂才能的子弟進入了梨園，他們在這裡學習音樂和舞蹈，每次練習時如果出現錯誤，李隆基都會第一時間指出，由此這三百餘人有了響亮的名頭——皇帝梨園弟子。經過不斷地發展，梨園漸漸壯大，成為中國歷史上第一座集音樂、舞蹈、戲曲為一體的綜合類「藝術院校」。

李隆基親自擔任梨園的崔公（相當於現在的校長），他手下的教師隊伍也是一流的，有杜甫讚不絕口的公孫大娘，有藝德高尚水準一流的雷海青，在這些人的共同努力下，梨園的影響越來越大，直至成為行業代名詞。

寫到這裡，該說說楊玉環與李隆基的珠聯璧合了。

李隆基會寫詩，楊玉環同樣不含糊，據說曾經做過轟動一時的《涼州》詩，可惜失傳，湮沒在歷史雲煙之中。目前《全唐詩》裡倒是還收錄著她的一首詩：

贈張雲容舞

羅袖動香香不已，紅蕖嫋嫋秋煙裡。
輕雲嶺上乍搖風，嫩柳池邊初拂水。

在人人都是半個詩人的唐朝，這首詩的水準不算高，不過相比於今人也算很有水準。

如果說楊玉環的寫詩水準在唐代並不入流，那麼她的舞蹈和音樂才能堪稱一流，《霓裳羽衣曲》就是最好的證明。《霓裳羽衣曲》是李隆基的得意之作，究竟是自己親力親為編排，還是僅僅在最後給予「領導意見」就無法考究了，總之《霓裳羽衣曲》堪稱李隆基的最愛。

《霓裳羽衣曲》陣容龐大，所需人員眾多，不僅樂師眾多，配曲歌唱的宮女便達到十人。《霓裳羽衣曲》共十八章，分三大部，每部六曲，稱為「散序六曲」、「中序六曲」、「終序六曲」。《霓裳羽衣曲》不僅樂器種類多，而且節拍非常複雜，對於舞者要求極高，即便這樣楊玉環一聽就能領會其中的精髓，即興便能配出堪稱天衣無縫的舞蹈來。這樣一來，楊玉環便與李隆基完美地結合到一起，楊玉環起舞，李隆基伴奏，無言的默契在配合中走向完美，從此他們都是對方的人生第一知己。

除了舞蹈，楊玉環的音樂才能同樣一流，她會演奏多種樂器，從西域引進的琵琶在她的手下演繹得出神入化，如果白居易有幸聽到，估計《琵琶行》就得重寫了。此外楊玉環還擅長擊磬，在她的敲擊下，磬聲「泠泠然」、「多新聲」，即使是專業擊磬藝人也無法與她相提並論。

還有誰能跟楊玉環爭寵呢？

楊玉環徹底站穩了腳跟，李隆基的恩寵向她以及她的家族一古腦砸了過去，雞犬升天的一幕在楊家隆重上演。

首先是楊玉環那過世多年的父親，他在去世多年後被追贈太尉、齊國公，生前想都不敢想的事情在他身後實現了；楊玉環的母親被封為涼國夫人；楊玉環三個有才貌的姐姐也得到了恩寵，年長的一個稱作大姨，封韓國夫人，次長的一個稱作三姨，封為虢國夫人，最小的一個稱作八姨，封為秦國夫人；楊玉環的叔叔楊玄珪也得到了李隆基的垂青，他被擢升為光祿卿；與楊玉環同一個祖父的堂哥楊銛被擢升為鴻臚卿，楊錡被擢升為侍御史，並且迎娶了李隆基和武惠妃的女兒太華公主。

從此以後，韓國夫人、虢國夫人、秦國夫人、楊銛、楊錡成為大唐王朝最受恩寵的五家，同時他們五家也成了帝國最為熱鬧的五家，迎來送往、請託送禮絡繹不絕。

這一切都是拜楊貴妃所賜。

第六人

在韓國夫人等五家成為帝國新寵的同時，遙遠的蜀地傳來一聲歎息。發出歎息的人名叫楊釗，與楊玉環同一個曾祖父，也就是楊釗的爺爺與楊玉環的爺爺是親兄弟。此時的楊釗徒有羨魚之情，連他自己都沒有想到自己會成為幸運的第六人。

說起來，楊釗的前半生非常慘，關於他的身世有兩個版本。版本一：他是楊家的血脈，武則天時期寵臣張易之是他的舅舅。版本二：他不是楊家的血脈，而是張易之的親生兒子。

版本二的來龍去脈是這樣的：張易之受武則天恩寵時，通常武則天不讓他回家，即使偶爾回家也只能上樓居住，上樓之後便要抽掉樓梯防止別的女人接近，這樣張易之只屬於武則天一個人。

時間一長，張易之的母親擔心了起來，她怕如此下去，張易之將無法留下自己的子嗣。思考再三，張易之的母親多了一個心眼，她在半夜偷偷安排自己的婢女爬上樓與張易之幽會，以期留下張易之的血脈。一分耕耘一分收穫，張易之沒有辜負母親的期望，他終於使婢女的肚子鼓了起來。十月懷胎之後，婢女生下一個男孩，這個男孩就是楊釗。

究竟哪個版本說的是真的，遠隔千年的我們已經無法分清了。我們只知道楊釗與張易之有血緣關係，要麼是甥舅關係，要麼是親子關係。

出身複雜的楊釗在三十歲之前是一個不招人待見的人，他不僅喜歡飲酒，而且酷愛賭博，他把很多熟人變成債主然後欠債不還。時間一長，楊釗成了喪家狗，在自己的家鄉蒲州永樂縣幾乎混不下去了。

三十歲這年，楊釗決定換一種活法，他離開家鄉來到蜀地從軍，這一從軍倒從出了一點名堂。幾年下來，楊釗屯田成績明顯，按照相關條例應該給予升遷。然而楊釗的上司向來看楊釗不順眼，他總覺得楊釗沒有德行，讓這樣沒有德行的人升官沒有天理。

不久楊釗的上司找了一個由頭，將楊釗狠狠抽了一頓鞭子，誰叫你沒有德行。鞭子抽過，楊釗的官運卻來了，他的上司還是將他委任為新都縣尉，從此楊釗步入仕途。江山易改本性難移，楊釗在新都縣尉任上沒有改掉好賭的習性，原本便不多的俸祿都被他賭光了，到縣尉任期結束時他一文不名，連必要的生活費都沒有了。

這時一位富商出現在他的面前，富商名叫鮮于仲通，後來的事實證明這是一個有長遠眼光的人，非常擅長做風險投資。鮮于仲通沒有像一般人一樣把楊釗當成喪家狗，他反而對楊釗青眼有加，在別人都給楊釗冷臉的同時他給楊釗的卻是笑臉，伴隨笑臉的還有一筆又一筆經濟資助。時間一長，連楊釗都有點不好意思了，而鮮于仲通依然如故。楊釗在心中暗暗發誓，有朝一日一定要加倍回報鮮于仲通。

嚴格說來，楊釗在落魄期間他並非一無所有，在此期間他還收穫了一段畸形的愛情。

畸形的愛情從來而來呢？從楊玉環一家而來。

楊釗落魄時，楊玉環一家也在經歷磨難，楊玉環的父親楊玄琰死在蜀州司戶任上，一家幾乎陷入絕境。這時楊釗這個遠房堂哥便走進了楊玉環一家，他用自己少得可憐的錢來幫助這個破碎的家。久而久之楊釗與楊玉環的二姐也就是後來的虢國夫人產生了感情，兩人迅速跨越了堂兄妹的界限。這段畸形愛情成為楊釗人生中的重要記憶，也為楊釗後來的富貴埋下了伏筆。

不過楊釗的富貴還是幾年後的事情，在此之前他最愛的還是賭錢，而且一賭便傷筋動骨。有一次楊釗發了狠心，他把自己所有的錢財斂到一起，然後雄赳赳氣昂昂殺到了成都的一家賭場。經過一整天的「血戰」，楊釗收穫了最後的成果：兩手空空。

楊釗在這之後繼續著自己狼狽不堪的日子，數年後又當上了扶風縣尉，不過還是不得志，他依然沒有看到生活的曙光。困頓數年後，楊釗再次進入蜀地，想在蜀地再碰碰運氣。二進蜀地的楊釗依然沒有迎來轉機，直到楊玉環成為貴妃。

當楊釗還在遺憾無法沾上楊貴妃的光時，有一個人已經盯上了他，他認為楊釗與楊玉環有著非常近的血緣關係，如果加以利用一定會起到意想不到的效果。

這個人就是鮮于仲通。

鮮于仲通此時的身分已不僅僅是一位富商，同時還是劍南節度使章仇兼瓊的採訪支使（機要秘書），鮮于仲通讀過書，頗有才智，因此章仇兼瓊將他視為心腹。

有一天，章仇兼瓊對鮮于仲通說：「如今我只是得到皇帝的信任，在朝廷中並沒有可靠的內援，長此以往恐怕會受到宰相李林甫的排擠。聽說楊貴妃最近新得寵，不過現在依附她的人還不多。你如果能幫我到長安跑一趟，結交一下楊貴妃的家人，我就可以高枕無憂了。」

聽章仇兼瓊說完，鮮于仲通誠懇地說：「我是蜀地人士，從沒去過長安，如果我去的話，恐怕不能成事反而敗事。不過我可以為大人引薦一個人，相信這個人能完成大人交給的任務。」

隨後鮮于仲通便把楊釗引薦給了章仇兼瓊，楊釗鹹魚翻身的時刻隨即到來。

一見楊釗，章仇兼瓊的第一印象不錯，在他眼中楊釗一表人才、言辭敏捷，可謂是不可多得的人才，這樣的人值得重用。章仇兼瓊當場拍板，委任楊釗為自己的推官（總部法官）。

不久章仇兼瓊交給楊釗一項任務：前往長安貢獻春季的彩綢。

臨行前，章仇兼瓊對楊釗說：「我在郫縣放了一點小小不言的東西，權當你一天的口糧了，路過郫縣時你就帶上吧！」

楊釗不知所以，只能連連點頭。到了郫縣，楊釗看到了章仇兼瓊所說的「一日之糧」居然是價值萬貫的蜀地精美特產。楊釗一看便明白了，這不是給自己的「一日之糧」，而是給自己去長安的敲門磚。

有價值萬貫的蜀地特產作後盾，楊釗的腰桿挺了起來，他不再是一文不名的賭徒，而是手握萬貫特產的送禮特使。

到了長安，底氣十足的楊釗跟三位堂妹接上了頭，三位堂妹起初還拿老眼光看楊釗，然而等到他送上價值不菲的蜀地特產後，三位堂妹頓時刮目相看。楊釗倒不貪功，特意強調：「這是劍南節度使章仇大人所贈。」

長安之行讓楊釗賺足了面子，而在賺足面子的同時，楊釗的「愛情」也悄然回歸。此時號國夫人剛剛喪夫，楊釗的到來正好補上了號國夫人心中的空缺，乾柴烈火再次熊熊燃燒，熊熊火光照亮了楊釗的前程。

得了好處的楊氏姐妹在李隆基面前不斷稱頌章仇兼瓊，同時隆重推薦楊釗，推薦楊釗的理由是擅長樗蒲。樗蒲是當時非常盛行的賭博遊戲，李隆基也是此項賭博遊戲的發燒友，聽說楊釗擅長樗蒲，便把楊釗召進宮中，這一召便召出了好感。幾次接觸下來，楊釗給李隆基留下了深刻印象。在李隆基眼中，楊釗心細如髮，每次牌局計算精準、分毫不差，數學功底非常深厚，於是李隆基笑著說道：「真是一個度支郎中的材料。」（度支郎中相當於現代的會計司司長）

有了良好印象打底，楊釗的好日子來了，他先是被擢升為金吾兵曹參軍、閒廄判官，後來一直被擢升為監察御史。在楊釗得到提升的同時，為楊釗提供「一日之糧」的章仇兼瓊也得到了回報，後來他被擢升為戶部尚書兼御史大夫。

正應了那句話，「不跑不送原地不動，又跑又送提拔重用」。

從此之後楊釗漸漸匯入了楊家的主流之中，成為受李隆基恩寵的第六人。

數年後，楊釗憑藉自己的努力不懈一舉超越了先前的五家，與此同時，他懇求李隆基給自己改個名字。

李隆基想了一下說：「就叫楊國忠吧！」

口蜜腹劍

第十七章

兩裴相爭

在楊國忠崛起的同時，大唐王朝朝廷裡唱主角的依然是李林甫，而為李林甫搭班子唱戲的配角則是有如走馬燈一般不斷地更換。

天寶元年七月二十九日，侍中牛仙客病逝，享年六十七歲。

正如張九齡所言，小吏出身的牛仙客確實沒有宰相之才。在他與李林甫搭班子的歲月裡，他只是陪同第一宰相署名，除此之外便是查看相關規定，如果規定可以辦那就辦，如果規定不可以辦那就不辦。總之，做該做的事，負該負的責任。

在牛仙客之後，一位皇族成員頂替了他的位置。新侍中叫李適之，道道地地的皇族。原本李適之是有希望當皇帝的，只可惜他的祖父沒有把握住機會。

李適之的祖父是李承乾，太宗李世民的嫡長子，如果李承乾把握住機會承繼大統，那麼孫子李適之是有可能當皇帝的。雖然李適之沒有沾到祖父和父親的光，但祖父和父親卻沾了他的光。

成年後的李適之進入仕途，憑藉自己的努力不斷升遷，開元二十四年他當上了御史大夫，在御史大夫任上他開始不斷地為祖父辯護。經過李適之的不斷辯護，李隆基起了惻隱之心，畢竟李承乾和李泰的爭寵已經過去了九十多年，此時再爭論孰是孰非已經沒有意義，不如做一個順水人情。於是他追贈李承乾為恆山湣王，李適之的父親李象為越州都督、郇國公，同時恩准李承乾的靈柩運回長安，陪葬於太宗李世民的昭陵。客死他鄉的李承乾終於在八十多年後回到了長安，這一切多虧他的孫子李適之。

在御史大夫之後，李適之又先後做過幽州節度使、刑部尚書。天寶元年，隨著牛仙客的病逝，李適之出任侍中，成為大唐王朝的宰相。

這時的宰相班子有點意思，從皇族的輩分論，李林甫是李隆基的堂叔，李適之則是李隆基的堂哥，肥水不流外人田，大唐王朝的最高權力就集中在這叔侄三人之手。合作初期，李適之和李林甫的關係尚可，畢竟是皇族叔侄，打斷骨頭連著筋。

此時李林甫的心思並沒有放在李適之身上，而是放在另外一個人身上，在李林甫看來這個人有可能威脅到自己的地位。李林甫猜忌的人叫裴寬，曾任幽州節度使，曾經與李林甫一起稱讚過安祿山，現在擔任戶部尚書。

裴寬是一個有故事的人。

年輕時的裴寬性格開朗，思維敏捷，擅長騎射、彈棋、投壺，而且略有文采。不過跟很多年輕人一樣，仕途剛起步的裴寬一開始並沒有得到上司的垂青，直到機會意外降臨。

有一天，潤州刺史韋詵登樓閒遊，忽然他看到花園中有一塊地方明顯鼓起了一個土包，似乎有人在裡面埋了什麼東西。韋詵有些好奇，便問手下是誰幹的。

屬下一番調查，調查到參軍裴寬頭上，於是韋詵便把裴寬召來盤問緣由。

裴寬不慌不忙地說：「我向來不想沾染賄賂的名聲，剛才有人送給我一些鹿肉，送完轉身就走，我追都追不上。我不敢欺天，也不敢欺騙自己，所以我索性把這些鹿肉埋到了花園裡。」

韋詵聽完頓時對眼前這個青年刮目相看，年紀輕輕竟然有這樣的見識和作為，他日不可限量。

韋詵當即把裴寬委任為按察判官，同時又給了裴寬一個意外驚喜：從此之後，你就是我的女婿。裴寬又驚又喜，他早知道刺史在為自己的女兒尋覓女婿，沒想到這等好事落在了自己頭上。

裴寬離去之後，韋詵回家對妻子說：「咱們總說要找個好女婿，今天總算讓我找到了。」

妻子將信將疑，這個好女婿會長成什麼樣呢？

第二天，韋詵和妻子召集族人一起看新女婿，這一看就引發了一陣爆笑。裴寬品級比較低，穿的是八品九品官員穿著的綠色官袍，他身材瘦而且長，於是一進門族人們便笑了起來，馬上給他起了個外號：「碧鸛雀」。

眾人笑過之後，韋詵坦然道：「疼愛女兒就應該給她找一個賢德之人，而不是以貌取人。」

在韋詵的堅持下，「碧鸛雀」裴寬迎娶了韋詵的女兒。韋詵的判斷沒有錯。裴寬在此之後開始平步青雲，而在平步青雲的同時還保持著良好的聲名。

裴寬出任蒲州刺史時，發生了一件奇事。

蒲州原本久旱，一直無雨，裴寬出任蒲州刺史後，奇蹟發生了。裴寬一入蒲州境，久旱的天空突然下起了雨，因此蒲州百姓感歎一定是新來的刺史仁德，為蒲州帶來了久違的甘霖。果然同蒲州百姓想的一樣，裴寬在蒲州刺史任上剛正不阿、盡職盡責，於百姓毫無騷擾。

其後數年，裴寬的仕途越走越寬，一直做到幽州節度使，然後又從幽州節度使升任戶部尚書。正是在戶部尚書任上，裴寬引起了李林甫的猜忌。

身為第一宰相的李林甫將自己視為獨一無二的領跑者，他不能容忍後進官員威脅自己的地位，更不想眼睜睜看著後來者超越自己，於是他瞪大雙眼隨時準備將有威脅的後來者踢出局，其中就包括裴寬。

不久李林甫得到了一個消息，這個消息讓李林甫坐立不安。幽州節度使安祿山手下部將入朝晉見李隆基時提到了裴寬。這位部將說裴寬當年在幽州執政深得民心，至今當地的漢人和胡人還懷念裴寬。李隆基聽後讚賞不已，言談間有重用裴寬之意。

李林甫反覆琢磨這則消息，一琢磨便琢磨出一身冷汗。以裴寬的資歷和能力，當戶部尚書恐怕只是一個過渡，如果李隆基想要重用，很有可能將裴寬送上宰相之位。這並非沒有前例，首任幽州節度使薛訥就當過宰相，而裴寬的前任李適之現在也是宰相。如此看來，裴寬出任宰相不無可能。

李林甫越想越怕，越怕越想，他又想起裴寬與李適之關係不錯，如果裴寬真的當上宰相然後與李適之聯手，自己這個第一宰相可就難當了。

不行，絕不能讓裴寬當上宰相。

這天夜裡，李林甫做了一個奇怪的夢。夢中李林甫的宰相之位受到衝擊，一個皮膚白皙留有鬍鬚的官員對他步步緊逼，將他逼得無路可走。噩夢醒來，李林甫出了一身冷汗，回想夢的內容卻怎麼也想不起逼迫他的那位官員長相如何，只模糊記得那人皮膚白皙而且留有鬍鬚。李林甫按照這個特徵在文武百官中搜索了一圈，最終鎖定了一個人——裴寬。

對，就是他，皮膚白皙，留著鬍鬚。

其實李林甫冤枉了裴寬，此時朝中還有一個人符合這個特徵，這個人正是最終將李林甫逼得無路可走，而李林甫卻沒有意識到的楊國忠。

一門心思對付裴寬的李林甫開始行動，不過他不準備親自出馬，這是他一向的原則。他決定找一個貓爪，讓這個貓爪替自己把裴寬拉下馬。領導對付下屬的方法一般是挑動群眾鬥群眾，李林甫的方法一脈相承，他的方法是挑動尚書鬥尚書，以刑部尚書鬥戶部尚書。

刑部尚書名叫裴敦復，戶部尚書便是裴寬。

裴敦復原是河南尹（**洛陽特別市市長**），不久前因為剿滅海盜有功被擢升為刑部尚書，而就在裴敦復青雲直上的同時，他不知不覺中成了李林甫的貓爪。因為李林甫抓住了裴敦復謊報軍功的軟肋。

在裴敦復剿滅海盜之後，李隆基便指示裴敦復上報有功人員名單，他要對有功人員進行獎賞。這樣一來，朝中諸多官員便動起了腦筋，他們知道裴敦復這個「有功名單」彈性很大，可以做一點文章。裴敦復一下子成了紅人，很多官員找他說情，求他將自己的親信列入「有功人員」名單，藉此得到提升。礙於情面，裴敦復答應了部分官員的請求，將很多原本與剿滅海盜無關的人也列進了名單。

裴敦復的所作所為被裴寬看在眼裡，身為戶部尚書同時兼任御史大夫的他決定上書彈劾，於是便秘密寫了一封奏疏呈送給李隆基。

裴寬以為這件事情只有他和李隆基知道，沒想到李林甫手眼通天，他也知道了。李林甫決定利用這難得的機會挑動裴敦復鬥裴寬。

不久李林甫對裴敦復說：「裴寬已經把你秘密彈劾了，你還不知道吧！」

裴敦復一聽頓時跳了起來，「他怎麼能這樣啊？他還塞給我幾個人的名字讓我列進有功人員名單。」

李林甫不動聲色，一字一句地說道：「如今之計，你必須火速上奏，千萬不能落在裴寬的後面。」

裴敦復點了點頭，內心中充滿了對李林甫的感激。然而裴敦復轉念一想，自己有錯在先，如果上疏反咬一口，勝算又有幾何呢？還是觀察一段時間，再作打算吧。

沒過不久，裴敦復坐不住了，因為裴寬抓了他的兩個手下。

實際上裴寬抓裴敦復的手下並非出於私心，也不是針對謊報軍功，而是這兩個手下有別的犯罪事實在裴寬手裡，因此裴寬將兩人收押進御史臺。事情就怕湊巧，已成驚弓之鳥的裴敦復將兩件事聯繫在一起，得出了一個驚人的結論：裴寬不僅彈劾自己，而且要拿自己的手下開刀。

裴敦復決定反擊。他的反擊說起來很簡單，那就是彈劾裴寬，不過不是自己親自出馬，而是請楊玉環的一位姐姐友情客串。楊姐姐當然不是免費客串，她的收費很高，黃金五百兩。

有了五百兩黃金打底，加上楊姐姐的三寸翻飛之舌，裴敦復馬上成了有理方，裴寬反倒成了身帶污點的理虧方，兩裴相爭就此產生結果。裴敦復安然無恙，裴寬被貶為睢陽太守，從此被李林甫擠出長安。

反擊得手的裴敦復不免有些得意，臉上露出快意的笑，但數個月後，裴敦復笑不出來了。天寶四載四月十八日，裴敦復被委任為嶺南五府經略使，從此上班地點變了，由長安變更為廣州。裴敦復這時才意識到自己上了李林甫的當，白白當了李林甫的貓爪，現在又要被李林甫趕出長安。

裴敦復不甘心就這樣離開長安，他還想活動一番，爭取讓李隆基取消這次任命。一個月後，裴敦復看到了活動的結果：廣州不用去了。去淄川（山東淄博市）郡當太守吧。

這不是裴敦復努力的結果，而是李林甫努力的結果，李林甫給裴敦復定的罪名是「逗留拖延拒不到職」。

兩裴相爭，兩敗俱傷。

一箭數鵰

兩裴相爭只是李林甫初試鋒芒，不久李林甫翻動手腕，一支箭同時瞄準了數隻鵰。被李林甫瞄準的第一個目標是他的宰相搭檔李適之。

扳倒裴寬之後，李林甫覺得李適之越來越礙眼，李適之沒有牛仙客的恭順，偶爾還有爭權的舉動，這樣的搭檔必須盡快扳倒，不然後患無窮。

這一次李林甫改變了策略，他不再挑動尚書鬥尚書，而是轉而利用酷吏。在李林甫的栽培下，兩名全新的酷吏登上歷史舞臺，一名叫作吉溫，一名叫作羅希奭。

羅希奭有無酷吏的家族遺傳基因，史無明載；吉溫倒是有著顯著的家族遺傳基因，他的叔叔吉頊是武則天時期非常得寵的酷吏之一。

吉溫的仕途起步並不順利，一度他還被李隆基蓋上了永不重用的黑戳。當年吉溫擔任新豐縣丞，太子文學薛嶷覺得吉溫是個人才便把他引薦給李隆基，沒想到李隆基第一眼看見吉溫印象便非常不好，於是對薛嶷說：「這個人居心不良，朕不用這樣的人。」

不得不承認，有時候李隆基看人的眼光還是很準的，他一語道破了吉溫的致命缺陷，也就此為吉溫的仕途蒙上了陰影。不過吉溫並不灰心，他決心證明自己的能力，他開始發狠並成功轉型成為一名酷吏。

從此之後吉溫變得冷酷無情，無論誰落到他的手裡，不死也要脫層皮。就連李林甫的親信「伏獵侍郎」蕭炅有一次因事犯在吉溫手裡，也被吉溫整得半死不活，如果不是李林甫力保，蕭炅能否看到第二天的太陽都是一個未知數。

這個世界總是冤家路窄，數年後蕭炅和吉溫又碰面了，這次碰面有點微妙。

此時蕭炅出任京兆尹，吉溫出任萬年縣丞，在隸屬關係上蕭炅是吉溫的頂頭上司，如果蕭炅要報當年之仇，吉溫在劫難逃。吉溫的大腦高速運轉起來，他想到了一個人，他決定在這個人家裡打一個時間差。

這天，吉溫早早來到了好友高力士家裡，兩人寒暄半天，在寒暄的同時吉溫在等一個人來。他等的人就是蕭炅。吉溫知道按照慣例，出任京兆尹的官員上任之後都會到高力士家裡拜訪以示尊重，吉溫就是要在這次拜訪上做文章。

不出吉溫所料，沒過一會兒，蕭炅來了。

吉溫的時間差要奏效了。

一見蕭炅到來，吉溫做出回避姿態，這時高力士說話了：「吉七（**吉溫在家中排行老七**），不必回避。」

然後高力士給蕭炅介紹說：「吉溫也是我的老朋友，大家都不必見外。」

吉溫要的就是這句話。經過這次「巧遇」，蕭炅對吉溫恭敬起來，絲毫不敢有公報私仇的念頭。

吉溫也表現乖巧，他對蕭炅說：「以前我不敢怠慢國家法律，所以對大人審問有些嚴厲，從今以後我忠心跟隨大人，願效犬馬之勞。」

話說開了，蕭炅心中的疙瘩也解開了，從此不僅不針對吉溫，反而將吉溫委任為京兆府法曹（司法官）。不久李林甫開始整肅異己，蕭炅就將吉溫當作法寶推薦給李林甫。

在吉溫之後，羅希奭加入到李林甫的隊伍中來，吉羅兩人成為李林甫的哼哈二將。只要李林甫令旗一揮，兩人隨即出動，準保讓對方逃無可逃，漸漸地兩人有了名氣，人稱「羅鉗吉網」。

現在李林甫將「羅鉗吉網」指向了李適之。當時李適之兼任兵部尚書，前中書令張說的兒子張垍任兵部侍郎，李林甫對這兩個人都非常厭惡，便決定對兩人來一個「敲山震虎」。

很快地就有人舉報兵部主管人事的官員徇私舞弊。不用問，舉報人受李林甫指使。

接到舉報的李隆基下令京兆尹蕭炅與御史大夫一起調查，這一調查就將兵部六十多名官員打入網中。幾天過去了，案件卻沒有絲毫進展。

李林甫知道該讓吉溫出場了。吉溫一出場就讓六十多名兵部官員站到院外，他先到後廳提審與此案無關的兩名重刑犯，兵部官員面面相覷，不知道吉溫葫蘆裡賣的什麼藥。不一會兒的工夫，後廳傳來慘叫聲。吉溫正在後廳體罰重刑犯，一會用杖打，一會用石頭壓，兩名重刑犯熬不住便連聲慘叫。

過了一會，吉溫從後廳出來，再看兵部的六十多名官員，一個個面無血色。

沒等吉溫開口，兵部的官員們開口了：「只要能保住命，我們什麼罪都認！」

很快地六十多人的口供完美出爐，再看這六十多人的身上，半點用刑的痕跡都沒有。既然沒有用刑，那口供就是真的。

不久李隆基下詔，將兵部負責人事的侍郎以及郎中斥責一番，然後又給予赦免。表面看這次風波與李適之無關，然而作為身兼兵部尚書的宰相，兵部出這麼大的事怎麼可能無關？

結案。

先斥責，後赦免，看似風波就這樣過去，李適之也毫髮無傷，但這只是李林甫的開頭而已，先震懾一番再慢慢收拾。

李林甫接下來將矛頭對準了一個熟人，這個熟人最近有些礙眼。熟人名叫韋堅，時任陝郡太守、江淮租庸轉運使（**江淮物資調運總監**），原本與李林甫非常親密。李林甫的舅舅是姜皎，而韋堅的妻子正是姜皎的女兒，從姜皎那邊論，韋堅得喊李林甫一聲「表哥」。

除了與李林甫沾親帶故，韋堅與太子李亨、薛王李業全都沾親帶故。韋堅的姐姐是薛王李業的王妃，韋堅的妹妹則是太子李亨的太子妃，這樣韋堅與皇族就有了兩層姻親關係。

已經發跡的李林甫剛開始對韋堅還有所提攜，畢竟韋堅是他的表妹夫。隨著韋堅節節攀升，李林甫與韋堅越來越疏遠，甚至產生反感。因為韋堅太出鋒頭了。

天寶二年，韋堅幹了一件大事，他將滻水（**灞水支流**）導引到皇家園林東面的望春樓下，在望春樓下形成了一個人工湖。

這個湖是做什麼用的呢？

用來停泊江淮來的物資運送船。韋堅把這些船按照郡名進行編號，然後在對應的船上堆滿該郡出產的特產，然後一字排開。幾十個郡對應幾十條獻寶船，韋堅已經不知不覺地導演了一場江淮特產博覽會，他要用這個博覽會向李隆基獻禮。

與此同時，韋堅還有一個壓軸大戲。

韋堅一個手勢，陝縣縣尉崔成甫登場。他身穿錦緞背心、綠綢褲子，半裸一隻胳膊，頭戴紅色頭巾，在第一條船的船頭上開唱：得寶弘農野，弘農得寶耶！潭裡船車鬧，揚州銅器多。三郎當殿坐，看唱《得寶歌》。

崔成甫一邊唱，一百多名身穿盛裝的歌女在一邊和聲，頓時形成環繞音響的效果。

《得寶歌》的歌詞乍看起來很一般，其實不然，這首歌裡面有著深層政治意義。

「得寶弘農」指的是天寶元年的一件大事。

有人奏報李隆基說，親眼看見了玄元皇帝老子，老子告訴此人，在陝州桃林縣古關令尹喜宅藏著一道寶符。李隆基派人按圖索驥果然找到了寶符，李隆基歡喜不已，以為這是上天與自己心有靈犀，自己剛把年號改為天寶，上天就降下寶符，這是盛世才有的祥瑞。

「潭裡船車鬧，揚州銅器多」這是給韋堅唱讚歌，水潭是韋堅主導開鑿的，揚州的銅器也是韋堅調運的。幾句歌詞組合到一起，就成了為李隆基歌功頌德，順便為韋堅表功。

歌聲才罷，韋堅跪地獻上各地進貢的綢緞，與此同時，一百多個盛著各種水果的牙盤送了上來敬請李隆基品嘗。在歌聲、小船、綢緞、牙盤的烘托下，李隆基的心情好到了極點，頓時起了重用韋堅之意。

不久李隆基下令，擢升韋堅為左散騎常侍（**從三品**）。天寶三載正月，李隆基又命韋堅兼任御史大夫（**正三品**），重用的跡象已經非常明顯。這時韋堅與李林甫的關係走到了臨界點，原本的親密無間已經變成了相互猜忌。李林甫擔心韋堅繼續上升成為宰相，韋堅則擔心李林甫破壞自己的好事，兩相猜忌，曾經的親密關係便跌落到冰點。

天寶三載九月，李林甫搶先出招。

經過李林甫的「努力」，韋堅由陝郡太守、江淮租庸轉運使、左散騎常侍兼御史大夫升任刑部尚書，同時罷免江淮租庸轉運使等職務。表面看起來韋堅升官了，因為刑部尚書位置更加重要。然而韋堅卻高興不起來，刑部尚書雖是高官，但想出彩很難，而原來擔任的江淮租庸轉運使則是肥缺，既容易出彩又容易撈到個人實惠。

現在這一切都成為過去，韋堅的職位被新人接替，而韋堅只能去當看似恩寵的刑部尚書。

接替韋堅的人叫楊慎矜，祖上也是名人。

誰？隋煬帝楊廣。

楊慎矜是隋煬帝楊廣的玄孫，他這一脈是楊廣碩果僅存的一脈，多虧楊慎矜的祖父楊政道在江都兵變時躲藏在娘的肚子裡才逃過一劫。

楊政道是楊廣次子楊暕的遺腹子，後來經過幾番劫難才隨蕭皇后返回長安，所幸李世民對他們一家還不錯，還讓楊政道步入仕途。楊政道的仕途乏善可陳，他的兒子楊崇禮卻幹出了名堂，他在太府卿（**宮廷庫藏部部長**）任上展現出自己的理財才能，深得李隆基的信任，這一信任就讓楊崇禮發揮了很多年餘熱，直到九十歲才徹底退休。

在楊崇禮之後，李隆基陸續起用了楊崇禮的三個兒子，楊慎矜因為具有理財能力便被李隆基委以理財的官職。後來楊慎矜看出李林甫一手遮天便對李林甫表示順服，因此在韋堅「明升暗降」之後，李林甫就讓楊慎矜接替了韋堅的職位。

事情發展到這一步，一切仍在李林甫的掌握之中，李林甫還在瞄準，他要一箭射落數隻鵰。

絲絲入扣

如果要在李隆基任命的所有宰相中找一個弄權高手，李林甫稱第二，沒有人敢稱第一。姚崇、張說算是玩弄手段的高手，但跟李林甫相比還差得遠。姚崇、張說頂多借力打力，李林甫則是直接挖坑。

天寶四載，李林甫給李適之挖了一個坑，坑上的誘餌是華山的金礦。

李林甫故弄玄虛地對李適之說：「華山有金礦，如果開採的話可以使國家富強，可惜到現在皇上還不知道。」

李適之一聽便來了精神，他以為這是李林甫向自己示好，存心把功勞讓給自己，卻沒想到這是李林甫挖的一個坑。過了幾天，李適之便把華山有金礦的事情向李隆基奏報，並且建議李隆基大加開採。

李隆基聽後便向李林甫求證。

李林甫緩緩開口：「臣早就知道華山有金礦，但是絕不能開採。華山是陛下的本命山，王氣所在，不能開鑿，所以臣一直不敢提這件事。」

李林甫搬出了「本命山」的說法，李適之一下掉進了坑裡。

李隆基大為不悅，轉向李適之說道：「以後奏事應該先跟李林甫商量，不要輕易上奏。」僅此一坑，李適之徹底失去了李隆基的信任，罷相也只是時間問題。從此之後李適之索性不再管事，有時間就跟韋堅一起聚會，原本他們就是朋友，現在一個失去皇帝信任，一個失去實權，兩個失意的男人同病相憐。李適之與韋堅的同病相憐讓李林甫更加惱火，這兩個人居然湊到了一起，將來有機會一定要把他們一起收拾掉，最好連太子一起收拾掉。

太子李亨並非李林甫擁立，因此注定李林甫與太子李亨是兩條心。李林甫一直在尋找機會，他想在整肅韋堅和李適之的同時把李亨一勺燴了。

不過到現在為止，扳倒韋堅和太子的機會並不成熟，得找一個機會催熟。

李林甫瞄準了一個人，這個人與太子李亨關係親密，更關鍵的是現在這個人的身分非常敏感。

被李林甫瞄上的人是皇甫惟明，在前面有過出場，當年正是在他的建議下，唐與吐蕃達成互不侵犯的和平條約，邊境安定了七年。後來皇甫惟明由忠王諮詢官出任隴右節度使，在節度使任上屢立戰功，天寶五載，李隆基給皇甫惟明的肩上又加了一副擔子：兼任河西節度使。

正巧皇甫惟明回長安向李隆基彙報戰果，這次彙報讓李林甫抓住了機會。

皇甫惟明回長安後，李林甫收到消息：皇甫惟明私下彈劾李林甫，建議李隆基對李林甫加以防範。這個消息讓李林甫暴跳如雷，他意識到必須馬上撒開大網，盡快將皇甫惟明、韋堅、太子李亨一網打盡。皇天不負有心人，李林甫終於在皇甫惟明和韋堅的身上找到了破綻。

正月十五夜，太子李亨出遊，與自己的大舅哥韋堅見了面。如果僅僅是李亨與韋堅見面也無可厚非，問題在於韋堅與李亨見完面後又與皇甫惟明見了一面。

這下就說不清楚了。

首先楊慎矜受李林甫指使上了一道奏疏：韋堅身為皇親國戚，不應與邊防將領交往。這是李林甫發出的第一發炮彈。

緊接著李林甫親自上陣，發出了第二發重磅炸彈：韋堅與皇甫惟明密謀，意圖擁立太子提前登基。

還有比這更重磅的炸彈嗎？

韋堅與皇甫惟明就此被打入大獄，負責審問他們的是楊慎矜、御史中丞王鉷、京兆府法曹吉溫，這些人都是李林甫的人。

按照李林甫的本意是準備藉此機會將韋堅和皇甫惟明一併除掉，順便再把火燒到太子身上。然而儘管李隆基也懷疑韋堅與皇甫惟明有密謀，但他不想鬧得天下皆知，如果大肆處罰韋堅和皇甫惟明最終都會牽連到太子，畢竟他們都與太子有著千絲萬縷的連繫。六十一歲的李隆基不想再折騰了，他不想把太子牽連進去，索性授意李林甫大事化小，不用弄得天下皆知。

天寶五載正月二十一日，韋堅和皇甫惟明等來了處理結果：韋堅貪得無厭不斷要求升官，由刑部尚書貶為縉雲（浙江省麗水市）太守；皇甫惟明離間皇帝與大臣的關係，貶為播川（貴州遵義）太守。

葫蘆僧斷葫蘆案。

韋堅、皇甫惟明被貶之後，李適之的宰相也當不下去了，雖然李隆基沒有趕他下臺，但李適之知道自己已經失去了李隆基的信任，再待下去也沒有任何意義，不如知趣點早點離開。

天寶五載四月，李適之上疏李隆基，懇請辭去宰相職務，改任閒散官職。

四月八日，李隆基批准，免去李適之宰相職務，改任太子少保。當了四年宰相就這樣不明不白地敗下陣來，李適之心有不甘但又無能為力，他知道自己不是李林甫的對手。

在李適之之後，門下侍郎、崇玄館大學士陳希烈被擢升為同中書門下平章事，接替李適之與李林甫搭檔。事實證明陳希烈正是李林甫想找的人，因為陳希烈面對李林甫只會說一個字：是。

多好的班子成員。

以往慣例，宰相一般下午一點半才下班回家。現在李林甫建議李隆基：天下太平無事，宰相不必拖到一點半下班，建議改為上午十點下班，李隆基表示同意。從此李林甫宰相上午十點下班，隨後便返回自己家中，軍國大事從此不在宰相的政事堂決定，而改在李林甫的家中決定。秘書們要做的事很簡單，只需要把文件送到李林甫的家裡，待李林甫簽署意見後，再回政事堂找陳希烈補一個簽名。

這才是李林甫想要的生活。愜意的生活過了幾個月，李林甫又迎來了更加愜意的事。

韋堅一家自亂陣腳。

將作少匠（**建設部副部長**）韋蘭、兵部員外郎（**國防部軍政司副司長**）韋芝都是韋堅的弟弟，韋堅被貶之後他們開始為韋堅辯護。可能是太急於辯白結果自亂陣腳，居然在辯解奏疏中引用了太子李亨的話。如果不引用李亨的話，或許韋堅還能迎來轉機，這一引用等於引火上身，正好觸及李隆基最反感的地方：太子與大臣勾連。

李隆基雷霆大怒，韋堅的處境更加艱難，太子李亨也陷入泥潭。為了自證清白，李亨拿出了壯士斷腕的精神，上疏懇求與太子妃韋氏離婚。這必定不是李亨的真實意思，但為了擺脫嫌疑只能斷腕求生，先擺脫了關係再說。

李隆基批准了李亨的離婚請求，從此李亨與韋堅一家再無關聯，所有的問題韋堅一家只能自己扛。

天寶五載七月二十六日，韋堅又被貶了，由縉雲太守貶為江夏別駕，與此同時那兩個病急亂投醫的弟弟也被貶往嶺南。

人在仕途就如同攀登雪山，上山時費盡心力未必能爬多高，而一旦不注意腳底踩空就會急速下墜，迅速將登山成績清零，有的甚至直落谷底。

韋堅會滑到哪裡呢？

不久，李林甫又把韋堅、李適之等人捆綁到一起，然後重重地往谷底摔去。李林甫的理由是韋堅和李適之等人結為朋黨。

這個指控非常致命。伴隨著這個指控，韋堅連江夏別駕也做不成了，被永久流放臨封郡（廣東封開縣）；李適之的太子少保也做不成了，被貶為宜春太守；之前被李林甫打壓的裴寬也被捆綁進來，他被貶為安陸別駕。

前前後後，因為韋堅被捆綁連坐的人達到數十名，連薛王李業的兒子李琄也被貶為夷陵別駕，薛王妃（韋堅的姐姐）跟隨李琄前往夷陵安置。

這會是最後結果嗎？

還早。

痛下殺手

天寶五載，對於太子李亨而言注定是流年不利。

太子妃韋氏一家剛出完事，太子良娣杜氏家又出事了。

杜氏的父親叫杜有鄰，此時擔任太子贊善大夫（太子宮參議官）。杜有鄰除了杜氏這個女兒外，還有一個女兒嫁給了左驍衛兵曹（管理兵籍的官員）柳勣，正是這個柳勣將杜有鄰一家拖入深淵。

不知出於什麼緣故，柳勣與杜有鄰的關係非常惡劣，兩人水火不容。久而久之，柳勣的眼中已經沒有了老丈人，有的只是仇敵。柳勣決定將杜有鄰推向深淵，然後踩著杜有鄰的身體升官發財。

不久柳勣舉報：杜有鄰妄稱有神秘預言，與太子李亨交往，指摘當今皇帝。

聰明人各有各的聰明，愚蠢人各有各的愚蠢。如果柳勣只是指控杜有鄰或許還有升官發財的機會，而他捎帶上了太子李亨，等待他的只有死路一條。

六十一歲的李隆基並非絕對信任李亨，但他不能容忍別人一而再、再而三地往李亨身上潑髒水，這是讓李亨難堪，同時也是讓李隆基難堪。他已經因為聽信讒言逼死過三個兒子，現在每次聽到別人往他兒子身上潑髒水，他不禁就會想起那三個冤死的兒子。

柳勣栽了，杜有鄰也栽了，此時的李隆基除了護著自己的兒子，其他人在他眼中都可以消失。

天寶五載十二月二十七日，柳勣、杜有鄰被亂棍打死，李隆基這個葫蘆僧又斷了一起葫蘆案。

如果柳勣舉報屬實，那麼亂棍打死的應該是杜有鄰；如果柳勣舉報不屬實，那麼亂棍打死的應該是柳勣。現在柳勣和杜有鄰都被打死了，舉報到底屬不屬實呢？

如此看來，六十一歲的李隆基已經成了一個糊塗法官，居然判決原告和被告同時敗訴，太有才了！

葫蘆判決之後，太子李亨又斷了一次腕，他把太子良娣廢為庶人，趕出了太子宮。

時間走到天寶六載，葫蘆判決的效應還在擴大，一舉突破了杜有鄰和柳勣的範疇，牽連到北海太守李邕、淄川太守裴敦復。

這又是怎麼回事呢？

因為柳勣的口供。李林甫指使酷吏吉溫用柳勣的口供做成了一條鏈。

當年柳勣結交廣泛，他結交的朋友中有一位就是淄川太守裴敦復。裴敦復又把柳勣介紹給北海太守李邕，李邕又把柳勣介紹給著作郎王曾，這樣大家都成了朋友。柳勣下獄之後被吉溫屈打成招，在口供中牽扯出王曾，就此一條柳勣——王曾——李邕——裴敦復的鏈就完成了。

由柳勣發端到裴敦復結束，因為柳勣一次不成功的舉報，使得四個人殊途同歸，通通被亂棍打死。可憐李邕一代名士，只因為交錯朋友便落得如此結局；可憐裴敦復曾經貴為刑部尚書，只因為柳勣的口供便如此淒慘謝幕。

這一切都是李林甫幕後指使，為的是讓裴敦復永遠閉上嘴。只要裴敦復閉上嘴，就沒有人知道李林甫曾經挑動「尚書鬥尚書」。現在裴敦復永遠閉上了嘴，他卻不準備收手，李林甫決定順著裴敦復這條藤繼續深入下去。

在這條藤上還有裴寬、李適之、韋堅、皇甫惟明，只有讓這些人都消失李林甫才能高枕無憂。

不久李林甫上疏李隆基：被貶的官員對朝廷有怨言，不如將他們全部誅殺。

但凡一個智商正常的皇帝都不會同意這樣的建議，但此時的李隆基已經六十二歲了，早已意興闌珊，無意朝政，李隆基不是不知道李林甫在公報私仇，但是他不想深入追究，因為他已經累了。奏疏被批准了，李林甫的屠刀舉了起來。

李林甫派出酷吏羅希奭執行這項艱巨任務，他的任務就是送所有貶官一一上路。接到任命，羅希奭從北海郡（山東青州）出發前往嶺南，沿途將地方上的所有貶官一律誅殺。遠在宜春郡（江西宜春）的李適之知道自己的末日到了。沒等羅希奭到達，李適之飲藥而死。

並非所有貶官都像李適之一樣就死，安陸別駕裴寬就是一個求生意志頑強的人。羅希奭為了將裴寬逼死，特意繞道進了安陸，按照前幾個郡的經驗，往往羅希奭一入境，聞風而動的貶官便自我了斷。但羅希奭見到裴寬時他卻還是活生生的。

裴寬「撲通」一聲給羅希奭跪下了，懇請羅希奭放自己一條生路。不知是羅希奭良心發現，還是李林甫最終決定放裴寬一馬，羅希奭在裴寬跪下之後轉身離開了安陸，裴寬就此躲過一劫。

其他地方的貶官就沒有裴寬的運氣了，韋堅、皇甫惟明紛紛被誅殺，他們全部倒在李林甫的算計之中。

至此李林甫完成了一箭數鵰，在這支箭上他射死了韋堅、皇甫惟明、李適之、射傷了太子李亨，同時射怕了裴寬。

野無遺賢

整肅完韋堅、皇甫惟明、李適之，李林甫長長出了一口氣。

然而李隆基一紙詔書又讓李林甫緊張了起來，李隆基宣布要大規模延攬人才，凡是具有一門學問的人就可以報名參加，由皇帝親自面試錄用。李林甫反覆看著詔書，他意識到詔書背後潛藏著危機，如果這些應考的考生口無遮攔，當著皇帝的面控訴自己，那麼自己就會非常被動。

得想個辦法阻止皇帝與這些考生直接見面。

隨後李林甫對李隆基說：「這些應考的考生多數出身卑賤、言語粗俗，恐怕到時會用粗鄙的語言污染聖聽。不如令各郡太守以及各縣縣令先加以考察，選拔優秀的人推薦到尚書省，再由御史中丞主持考試，擇優錄取其中的佼佼者。」

李隆基一想，李林甫說的不無道理，便同意了他的建議。

不久佼佼者從全國各地脫穎而出，齊聚長安，期待通過考試進入仕途。

等到考試時，考生們傻眼了，本來說的是有一門學問就可以錄用，結果考察他們的還是常規項目：詩、賦、論。這些項目對於常年參加科舉考試的人而言不算難題，而對於這些具有一門學問的特殊人才而言就有些強人所難了。

考試的結果出來了，一舉創造了世界考試史的紀錄：全軍覆沒。

李林甫就此給李隆基上了一道奏疏：恭喜陛下，賀喜陛下，在您的英明領導下，野無遺賢。

「野無遺賢」是什麼意思呢？意思是說有本事有能力的人已經都被朝廷網羅到帳下了，民間沒有一個有才華的人被遺漏。

真的野無遺賢嗎？

不是。

杜甫就是最好的證明，他參加了這次考試。可惜李林甫已經定下了「野無遺賢」的基調，於是像杜甫這樣不世出的詩人也沒能通過那場苛刻的考試。這一切只是因為李林甫的私心作祟。

到此時，李林甫的真面目暴露於全天下，天下人都知道如今的第一宰相是一個孤獨的領跑者，他不能容忍別人超越、並排，甚至追趕。儘管他表面對每個人都非常友好，對那些有文學才能的人更是尊重，每每交談，嘴裡恨不得吐出蜂蜜，然而這一切都是表象，在他嘴吐蜂蜜的同時，心裡卻橫著一把劍。

口有蜜，腹有劍。口蜜腹劍由此而來。

機關算盡

第十八章

木秀於林

天寶六載的李林甫春風得意，這一年他將韋堅、皇甫惟明、李適之等人徹底清除，從此這些人再也無法威脅他的相位。環顧四周，似乎已沒有人能夠對自己形成衝擊，李林甫放下心來。

沒過多久，李林甫又想起了一個人，此人身兼四鎮節度使，深受李隆基信任，而且與李隆基還有一段極深的淵源。鬧了半天，怎麼把他給忘了。

李林甫想起的人叫王忠嗣，此時擔任四鎮節度使，分別是隴右節度使、河西節度使、朔方節度使、河東節度使，全國總共九個節度使，王忠嗣一人佔了四個，比後來的安祿山還多一個。

王忠嗣為什麼能同時擔任這麼多節度使？他跟李隆基又有何淵源？

事情得從開元二年說起。

開元二年七月，吐蕃入侵，李隆基拜薛仁貴的兒子薛訥為主帥，出兵迎戰吐蕃。在薛訥的帳下，有杜賓客、郭知運、王晙、安思順等人，先鋒官是太原人王海賓。

王海賓率先與吐蕃軍隊遭遇，苦戰之後取得勝利，戰果頗豐。按照戰前部署，其他將領此時應該率軍與王海賓會合，然後聯合進軍。然而其餘將領在關鍵時刻並沒有按照約定與王海賓會合，反而在自己駐紮的地方徘徊不前。

他們嫉妒王海賓的戰功。

該死的嫉妒一下子將王海賓推進了深淵。王海賓雖然取得大勝，但殺敵一千，自損八百，吐蕃軍隊很快地發動了第二波攻擊，這一次王海賓沒能創造奇蹟，苦戰之後隕落於亂軍之中。

這時原本觀望的諸將來了精神，驅動自己的部隊發起猛攻，打退了吐蕃的進攻，斬首一萬七千人，俘獲牛馬羊數以萬計。戰報傳到長安，李隆基又喜又悲，喜的是獲得一場大勝，悲的是折損一員猛將，悲喜之餘李隆基追贈王海賓為左金吾大將軍。

許久之後，李隆基問手下官員：「王海賓可有子嗣？」

官員回應說：「有一個八歲的兒子，名叫王訓。」

李隆基想了一下說：「讓這個孩子當尚輦奉御（宮廷車輛管理官）吧，改天讓他進宮見朕。」

不久八歲的王訓來到宮中，一見到李隆基便伏地痛哭，他的哭把李隆基也感染了。

李隆基上前扶起王訓，安慰說：「你是我朝霍去病的遺孤，長大後也會是一員大將。」

李隆基接著對王訓說：「孩子，朕給你改個名，以後你就叫『忠嗣』吧！」

忠嗣，繼承父親的忠勇。王忠嗣由此而來。

賜名之後，李隆基越發喜愛眼前這個八歲男孩，索性將王忠嗣留在宮中當成自己的兒子撫養。從此王忠嗣開始了自己的宮廷生活，在他成長的過程中有一位王子經常與他一起遊玩，這位王子就是後來的太子李亨。

王忠嗣漸漸長大了，父親王海賓的遺傳基因在他的身上逐漸顯現出來。相貌俊朗英氣灑脫的他平時話語不多，然而一談到用兵打仗，他的話便停不下來。幾次交談後，李隆基給出了自己的評語：「你以後一定會成為一員良將。」

雖然有李隆基的評語在前，但王忠嗣在成為良將的道路上並非一帆風順，他的第一份工作便遭遇了半途而廢。王忠嗣的第一份工作是擔任代州別駕，別駕是州長官的副手，而他這個別駕與別人不同，他不問公事，只喜歡率領輕騎兵出塞。代州位處邊陲，以北便是胡人聚集區，向來形勢複雜，唐朝與胡人的關係也是時好時壞，而王忠嗣以輕騎兵出塞便是偵察敵情，尋找戰機。

不過年輕的王忠嗣終究沒能找到殺敵機會，不久他就無法出塞了。李隆基將他調回了長安。

這次調回是太子李亨的建議，李亨說：「王忠嗣好勇敢鬥，如果長期留在代州，恐怕終有一天會命喪沙場。」

李隆基聞言，頓時緊張起來，他看著王忠嗣長大，自然不想這個名將胚子年紀輕輕就殞命沙場。於是王忠嗣回到了長安，想要上陣殺敵還要再等幾年。

隨後幾年，王忠嗣一直沒能成為主力將軍，他的身分一直是實習生。李隆基先後將王忠嗣託付給信安王李禕及河西節度使蕭嵩。王忠嗣在李禕和蕭嵩帳下開拓了眼界、增長了見識，不過王忠嗣還是很苦惱，因為每次出兵打仗都沒有他的份。

王忠嗣不明所以便跑去問蕭嵩，這時蕭嵩道出實情：「陛下將你託付給我時特別囑咐，你年少有雄心，但還需要歷練，現在還不是用你帶兵打仗的時候。」

王忠嗣頓時明白了，原來這是李隆基對自己的特別保護。

三年很快過去了，河西節度使蕭嵩接到調令，回長安出任宰相。

這時王忠嗣走了進來，對蕭嵩說：「我跟隨大人三年，還沒有立半點功勞，無以歸報天子。請大人給我一些精兵，我要對吐蕃發動奇襲。」

王忠嗣以為蕭嵩還會一如既往的拒絕，沒想到蕭嵩同意了。

正巧吐蕃軍隊在離唐朝邊境不遠的地方舉行閱兵式，王忠嗣的眼睛一下亮了。王忠嗣起了偷襲的念頭，而他手下騎兵卻不同意，因為他們看到吐蕃人陣勢浩大，人數起碼是本軍數倍。王忠嗣不為所動執意發動襲擊。數百名騎兵只好服從王忠嗣的命令，向正在舉行閱兵式的吐蕃軍隊發動襲擊。

王忠嗣縱馬提刀跑在最前面，在他的帶領下數百名騎兵一下子攪亂了吐蕃軍隊的閱兵式，吐蕃軍隊亂作一團。王忠嗣左右突殺，紮紮實實過了一把行軍打仗癮。戰後盤點，這一仗斬殺數千人，俘獲羊馬數以萬計，這回可以向李隆基彙報了。

得勝的戰報很快由蕭嵩傳到了李隆基的耳朵裡，李隆基大喜過望，看來這個孩子確實有他父親的遺傳基因。王忠嗣在這之後步步高升，一直升到左威衛將軍、代北都督，同時被封為清源縣男。不料，此時王忠嗣突然被貶為東陽府左果毅（**管理府兵的官員**）。

突然被貶讓王忠嗣有些摸不著頭腦，想來想去，他才意識到癥結所在。

不久前他曾經說過一個人的壞話，此人名叫王昱。王昱本人並沒有多大權勢，但他有一個結拜大哥，這個結拜大哥有一些權勢，在朝中很有影響力。王昱的結拜大哥是皇甫惟明。王忠嗣正是栽在王昱和皇甫惟明的誣陷下。

被貶的王忠嗣一下子閒了下來，心裡沒著沒落，他不知道這樣的日子要過多久。此時河西節度使杜希望正在籌畫進攻吐蕃的軍事重鎮——新城（青海門源縣）。徵求各方意見時，有人向他推薦王忠嗣是不可多得的將才，想要攻克新城非此人不可。杜希望上疏將王忠嗣要到了自己軍中。

開元二十六年三月，杜希望率軍攻克新城，戰後論功行賞，王忠嗣名列第一。

這一年秋天吐蕃軍隊發動反攻，要報新城的一箭之仇。吐蕃軍隊黑鴉鴉地壓了上來，雙方眾寡懸殊，唐軍兵力跟吐蕃不在一個等級。諸將面露難色不敢出戰。

此時唐軍陣營中突然衝出一隊騎兵，領頭的正是王忠嗣。王忠嗣帶領自己的直屬騎兵在吐蕃陣中左右馳突，反覆殺進殺出，吐蕃的陣勢很快地被攪亂了。這時原本觀戰的其他將領也驅動本部人馬出戰，形勢開始向有利於唐軍的方向發展。激戰過後，吐蕃潰退，唐軍大勝。戰後論功，王忠嗣又是首功。

接二連三的戰功為王忠嗣的仕途做好了鋪墊，開元二十八年，三十四歲的王忠嗣當上了河東節度使，一年後調任朔方節度使，李隆基二十七年前的預言變成了現實。

如果說出任節度使前的王忠嗣是一員猛將，那麼出任節度使後的王忠嗣開始由猛將向大將轉型。他不再追求猛衝猛打，轉而追求以穩重安邊。

王忠嗣對屬下說過這樣一番話：「國家昇平之時，將軍的職責在於安撫自己的軍隊。我不想竭國家之力以追求自己的功名。」

這就是猛將與大將的區別，猛將只管猛衝猛打、只求立功，而大將眼光更為長遠，不問一時得失，更看淡一時功名。

隨著時間的推移，王忠嗣越來越有名將風範。

他有一張大弓，需要一百五十斤力氣才能拉開，然而他卻很少使用，平常只是將這張弓放在袋中。手下有些不解，為什麼將軍有弓卻不用呢？

王忠嗣回答說：「我有你們，於是就不需要用這張弓了。」

一句話把手下的士兵說得熱血沸騰，原來將軍把我們視為他手中的強弓。士為知己者死，由此朔方戰區士兵情緒高昂，隨時準備為王忠嗣衝鋒陷陣。

每到這時，王忠嗣總是安撫道：「不急，有你們表現的時候。」

眾人以為王忠嗣只是說說，卻不知道王忠嗣早就做好了準備。

王忠嗣在邊境派出了大量偵察兵，將敵情摸得一清二楚。如此一來一切盡在王忠嗣掌握，只要一出現戰機，他就會派奇兵出戰，結果都是得勝而歸。

總結起來，王忠嗣能做到屢戰屢勝，一靠的是知己知彼，二靠的是他自己的獨特法寶。

每次出兵之前，王忠嗣就會使出自己的獨特法寶：親自給士兵發放弓箭。

王忠嗣發放的不是一般弓箭，而是刻有每個士兵名字的弓箭，王忠嗣要用這個儀式激勵士兵的士氣。戰罷歸來，他會檢查士兵的弓箭，如果弓箭齊全，有賞；如果弓箭遺失，必罰。

細節決定成敗，在王忠嗣的堅持下，朔方戰區的士兵養成了視兵器如生命的良好習慣，鐵一般的紀律通過細節逐漸建立起來。

時間走到天寶四載，王忠嗣又登上了一個臺階，他同時擔任朔方、河東兩鎮節度使。

這時王忠嗣又做了兩件事，一大一小。

大事，從朔方（寧夏靈武）到雲中（山西大同）邊境線數千里，王忠嗣在所有險要的地方都建立了城堡。有的在舊城基礎上開拓，有的則平地起城，這樣一來唐朝開邊數百里。

小事，他單方面提高了戰馬價格。一來二去，胡人賣給唐朝的戰馬數量越來越多，品質越來越好，而與唐朝敵對的部落戰馬卻相形見絀，一年不如一年。

天寶五載，王忠嗣達到了人生最高峰，這一年他同時擔任四鎮節度使。由於皇甫惟明被李林甫拉下馬，河西、隴右節度使的位置便空了出來，李隆基索性讓王忠嗣同時擔任四鎮節度使。

此時的王忠嗣身配四個戰區將印，控制的邊境線達到萬里，天下的精兵重鎮皆在他的手中，有唐以來從所未有。

風必摧之

在王忠嗣達到人生巔峰的同時，他引起了兩個人的注意，一個是宰相李林甫，一個是平盧、范陽節度使安祿山。

李林甫是猜忌，他擔心王忠嗣水漲船高出任宰相；安祿山是垂涎，因為王忠嗣手中的精兵重鎮都比他多。兩個人都開始惦記王忠嗣。中國有句古話，不怕賊偷，就怕賊惦記。

不久安祿山率先出招，他上疏李隆基：為了防範蠻夷南侵，準備修建雄武城（河北興隆縣）用於儲存大量兵器，因為工程量大，懇請王忠嗣派兵支援。

安祿山想幹什麼？

他想以築城為由吞併王忠嗣的士兵。

王忠嗣一眼便看穿了安祿山的意圖，他給安祿山來了一個將計就計。王忠嗣不跟安祿山打招呼，提前到達指定地點。到了指定地點一看，根本沒有築城的跡象，王忠嗣更加堅信安祿山是想空手套白狼。

王忠嗣也不含糊，不等安祿山來會面，帶領部隊轉身就走，回來就給李隆基上了一道奏疏：安祿山居心不良，日後必反。如果從張九齡開始算，這已經是第二個人說安祿山日後必反了，可惜李隆基是沒有聽進去。

上完奏疏，王忠嗣開始反思自己，為什麼安祿山要處心積慮吞併自己的士兵？還是因為自己勢頭太盛，一不小心成了眾矢之的。不行，不能再當四鎮節度使了。於是王忠嗣給李隆基上了一道奏疏：懇請辭去河東、朔方節度使。

為什麼辭去這兩鎮？這裡面有玄機。

玄機一，河西、隴右是兩個大鎮，河西兵力七萬三千人，隴右兵力七萬五千人，而朔方和河東呢？朔方兵力六萬四千七百人，河東兵力五萬五千人。兩相對比，自然選河西和隴右。

玄機二，河東節度使總部設在太原府，轄區範圍與范陽交界，而王忠嗣不想與安祿山有瓜葛，索性躲得遠遠的。

李隆基最終批准了王忠嗣的辭呈。

辭去兩個節度使後，王忠嗣安心做自己的河西、隴右節度使，這時他一身輕鬆，一是因為他早就駕輕就熟，二是因為他的手下已經有兩名將領漸趨成熟。

這兩名將領在後來都成為名將，一個叫哥舒翰，一個叫李光弼，兩人都不是漢人。哥舒翰的祖上世代擔任突騎施部落的分支酋長，是突厥人；李光弼則是契丹酋長李楷洛的兒子，家族世代都是契丹人，李姓是唐朝皇帝賜的姓。

這兩個非漢族將領深得王忠嗣信任。相比而言，鋒頭更盛的是哥舒翰。哥舒翰聲名鵲起的基礎是敢殺。

有一次，王忠嗣命令哥舒翰出擊吐蕃，哥舒翰為主將，另外一位與哥舒翰同等級別的將領擔任副將。哥舒翰很快找到了主將的感覺，而擔任副將的將領卻遲遲找不到副將的感覺，依仗自己過去與哥舒翰同等級別，便跟哥舒翰擺起了譜。

遺憾的是副將擺譜擺錯了時機，如果平時擺譜還有救，戰時跟主將擺譜，那就是不想活了。主將哥舒翰不跟副將廢話，抬手就將副將撾殺。撾殺不同於一般的用刀殺，而是用鐵器重物生砸，比斬首威懾力更大。

殺完副將，所有官兵都心驚膽寒，從此再也沒有人敢挑戰他的權威。從此哥舒翰令旗一揮，眾將用命，很快就憑藉戰功升任隴右節度副使。

在隴右節度副使任上，哥舒翰又幹了一件讓吐蕃人心驚膽寒的事情。

以往每年秋天小麥成熟時，吐蕃人都會入侵積石軍（青海貴德縣）武裝收割小麥。積石軍的百姓苦不堪言，勸又勸不走，打又打不過，於是只能自嘲積石軍是「吐蕃人的麥莊」。

到了這年小麥成熟的季節，哥舒翰將士兵埋伏在麥田兩側等吐蕃人上門。吐蕃人如期而至，大搖大擺地進了麥田，像往年一樣開始收割小麥，這時哥舒翰的士兵拿著刀向吐蕃人衝去。不一會兒的工夫吐蕃人全倒下了，再也不能收割麥子了。

這就是哥舒翰發出的宣言：誰割我們的麥子，我割誰的人頭。

自此以後積石軍不再是吐蕃人的麥莊，哥舒翰的聲名不脛而走。

時間走到天寶六載，李隆基下令要求王忠嗣所在的河西、隴右戰區奪回石堡城。原本信安王李禕率軍奪下了石堡城，後來吐蕃與唐關係惡化，又在開元二十九年重新佔領，這一佔就是六年。王忠嗣頗感為難，因為他知道石堡城三面無路易守難攻，如果強行攻打必定代價慘重。而且此時不同於李禕那次，吐蕃人當時沒有防備，這次則是防備森嚴。

王忠嗣回覆李隆基說：「石堡城險固，吐蕃傾舉國之兵鎮守。現在我們如果想攻取，不付出數萬人的代價恐怕很難攻克。臣擔心得不償失，不如暫且厲兵秣馬，伺機而動。」

這一次王忠嗣的話不對李隆基的胃口，李隆基十分不快。

王忠嗣滿心以為石堡城一戰就這麼按下了，沒想到居然有人自告奮勇地接過這塊燙手的山芋。不怕燙手的人叫董延光，他主動向李隆基請命，願意帶兵拿下石堡城。李隆基頓時大喜，任命董延光為主將，同時命令王忠嗣分出一部分兵馬配合董延光，爭取早日拿下石堡城。

王忠嗣心中苦笑，真有不怕燙手的人。

王忠嗣不希望此時攻打石堡城，因為那樣必定代價慘重。他久在邊塞已經與邊塞的士兵融為一體，他不怕打仗，但是他不願意士兵去作無謂的犧牲。於是王忠嗣下令對董延光虛與委蛇，能不配合就不配合。誇下海口的董延光不可避免地對王忠嗣產生怨恨，他的怨恨為王忠嗣後來的命運埋下伏筆。

王忠嗣的消極被董延光看在眼裡，同時也被部將李光弼看在眼裡。

李光弼對王忠嗣說：「大人因為愛護士卒的緣故不想讓董延光成功，雖然您迫於壓力接受詔命，但還是虛以應付。如今數萬士兵即將出征您卻不設立重賞，那麼士兵怎麼可能盡心盡力。然而這次是天子的意思，一旦董延光無法成功，他一定會把責任推到大人身上。如今我們倉庫充裕，大人不妨拿出幾萬匹綢緞作為懸賞，這樣也能堵住別人對大人的指責。」

王忠嗣回應說：「如今用數萬士兵去爭一個石堡城，即便佔領也不足以制敵，不佔領也對國家沒有多大損害，因此我不想去打石堡城。就算日後我受天子責備，大不了去當一個金吾衛將軍或者羽林將軍，最次也能當個黔中地區的小官。我王忠嗣怎能用幾萬人的生命去換取我個人的晉升。我知道李將軍是為我著想，但我心意已決，將軍不必多言。」

李光弼看著王忠嗣，說：「之前我恐怕大人因此事受連累，所以不敢不言。如今大人能行古人之事，末將自歎不如。」

正如王忠嗣預料，董延光果然沒能攻克石堡城。

正如李光弼預料，董延光果然將責任推到了王忠嗣身上。

王忠嗣麻煩了。如果僅僅是董延光彈劾還不足為慮，要命的是李林甫聞風而動。

李林甫找來了一個人，他跟這個人做了一筆交易。只要按李林甫的意思彈劾王忠嗣，李林甫保證升他的官。李林甫找來這人叫魏林，時任濟陽別駕，此人曾經擔任過朔州刺史，因事被貶為濟陽別駕。現在李林甫拿出交換條件，魏林頓時紅了眼，只一個彈劾就能官復原職甚至高升，這筆買賣划算。

王忠嗣就栽在這筆買賣上。

魏林很快上了一道奏疏：王忠嗣曾經說過，早年跟太子李亨一起養在宮中，願意尊奉太子。

魏林的話一半可能是真的，一半必定是假的。「與太子李亨一起養在宮中」，王忠嗣可能說過，這是給自己臉上貼金；「願意尊奉太子」，王忠嗣但凡神志清醒絕不會說，這是給自己找墳地。然而就是這真假參半的話讓李隆基大為惱火，再加上石堡城不克，李隆基的惱火達到極點，一紙詔書便把王忠嗣打入大獄，同時責成大理寺、刑部、御史臺進行聯合審問。

王忠嗣岌岌可危，因為魏林和董延光的話對他很不利。

不久大理寺、刑部、御史臺給出了審判結果：處死。

這時拯救王忠嗣命運的人出現了。王忠嗣的繼任者哥舒翰。

王忠嗣被免職後，李隆基提拔哥舒翰做了隴右節度使，動身前往長安時，左右建議哥舒翰多帶些金銀幫王忠嗣走走門路。

哥舒翰說：「如果天下還有公理在，王大人必定不會冤死；如果天下公理已經不在，送錢又有什麼用？」

哥舒翰說完帶著空空的行囊上路，行囊裡沒有一文用來行賄的錢。

見到李隆基，哥舒翰跪了下來，力陳王忠嗣的冤情，並且願意用自己的官爵為王忠嗣贖罪。李隆基沒有答應，起身便走。哥舒翰膝行跟隨，一邊叩頭、一邊聲淚俱下，哭著為王忠嗣求情。求到最後李隆基終於答應了，王忠嗣逃過一死。

事情發展到這一步，該做個了結了，然而李林甫卻不想了結，他還要把火往太子李亨身上引。

李林甫對李隆基說：「太子可能與王忠嗣同謀。」

李隆基回應道：「朕的兒子一直在東宮，怎麼可能與外人通謀？這一定是別人對他誣陷。」

李林甫被噎住了，但他並不善罷甘休。過了幾天李林甫又來了，話題還是太子。

李林甫起了話頭：「古代立儲君先考慮的是賢德，如果沒有重大功勳於社稷的話，那就考慮年齡最長的兒子。」

想了一會，李隆基回應說：「慶王李琮往年打獵時被豿抓傷了臉，破了相。」

李林甫追問道：「破相難道比破國還嚴重嗎？」

李林甫的意思很明白，李亨扶不起來，可能誤國。

這下李隆基含糊了，便遮掩道：「容朕慢慢想想吧！」

這一想，李林甫就沒機會了，畢竟他不能硬逼著李隆基廢太子。李林甫到此只能收手，而王忠嗣雖逃過一死卻沒有逃過貶官的懲罰。

天寶六載十一月，王忠嗣被貶為漢陽太守。就在河西、隴右兩鎮士兵還在期待王忠嗣重返邊塞時，王忠嗣卻再也回不去了。天寶八載，王忠嗣暴卒，時年四十四歲。

木秀於林，風必摧之。

王忠嗣死後，李林甫又向李隆基提出一個建議，這個建議讓李隆基的大唐王朝走到了懸崖邊。李林甫建議從今之後邊將不再用漢人，一律由胡人擔任。這個建議包含著李林甫的私心。

有唐一代，出將入相的歷史非常悠久，最早從李世民開始，到開元年間有薛訥、張說、蕭嵩、牛仙客等人。這本是一個很好的傳統，但李林甫對這個傳統卻不以為然，因為這個傳統對他的相位是一個潛在威脅。李林甫出於私心要把「出將入相」的傳統廢除，這樣以後便沒有人通過這個途徑威脅他的相位。

李林甫對李隆基說：「文臣為將，不敢面對亂箭飛石，不如用那些出身寒酸的胡人。胡人本性驍勇善戰，而且出身寒族也無法結黨，陛下以誠心待他們，他們勢必懷盡死之心回報陛下。」

聽起來，似乎不無道理，李隆基同意了。

自此唐朝九個節度使全部由胡人擔任，漢族將領一個都沒有。

安祿山，營州柳城混血胡人；安思順，安祿山的堂弟，混血胡人；哥舒翰，突厥人；高仙芝，高麗人。由此可見，李隆基倒是真有海納百川的精神。

其實李林甫這個建議並非完全處於私心，其中也有因勢利導的成分。自從李隆基改革兵制以來，在邊塞效力的漢族將領越來越少，胡人將領越來越多。漢族將領因為在長安可以獲得更好的職位和待遇，已經不願意前往邊疆效力，而胡人將領在邊塞長大，他們反而願意在邊疆效力。此消彼長，便形成了胡人將領壓倒漢人將領的局面。

再看一下四位胡人節度使，最終背叛唐朝的只有安祿山一人，就連安祿山的堂弟安思順也是效忠唐朝的，哥舒翰、高仙芝更是與安祿山死磕，捍衛大唐江山。

如此看來李林甫的建議並非完全沒有道理，只是被安祿山攪了局。

登峰造極

到天寶六載，李林甫出任宰相已有十二年光景，在這十二年裡他身邊的人起起伏伏，在人生的波峰和波谷間劇烈震盪，而他卻始終保持高高在上、屹立不倒的姿態。

十二年中，張九齡、裴耀卿、李適之倒了，裴寬、裴敦復、皇甫惟明、韋堅、王忠嗣都倒了，凡是可能威脅到李林甫相位的人都得到了無言結局。

天寶六載，李林甫達到了人生的巔峰，這一年的十二月二十五日，李隆基用一個現場展覽將李林甫送上了高高的雲端。

這一天李隆基下了一道命令：命文武百官前往尚書省參觀各地上貢的貢品。

尚書省展示著各地琳琅滿目的貢品，帝國之地大物博、物產豐富不言而喻。官員們看了良久，眾人依然不知道皇帝葫蘆裡賣的什麼藥，這究竟唱的是哪齣呢？眾人都在等待謎底揭曉。

不久謎底揭曉了。

李隆基清了清嗓子說：「今天請諸位來，就是為了請大家看看我朝物產之豐富，讓大家都開開眼界。同時藉這個機會宣布一個決定，今年這些貢品朕都賜給李林甫了。」

哦，鬧了半天，李隆基是在給李林甫一個人頒獎。

李林甫忙不迭地謝恩之後，琳琅滿目的貢品便被運進了李林甫的私宅，李林甫知道有無數雙噴火的眼睛正盯著他，有羨慕、有嫉妒、有咬牙切齒，也有故作不屑一顧的。

至此李林甫在大唐王朝的地位達到了頂峰，他不僅是當朝第一宰相，同時也是大唐王朝最紅的紅人，兩個身分疊加到一起讓李林甫找到了登峰造極的感覺。

藉著李林甫的光芒，李林甫的兒子、女婿們迅速上位，佔據了大唐王朝的若干官位。兒子李岫為將作監、李崿為司儲郎中、李嶼為太常少卿；女婿張博濟為鴻臚少卿、鄭平為戶部員外郎、杜位為右補闕、楊齊宣為諫議大夫、元捴為京兆府戶曹。

凡是有過登山經歷的人都知道，無論是你爬上高峰的時間有多久，但你終究還是要下來的。李林甫以為自己能躲過，但他的兒子李岫知道沒有人能躲過。將作監（**建設部長**）李岫陷入深深的憂慮之中。

一日父子二人在後花園中閒逛，李岫突然將手指向了一群正在勞作的民夫說：「父親長期處於權力中心，對頭仇人遍布天下，一旦有大禍臨頭，即便想當一個民夫也不知道能否遂願。」

李林甫頓時變了臉色，抬頭冷冷地看著李岫，他知道李岫說的是實情，這一點他比李岫更清楚，然而清楚又怎麼樣，他又能做什麼呢？

李林甫從牙縫裡擠出了八個字：「勢已如此，將若之何？」

所謂登峰造極，同時也是騎虎難下。

遊園在不悅中結束，李林甫內心的不安全感從此升級。自此以後，李林甫外出的譜更大了，擺譜不為別的，只為了安全。

以往唐朝宰相一般都是有才有德之人，很少講究派頭權威，出行時隨從不過數人，路上的老百姓不須刻意躲避。現在一切都變了，為了防範潛在的刺客，每次李林甫出門都需要有百餘名騎兵護住左右兩翼，同時由金吾衛將其即將經過的街道提前封路清街，以供李林甫安然通過。

這還不是李林甫出行儀仗的全部，在騎兵和金吾衛士兵之前還有一個組成部分，這個部分是李林甫儀仗的前驅，他們與騎兵保持著數百步的距離，負責提前驅散街上的人群。無論你是當朝一品抑或是皇親國戚，到這時只有乖乖讓路的份，誰讓你沒有人家紅。

數百人的儀仗前呼後擁讓李林甫擺足了譜，同時也增加了內心的安全感，一切看上去不錯。然而每當夜幕降臨，李林甫的不安全感不期而至，他對無邊的黑夜充滿了恐懼，即便在自己家裡依然忐忑不已。

為了增加自己的安全感，李林甫將自己的家設置成重重關卡，每一道門都是一道關卡，想通過關卡難度非常大。另外他在地面和牆體上也做足了文章，他家的地面一律用石板鋪就，即使是土行孫也難以在李林甫家的地面上掏出洞；同時牆體也做了特殊處理，他家的牆體裡多裝設了一道厚厚的板，這樣即使是穿山甲也很難在李家的牆上鑽出窟窿。

做足這些文章就夠了嗎？

還遠遠不夠。接下來，李林甫在自己的寢床上做起了文章。

一般人家，主人的寢床一般只有固定的一張，李林甫卻擁有很多張床。每天他會不停地更換床位，即使是家人也無法知道他的確切位置。

兔子講究「狡兔三窟」，李林甫追求的是「一夜三換床」。

防不勝防

天寶六載的登峰造極讓李林甫的內心充滿了滿足感，同時也充滿了不安全感。滿足感是因為得到了李隆基的無比信任，不安全感是擔心有一天會突然失去所有的一切。滿足感和不安全感交織到一起，便構成了李林甫的兩張面孔。

還會有人威脅我的相位嗎？

大概沒有了吧！那些有可能的人不是已經都清理乾淨了嗎？

李林甫的自我安慰持續了一年多的時間，直到天寶八載二月十三日。

這一天，李林甫看到了「觸目驚心」的一幕，他的心頓時「咯噔」了一下。

李林甫是和文武百官一起看到那一幕的，當時他們正在李隆基的帶領下參觀左藏。

「左藏」是唐朝的國庫之一，天下賦稅主要都收集在左藏，李隆基率領文武百官參觀左藏，說白了是顯擺國庫的充足，進行一番自我陶醉。李隆基的自我陶醉是有理由的，左藏確實沒有給他丟臉，堆積如山的綢緞和各類布匹營造出盛世的模樣，場面之宏大震撼了在場的每一個官員。不僅官員們被震撼了，連李隆基自己也被震撼了，他沒有想到自己的左藏裡居然豐富如斯，廣博如斯。

李隆基不斷地點頭：「好，好，好！」

李隆基接著轉過頭衝著一個人說道：「左藏如此豐富，這都是你的功勞。鑒於你有如此功勞，朕特賞賜你紫袍和金魚。」

唐制三品以上穿紫袍，佩戴金魚符。

受到賞賜的官員忙不迭地跪下謝恩，從此以後他就是當朝三品官員。這一幕被在場官員看在眼裡，李林甫更是看得真切，他將那個人的臉看得清清楚楚，楊釗（楊國忠）。

怎麼把他忘了！

嚴格說來，李林甫不是把楊釗忘了，而是從一開始他根本就沒把楊釗放在眼裡。

翻看李林甫和楊釗的履歷不難發現，兩人的仕途有所交集還得從天寶四載說起。

天寶四載之前，李林甫一直在仕途奔走，到天寶四載時已經當了十年宰相。

楊釗呢？

天寶四載之前，他的人生一片慘澹。如果不是楊玉環得寵，他的人生恐怕還要繼續慘澹下去。天寶四載楊玉環得寵了，而楊釗憑藉裙帶關係從此發跡。發跡之初的楊釗還只是一個小蘿蔔頭，他牢牢抓住楊家裙帶的同時也不放過其他可能的機會。

憑藉楊家的裙帶，楊釗當上了戶口色役使判官（全國戶籍及勞力管理署官員），官職雖然不大，但卻是一個重要職務。正是在這個職務上，楊釗顯示了自己的理財能力，進而贏得了李隆基的信任。

也是在這個職務上，小官楊釗入了李林甫的法眼，他認為這是一個可以利用的人。李林甫看重的不是楊釗的能力，而是楊釗背後的裙帶關係以及隨時出入皇宮的便利。雙方一拍即合，各取所需。

經李林甫安排，楊釗又多了一個頭銜：侍御史。

侍御史官階不高但權力不小，可以隨時向皇帝奏報，這個頭銜加到楊釗頭上讓他如虎添翼，不僅皇宮抬腳就進，而且可以隨時上書彈劾，這兩項可都是了不得的權力。

李林甫如此安排有自己的私心，他是想把楊釗當成自己的槍，然後把槍口對準威脅自己相位的人。後來的事實證明楊釗這把槍非常好用，幾乎無往不利。經楊釗彈劾的官員幾乎都落馬了，沒有落馬的也是傷痕累累。就這樣李林甫和楊釗並肩戰鬥，同時又各懷鬼胎。

李林甫只是把小蘿蔔頭楊釗當成一把槍，卻沒有想到楊釗也有自己的追求，他把自己的追求不動聲色地深埋在心底。幾年下來，楊釗在李隆基的心裡紮下了根，這個原本憑藉裙帶關係發跡的人成了李隆基眼中不可或缺的「能人」。

在現有的史書中，楊釗（楊國忠）被描述為「不學無術的無恥小人」，這可能是楊釗人生的一個側面，但不是全部。只是中國的史書向來以道德為第一標準，因此我們看到的史書是經過道德標準修正的版本。

事實上楊釗是有一定能力的，比如察顏觀色、揣摩上意，這樣的能力一直以來為傳統的道德標準所不齒，但每個有過職場、官場經歷的人都知道這兩項能力是多麼的不可或缺。楊釗發跡憑藉的正是這兩項能力。有兩項能力護身，楊釗在李隆基的面前左右逢源，他的機靈和練達深得李隆基賞識，而他的斂財能力更讓李隆基刮目相看。

在中國的傳統社會中一直有一個奇怪現象，飽讀詩書的文學之士往往不善理財，而善於理財的人往往不讀詩書。或許是「君子不言利」的傳統使然，或許是因為商人的地位一直很低使然，或許是飽學之士心中有太多的條條框框，而楊釗這些人心中恰恰沒有那麼多條條框框。

天寶七載，楊釗迎來了自己仕途的春天，從此他在仕途上一路攀升，直到升無可升。

憑藉自己的理財能力，楊釗不再是藉助裙帶關係發跡的小蘿蔔頭，從此他在大唐的官場上有了分量。天寶七載六月，李隆基任命楊釗為給事中（御前監督官）、兼御史中丞，專門處理全國財政事務。此後李隆基不斷地往楊釗的身上加擔子，他在天寶七載兼任的官職達到十五個。

毫無疑問，楊釗已經成為李隆基身邊的紅人，他的爆紅和竄升引起了很多人的注意，其中便包括第一宰相李林甫。不過由於兩者位置的懸殊，李林甫還是沒有把楊釗看成自己的對手，直到天寶八載二月十三日那場「觸目驚心」的賞賜上演。

這次賞賜使得楊釗昂首進入當朝三品官員行列，他身上的紫袍對李林甫造成了強烈的威脅。

防不勝防，防不勝防！

矛盾漸起

目睹那場「觸目驚心」的賞賜之後，李林甫意識到自己最大的對手出現了。這個楊釗在短短四年的時間裡就從一個破落戶奮鬥成當朝三品大員，竄升速度古今少有。更要命的是他不是一個人在戰鬥，他背後站的是最得寵的楊貴妃，身邊站的是「雞犬升天」的五楊。

這個對手比以往任何一個對手都可怕。

在李林甫「觸目驚心」的同時，楊釗的心思也動了。

楊釗回望自己的前半生感慨萬千，做夢也沒有想到自己會時來運轉，更沒有想到僅僅四年的光景就能躋身當朝三品官員的行列，以前想不到的事情都變成了現實，以前不敢想的事現在可以想想了。以前楊釗對李林甫只能仰視，而現在他躋身三品官員行列，仰視的目光可以變為平視了。以前李林甫對楊釗而言是一座可望不可即的高山，現在山似乎變矮了。

就在楊釗動了活心思的同時，有一個人來到了他的身邊對他說：「從今之後，我跟你走。」

這個人是個老熟人，名叫吉溫。

前面我們說過，李林甫倚重的酷吏是一個「羅鉗吉網」的組合，羅是羅希奭，吉便是吉溫。吉溫一度跟李林甫走得很近，是李林甫的死黨之一，而現在吉溫調轉了船頭與李林甫分道揚鑣，轉而跟在了楊釗的後面。

既然是李林甫的死黨，為什麼會棄李林甫而去？

原因是吉溫想要的更多，而李林甫卻給不了，於是吉溫把寶押在了楊釗身上。在他看來把自己與這顆冉冉升起的政治新星捆綁在一起，那麼前景將妙不可言。

雙方也是一拍即合，開始為同一個目標奮鬥，這個目標便是扳倒李林甫。

然而李林甫為相十餘年，在朝中關係盤根錯節，想要扳倒這棵大樹沒那麼簡單。浸淫官場的楊釗和吉溫自然知道李林甫的厲害，他們不急於向李林甫進攻，而是先從李林甫的周邊下手，先剪除他的黨羽。

天寶八載六月十八日，刑部尚書、京兆尹蕭炅因貪贓案發，被貶為汝陰太守；天寶九載四月十一日，御史大夫宋渾因貪贓數額非常巨大，被判流刑，流放潮陽郡（今廣東潮州）。

蕭炅和宋渾的貪污案公布於眾後，老百姓一片歡騰。

正所謂有人歡喜有人憂，在老百姓歡呼雀躍的同時，長安城中的李林甫卻一點也笑不出來，他已經看透了兩起案件背後的棋局，這是打狗給主人看呢！

據李林甫調查，這兩起腐敗案件都是由吉溫起的頭，吉溫先調查出蛛絲馬跡，然後由楊釗上書彈劾。兩人一唱一和，表面是為國掃除腐敗份子，實際卻是暗藏殺機，針對的就是他李林甫。

事已至此，李林甫也沒有太多辦法，蕭炅、宋渾貪贓枉法證據確鑿，神仙老子也救不了他們，況且這兩起案件都是皇帝李隆基點過頭的，兩起案件都是鐵案。李林甫只能認命，把打碎了的牙往自己肚子裡嚥。

兩起腐敗案件結束了，但影響卻是深遠的，身為當朝第一宰相卻連自己的親信都救不了，李林甫的威信從此大打折扣。此消彼長，楊釗的威信卻與日俱增。

天寶九載十月，楊釗又辦了一大一小兩件事。

大事，是為兩個人恢復名譽；小事，是為自己改名字。

楊釗提到的兩個人是張易之和張昌宗，關於楊釗與這兩個人的關係有兩個版本。

第一版本：張易之是楊釗的舅舅；第二版本：張易之是楊釗的生父。

兩個版本究竟哪個是真的已經無從考究，我們只知道楊釗與張易之之間確實存在血緣關係，因此在楊釗發跡之後他要為張易之翻案。

張易之、張昌宗兄弟臭名昭著，這在李唐復國時已經是定論，事情已經過四十多年想要翻案談何容易。然而就是這定了四十多年的鐵案被楊釗翻案了。

天寶九載十月二十五日，李隆基下詔：鑒於張易之兄弟有進諫迎回中宗李顯之功，特追復二人官職爵位，恢復名譽，另賜張易之一子為官。

沒有做不到，只有想不到。

大事辦完，楊釗又求了李隆基一件小事：賜名。

當時正在流行一個神秘預言，預言中有「金刀」二字，而楊釗的「釗」字正是「金刀」組合，與神秘預言吻合。神秘預言一直是封建王朝的大忌，被視為影響王朝穩定的因素之一。因此為了表明自己的清白與神秘預言劃清界限，楊釗決心改名。「楊釗」不能叫了，叫什麼由李隆基決定。

李隆基想了一下：「那就叫國忠吧！」

國忠，楊國忠。

多麼好的名字呀！

花落去

天寶十載十一月，楊釗的肩上又加了一副擔子：領劍南節度使。

領劍南節度使便意味著楊釗成為劍南地區的最高首長，雖然不前往劍南地區辦公，但劍南地區的事務他說了算。無疑這又是一項不小的權力。

伴隨著楊釗的攀升，李林甫無可救藥地走上了下坡路，無論是仕途，還是生命。

天寶十一載，李林甫的下坡加速了。

這一年長安城裡破獲了一起疑似叛亂，叛亂的主角是戶部郎中王銲。

據說王銲與黨羽計畫先誅殺龍武將軍，然後控制左龍武軍的萬騎兵團，以這支部隊為主力發動兵變要誅殺李林甫、陳希烈、楊國忠。不料起事前兩天消息走漏，被人告發，於是一場醞釀中的叛亂胎死腹中。王銲和他黨羽就此栽了，被連鍋端掉。

順著王銲這根藤，追查開始了。王銲的哥哥御史大夫王鉷很快被牽連進來，他被認為是王銲的同黨。王鉷除了擔任御史大夫，還有另外一個身分——李林甫的親信，這下追查的矛頭直指李林甫。

事情發展到這一步已經使李林甫焦頭爛額，雪上加霜的是審查王鉷、王銲叛亂的專案組組長正是楊國忠和陳希烈。

陳希烈原本是李林甫的親信，以老實聽話著稱，然而隨著楊國忠的走紅，陳希烈也改換了門庭，拋棄自己的老領導李林甫轉投楊國忠門下。現在楊國忠和陳希烈一起窮追猛打，要把火引到李林甫身上。

經過他們的連續審訊，王鉷、王銲叛亂集團給出了石破天驚的「口供」：李林甫與王鉷、王銲暗中交往甚密；前不久背叛唐朝的東突厥西親王阿史那阿布思與李林甫交往甚密。

毫無疑問，這份口供對李林甫相當不利，而更加不利的是還有兩個重量級的證人，這兩個證人證明「口供」所說事情屬實。一位是第二宰相陳希烈，另一位是隴右節度使哥舒翰。

李林甫，同時與兩大叛亂集團交往，你想幹什麼？

這下李林甫有口難辯了，他陷入到前所未有的危機中，他意識到一著不慎就有可能將一生的努力付諸東流，為今之計他必須自辯清白。

或許是上天不想讓李林甫這麼快倒臺，這次疑似謀反事件並沒有扳倒李林甫。最終的結果是王鉷王銲兄弟認罪伏法，李林甫雖然洗脫了關係，但李隆基對他的印象卻大打折扣，從此漸行漸遠。

宦遊官場的人都知道，一個人在官場能走多遠不完全取決於能力，更多的時候取決於領導對你的印象。當年因為對李林甫印象良好，李隆基將李林甫扶上了相位，現在李隆基對李林甫的印象已經大打折扣，那就意味著李林甫離倒臺已經不遠了。

李林甫的倒臺進入倒數計時，與此同時，他的生命也進入了倒數計時。經過叛亂事件的驚嚇，李林甫的身體每況愈下，他意識到自己時日無多，在所剩下不多的時間裡，他還要做一件大事：除掉楊國忠。

李林甫知道楊國忠現在已經羽翼豐滿，想要剷除已經非常困難，必須想一個萬全之策，不落痕跡地讓楊國忠消失。

李林甫冥思許久，想了一計借刀殺人。李林甫要借的刀叫南詔。

當時南詔王國因為不堪忍受唐朝邊境官員的欺壓，發動了叛亂，藉助地形的優勢有恃無恐，李隆基先後派出兩支平叛部隊都遭遇了全軍覆沒。巧合的是南詔王國叛亂的範圍正歸劍南節度使管轄，因此平叛便成了楊國忠義不容辭的責任，誰讓你是「領劍南節度使」。更巧的是由於前兩次平叛大軍都遭遇慘敗，劍南地區的百姓和官員都希望楊國忠這個節度使親自坐鎮領導第三次平叛。

這就給了李林甫借刀殺人的機會。李林甫給李隆基上了一道奏疏，強烈建議派遣楊國忠到劍南地區領導平叛。

李隆基居然准奏。

楊國忠危了。他很可能有命去劍南，無命回長安。不出意外的話，數月後長安就會收到「楊國忠為國捐軀」的消息。李林甫等的就是這一天。

被李林甫推上前線的楊國忠似乎一下子嗅到了死亡的味道，他知道這是李林甫給自己下的套，他必須跳出來，不然就真的「國忠」了。辭別之日，楊國忠痛哭流涕，在向李隆基表達忠心的同時，也不忘將矛頭指向李林甫，他告訴李隆基自己有朝一日恐怕會被李林甫害死。

一次辭別，兩種功效，既表達了自己的忠心，又打擊了老冤家李林甫，看來楊國忠也是一箭雙鵰的高手。

除了一箭雙鵰，楊國忠還有一個關鍵的幫手，這個人便是楊貴妃。楊國忠辭行時楊貴妃也在場，她不是純粹的看客，而是在關鍵時刻哭天抹淚地幫了楊國忠幾句腔。這幾句幫腔成了楊國忠仕途的推動器。

李隆基隨即安慰楊國忠說：「你暫且去劍南地區待幾天，處理一下軍事要務，我會掐著指頭等你回來，回來你就是宰相。」

原本李林甫是指望借刀殺人，讓楊國忠去前線送死，沒想到經過楊貴妃一攪和，反而幫了楊國忠一把。

或許，這就是命吧！

刀沒有借成，舉起的石頭最終落在了自己腳上，自此李林甫出的氣比進的氣多，已經無可救藥了。不過有一名巫師卻不這麼看，他認為還是有藥可救，只是需要一味藥引子，而藥引子比較麻煩。藥引子便是李隆基。

巫師說：「只要真龍天子來看李林甫一眼，李林甫就能痊癒。」

巫師的一句話道出了李林甫的人生悲劇，他的人生因為李隆基的信任而精彩，同時也因為李隆基的不信任而落寞，此時的他身上沒什麼病，他的病在心裡。心裡有病的李林甫聞言如同抓住了救命稻草，他渴望李隆基能念及舊情到他的病榻前看他一眼。

這個願望沒能實現，李隆基始終沒有上門探視，因為他怕染上李林甫病中的晦氣。於是採取折衷辦法，他登上華清池的高閣衝李林甫家遙遙相望，揮舞紅手帕作為信號，李林甫則由家人將病榻抬到院落裡，君臣二人隔空相望。

這次打了折的探視沒能讓李林甫痊癒，他的病越來越重。不久李林甫的家中來了一位客人，這個人對於李林甫的病相當關鍵，他就是李林甫的藥。不過是毒藥。

來客正是楊國忠，前不久他剛剛抵達劍南地區，後腳傳詔的宦官便到了，傳李隆基詔令：即日返回長安。

現在楊國忠來到了李林甫的病榻前跪了下來，李林甫看著這個當年的小蘿蔔頭百感交集。渾濁的老淚順著他的眼角流了下來，他說出了他一生中最違心而又不得不說的話：「我李林甫是死定了，您一定會接替我出任宰相，我身後的家事就託付給您了。」

聽到這句話，楊國忠連連擺手，連稱不敢當，汗珠頓時布滿了臉龐。

李林甫和楊國忠都是百年一遇的好演員，儘管一肚子的針鋒相對、你死我活，然而表現到臉上永遠都是惺惺相惜。

天寶十一載十一月十二日，開元天寶年間秉國時間最長的宰相李林甫去世，結束了生命不息爭鬥不止的一生。

這是一個幹臣、能臣，同時又被戴上奸臣臉譜的人；這是一個行政能力突出，同時卻缺乏文采、被扣上「不學無術」帽子的人；這是一個出任宰相長達十九年的人。

他的宰相任期比姚崇、宋璟、張說、張九齡都要長，於是我們就陷入一個悖論之中：封建王朝最巔峰的盛世居然大多數時候是由這樣一個被史書詬病不已的奸臣領導。

人注定是複雜的，歷史注定是複雜的。

在李林甫之後，開元天寶年間最後一個著名宰相粉墨登場，這個人便是楊國忠。

楊國忠接手時正是天寶十一載，開元天寶盛世即將走到烈火烹油的巔峰。關於開元盛世的繁華無數史書已經給予描述，相比而言，我個人覺得大詩人杜甫的《憶昔》頗為簡練，更加經典：

憶昔開元全盛日，小邑猶藏萬家室。

稻米流脂粟米白，公私倉廩俱豐實。
九州道路無豺虎，遠行不勞吉日出。
齊紈魯縞車班班，男耕女桑不相失。
宮中聖人奏雲門，天下朋友皆膠漆。
百餘年間未災變，叔孫禮樂蕭何律。

只可惜，這樣的好日子太短了！
此去天寶十五載還有四年，大唐王朝的好日子只剩下四年。
遙遙的，范陽鼓起。

（請看下部《安史之亂》）

大地叢書介紹

作者：司馬東西
定價：320 元

以日本歷史為經，從天皇律令到幕府封建；從王政復古到君主立憲；從閉關鎖國到脫亞入歐；從武士精神到軍國主義；從政黨政治到金權派閥；從殖產興業到泡沫經濟……透過對日本的歷史、政治、經濟、文化、人物、國民性等方面深入剖析，讓讀者了解在一些重大的歷史關頭，為什麼是日本做出了那樣的選擇。

大地叢書介紹

作者：章愷
定價：280 元

解密歷史真相・走出「野史」誤區

蒙古地區自古以來是諸游牧部落的活動場所，自夏、商以來大大小小的部族和部落出沒在這塊廣闊的草原地帶，各部族和部落興衰、更替的歷史直到十三世紀初才告結束，最終形成了穩定的民族共同體——蒙古民族，而在這個偉大的民族中也產生了一個偉大的黃金家族。

蒙古人建立了中國第一個少數民族統一的政權，大元帝國的疆域在中國歷史上是空前絕後的。成吉思汗在蒙古族統一中國的歷史進程中發揮了重要的作用並產生了重大的影響，而了解蒙古起源的歷史對於了解人類歷史上版圖最大的王朝——元朝有重要的意義。

本書詳述元朝十五位皇帝，對於想了解元朝歷史的讀者，本書是絕佳讀本。

大地叢書介紹

作者：醉罷君山
定價：300 元

夏商周三代奠定中華文明之基礎，然而三代歷史卻是撲朔迷離。史料原本有限，加上歷朝散佚，徒令後人有霧裡看花之歎。本書力求從有限的線索中，以嚴謹、求實的態度挖掘出那段光輝歷史年代的真相，透過對《史記》、《竹書紀年》、《尚書》以及先秦諸子文獻互為參比，去偽存真，對許多歷史上傳統結論提出質疑。譬如少康中興，如何向竊國者復仇？夏桀與商紂，真的是歷史上最暴虐的君主嗎？權謀大師伊尹是賢相，還是叛臣？本書把零散分布於各史料的記載，整合為比較完整的故事。時間順序清晰，歷史事件連貫，脈絡有序，集知識性與故事性於一身。可讀性強，足見作者傾注之心血。

大地叢書介紹

作者：張嶔
定價：280 元

戰國，這是個以戰爭為中心的年代。無論是計謀、變法，還是用人、改革，為的只有一件事：打贏！

名噪一時的七國：韓國、趙國、魏國、楚國、燕國、齊國、秦國，七國之間鬥智鬥勇、殊死較量，政治人物如何掌握機遇，又如何推進變法改革……

作者以通俗的文筆詳細講述了諸侯國爭霸到秦國大一統的歷史進程，重大歷史事件背後的政治起因、決策者精妙冷酷的謀略等等，將這段充滿跌宕起伏、征伐血氣的時代完整地呈現在讀者眼前。

大地叢書介紹

作者：姜狼
定價：360 元

唐失其鹿，群雄逐之。盛世繁華的大唐，已在歷史的烈火中化為一堆殘墟廢燼，霓裳羽衣的風流，早成不堪回首的傷痛。天下洶洶，誰得其鹿？唯兵強馬壯者能為爾。五代十國常被認為是殘唐之餘，枯燥乏味，遠不如相同歷史軌跡的三國。任何一個歷史時代都是悲壯的，都有自己與眾不同的魅力，愛與恨、刀與火、絕望的吶喊，五代十國同樣擁有。本書力求從涉及五代十國的《舊唐書》、《新唐書》、《舊五代史》、《新五代史》、《宋史》、《遼史》、《資治通鑒》等亂如麻團的史料中分析辯駁，尋找挖掘出最接近時代的歷史真相。

五代十國能絕世風流者三：帝王中柴榮、大臣中馮道、詩詞中李煜。柴榮才是結束唐末以來戰亂的最關鍵人物，可惜天不假年，否則必將成為唐太宗那樣的千古一帝。馮道在亂世中王朝扶杖入相，天下禮敬，他的處世之道對於今人生存大有裨益。李煜的人生悲劇，那一篇篇和著血淚的詞文，觸動著每一顆柔軟的心靈。柴榮、馮道、李煜，書寫著五代十國最為華麗的時代篇章，但五代十國的風流人物何止千百。鐵血朱溫、風流李存勗、仁厚郭威、狡黠王建、瘋狂劉巖、志大才疏李璟以及無數名臣名將，他們用自己的人生悲喜劇，共同打造五代十國這一絕美的歷史大戲。五代十國的精彩歷史，扣人心弦，在他們的熱血風流中，後世的人們可以從中品味出人性的真實。

唐史並不如煙. 肆, 開元盛世 / 曲昌春著. -- 一版.-- 臺北市：大地, 2018.08
面：　公分. --（History：106）

ISBN 978-986-402-304-2（平裝）

1. 唐史　2. 通俗史話

624.1　　107012105

唐史並不如煙(肆)開元盛世

作　者	曲昌春
發行人	吳錫清
主　編	陳玟玟
出版者	大地出版社
社　址	114台北市內湖區瑞光路358巷38弄36號4樓之2
劃撥帳號	50031946（戶名：大地出版社有限公司）
電　話	02-26277749
傳　真	02-26270895
E-mail	vastplai@ms45.hinet.net
網　址	www.vastplain.com.tw
美術設計	普林特斯資訊股份有限公司
印刷者	普林特斯資訊股份有限公司
一版一刷	2018年8月

HISTORY 106

大地

定　價：320元
版權所有・翻印必究
Printed in Taiwan

本書繁體中文版經由「丹飛經紀」授權大地出版社獨家出版發行